国家示范性职业学校农村经济综合管理专业精品课程配套教材

NONGYE QIYE JINGYING GUANLI SHIWU

农业企业经营管理实务

（第2版）

主　编　陆立才
副主编　徐吉云　杨　林

苏州大学出版社
Soochow University Press

图书在版编目(CIP)数据

农业企业经营管理实务 / 陆立才主编. —2 版. —苏州:苏州大学出版社,2019.11(2022.1 重印)
ISBN 978-7-5672-3040-8

Ⅰ.①农… Ⅱ.①陆… Ⅲ.①农业企业管理－中等专业学校－教材 Ⅳ.①F306

中国版本图书馆 CIP 数据核字(2019)第 264519 号

农业企业经营管理实务

陆立才　主编

责任编辑　施小占

苏州大学出版社出版发行
(地址:苏州市十梓街 1 号　邮编:215006)
广东虎彩云印刷有限公司印装
(地址:东莞市虎门镇北栅陈村工业区　邮编:523898)

开本 787 mm×1 092 mm　1/16　印张 18.75　字数 445 千
2019 年 11 月第 2 版　2022 年 1 月第 3 次印刷
ISBN 978-7-5672-3040-8　定价:39.00 元

苏州大学版图书若有印装错误,本社负责调换
苏州大学出版社营销部　电话:0512-65225020
苏州大学出版社网址　http://www.sudapress.com

前　言

《农业企业经营管理实务》是适应三年制中等职业教育农业或农村经济综合管理类专业课程改革的需要，在农村经济综合管理专业人才培养方案和农业企业经营管理实务课程标准的基础上，由国家改革发展示范学校——江苏省盐城生物工程高等职业技术学校与云南省曲靖农业学校、包头轻工职业技术学院联合开发编写，与国家示范性职业学校数字化资源共建共享农村经济综合管理课题精品课程资源建设相配套的一门精品课程教材。本教材在编写过程中力求以"能力为本"，以知识和能力训练两条教学主线的融合为切入点，以工作过程系统化重构课程知识体系和能力训练体系为要求，从工作情境入手，细化工作任务，用学习情境、学习任务、学习案例引入串联知识点和技能点，尽可能做到简明扼要、深入浅出，并适当增加图、表、例，以求直观易懂，力求体现时代性、应用性、启发性和规范性，学习情境后附学习测试题与答案，达到以学生为主、有所创新、具有特色、适应中职农业或农村经济综合管理类专业教学目标。

本教材从培养农业企业生产、建设、管理、服务第一线所需高素质、技能应用型人才的需求出发，以强化学生综合职业能力的培养和整体素质的提高为指导思想，以提高农业企业经营管理实务能力，引导学生学会处理农业企业经营管理工作过程系统化任务为目标，在吸收农业企业经营管理的前沿成果，总结多年来农业企业经营管理教学实践经验的基础上精心编写而成。

本教材从实务的角度介绍农业企业经营管理的基本理论和基本方法，其主要内容包括：农业企业认知、农业企业创建、农业企业组织结构设计、农业企业经营目标确定、农业企业经营决策方法、农业企业经营计划编制、农业企业经营风险识别与处理、农业企业经济合同签订与履行、农业企业要素管理、农业企业生产组织与管理、农产品质量管理、农户家庭经营及农场经营管理、农业合作经济组织管理、农业科技园区管理、农业企业经营效益评价。

本教材可作为我国中等职业学校农业或农村经济综合管理类专业学生的基础教材，也可供五年制高职农业或农业经济管理类专业的学生和农村经济管理工作者学习。

本教材由江苏省盐城生物工程高等职业技术学校陆立才担任主编,负责拟定编写教材大纲和课程标准,由包头轻工职业技术学院祁连弟,云南省曲靖农业学校徐吉云、杨林担任副主编。各学习情境分别由下列老师编写:陆立才编写学习情境一、二、七、八;徐吉云编写学习情境五;杨林编写学习情境六;胥传兵编写学习情境十五;潘朝中编写学习情境十二、十三;张志明编写学习情境三、四;邓省会编写学习情境十;祁连弟编写学习情境九、十一、十四。全书由陆立才总纂定稿。

本教材编写的过程中,编者参考了一些农业企业经营管理理论与实务的教研成果和有关教材,在此,我们对相关专家、学者表示衷心的感谢!由于我们水平有限及时间仓促,教材中难免存在错误或不足之处,恳请读者批评指正,并将意见和建议及时反馈给我们,以便今后改进。

编　者

2016 年 1 月

目 录

学习情境一　农业企业认知 001

　　项目一　农业企业的职能 001
　　项目二　农业企业经营管理基本概念 007
　　项目三　农业企业的经营形式 010
　　学习测试题 018

学习情境二　农业企业创建 020

　　项目一　现代企业制度的特征 020
　　项目二　农业企业创建 025
　　学习测试题 031

学习情境三　农业企业组织结构设计 033

　　项目一　企业组建的可行性分析 033
　　项目二　企业组织结构设计 037
　　学习测试题 044

学习情境四　农业企业经营目标确定 046

　　项目一　农业企业经营思想 046
　　项目二　农业企业经营环境 050
　　项目三　农业企业经营目标 053
　　学习测试题 055

学习情境五　农业企业经营决策方法 057

　　项目一　农业企业经营决策 057

项目二　农业企业经营决策方法　　063
　　学习测试题　　069

学习情境六　农业企业经营计划编制　　072

　　项目一　农业企业经营计划的内涵　　072
　　项目二　农业企业经营计划的内容　　074
　　项目三　农业企业经营计划编制　　077
　　学习测试题　　083

学习情境七　农业企业经营风险识别与处置　　085

　　项目一　经营风险的内涵　　085
　　项目二　经营风险识别　　090
　　项目三　经营风险处置对策　　094
　　学习测试题　　097

学习情境八　农业企业经济合同签订与履行　　100

　　项目一　农业企业经济合同的内涵　　100
　　项目二　农业企业经济合同的签订与履行　　106
　　项目三　农业企业经济合同的变更、转让和终止　　110
　　学习测试题　　115

学习情境九　农业企业要素管理　　117

　　项目一　农业企业人力资源管理　　117
　　项目二　农业企业土地资源管理　　121
　　项目三　农业企业资金资源管理　　133
　　项目四　农业企业物资管理　　144
　　项目五　农业企业技术管理　　151
　　学习测试题　　156

学习情境十　农业企业生产组织与管理　　161

　　项目一　农业企业生产项目开发　　161
　　项目二　种植业生产组织与管理　　169
　　项目三　养殖业生产组织与管理　　175

项目四	农产品加工业生产管理	192
学习测试题		200

学习情境十一　农产品质量管理　205

项目一	农产品质量管理的含义和特点	205
项目二	农产品质量管理和控制方法	213
学习测试题		220

学习情境十二　农户家庭经营及农场经营管理　223

项目一	农户家庭经营	223
项目二	国有农场经营管理	229
项目三	农业产业化经营管理	232
学习测试题		238

学习情境十三　农业合作经济组织管理　240

项目一	农业合作经济组织概述	240
项目二	农民专业合作社管理	248
学习测试题		258

学习情境十四　农业科技园区管理　261

项目一	农业科技园区认知	261
项目二	农业科技园区的管理	266
学习测试题		270

学习情境十五　农业企业经营效益评价　272

项目一	经营效益的内涵	272
项目二	经营效益评价的内容	275
项目三	经营效益评价的方法	280
学习测试题		283

各学习情境学习测试参考答案	285
主要参考文献	290

学习情境一 农业企业认知

农业企业作为农业经济的经营实体,不仅具有一般企业的共同特点,而且有其特定的功能和经营方式。

> **学习目标**
>
> 了解农业企业的职能;能描述农业企业经营管理的基本概念;知晓农业企业的经营形式。

项目一 农业企业的职能

任务一 农业的内涵

 **任务要求**

能说出农业的内涵;了解农业生产的三个发展阶段;能正确理解农业的内涵。

 案例导入

近年来,全球粮价出现大幅上涨,对发展中国家粮食安全造成重大威胁。据世界银行统计,2010—2011年期间,粮食费用上涨使近7000万人陷入极端贫困,而仅仅是2010年,全世界遭受饥饿的人口就高达9.25亿。目前全球结构性饥饿人口仍在增加,在接下来的10年内,由于粮食生产供不应求,不断攀升的商品价格对粮食链产生影响,将直接对缺粮国家特别是非洲贫困国家的经济和粮食安全造成严重威胁。总体来说,中国仅用占全球9%的耕地和6%的淡水养活了占全球21%的人口,目前很多主要农产品的产量位居世界第一,这对中国粮食安全乃至整个世界粮食安全都是极为重要的。

(资料来源:中国经济网)

案例思考:现代农业发展对国家粮食安全的重要性。

 相关知识

一、农业的概念

农业是人们利用太阳能,依靠生物的生长发育来获取产品的物质生产部门。农业是人类的衣食之源、生存之本。农业是一个古老的经济部门,也是最基本的物质生产部门,没有农业就没有人类社会的发展。随着社会生产力的发展和科学技术的进步,农业的内涵不断扩展和深化。

二、农业生产经历的三个发展阶段

农业生产的历史经历了原始农业、传统农业和现代农业三个阶段。每个阶段技术和劳动工具上的重大突破,都是一次生产力的跨越。原始农业的基本标志是使用石制农具、采用刀耕火种的耕作方法,单纯依赖对动植物驯化的农业;传统农业的基本标志是金属农具的使用和精耕细作的耕作方法,以自给自足经济居主导地位的农业;现代农业的基本标志是依靠机械化农具,使用化肥、高产种子等现代化科技成果,采用现代化管理方法,农产品进入市场以获得利润为目的的农业。

三、现代农业的内涵

我国改革开放 30 多年来,人们对农业的理解也在不断深化和拓展。农业概念有狭义、中义和广义之分。

狭义农业是指种植业,主要包括粮食作物生产、经济作物生产和饲料作物生产等。在这种农业观的影响下,我国 20 世纪 60 年代后期至 20 世纪 70 年代农业生产的内容与范围被逐渐缩小,仅限制在种植业甚至粮食生产上。

中义农业主要包括种植业和养殖业,涉及农、林、牧、副、渔五大生产部门。

广义农业包括农业的产前、产中、产后的生产、加工、流通、服务等方面,把与农业相关的经济活动全部划入农业部门。

20 世纪 80 年代中后期,我国又提出了"农业产业化"概念。农业产业化强调以市场为导向,优化组合各种生产要素,将农业生产的产前、产中、产后诸环节,联结整合为一个完整的产业系统,纳入农业范围,这就使农业的概念大大地扩展了。

近年来,我国在发展现代农业方面与世界各国接轨,更加注重生态环境的治理与保护,重视土地、肥料、水资源、农药和动力等生产资源投入的节约和资源利用的高效化,在应用农业科技最新成果的基础上,探索出"有机农业"、"绿色农业"、"生态农业"、"都市农业"、"观光农业"和"创汇农业"的发展模式。

四、如何理解农业的内涵

农业是人类利用生物生活机能和自然环境条件,通过社会劳动,协调生物与环境之间的关系,强化或控制生物的生命活动过程,以获得符合社会需要的产品,并为人类创造良好生活环境的物质生产部门。因此,农业的内涵可以从以下几个方面理解:

1. 农业的依存条件是自然环境

主要是指土地、阳光、空气、水分、气候、动物、植物等有生命的动物、植物、微生物之间互为环境和条件。所以,生态环境的良好状态对于农业发展是至关重要的。

2. 农业的劳动对象是动物、植物和微生物

人们依靠植物的生理机能,进行光合作用制造物质能量,形成初级产品,通过动物将部分物质能量转化为动物产品。

3. 农业生产的目的是为人类提供基本的生活资料

农业是与人们的物质生活,特别是与人们生命维持和延续有关的物质生产部门,同时也是为轻工业提供原材料的物质生产部门。从经济角度看,农业生产的目的就是最大限度地满足人们不断增长的物质文化生活的需要。

4. 农业的生产过程是自然再生产过程和经济再生产过程的交织体

从生态学的角度看,农业的再生产过程是动植物生命活动的不断循环过程,是人类获取生活和生命延续所需要的物质资料的过程,更是动植物本身的自然繁衍和自然界维系生态平衡的过程;从经济学的角度看,农业的再生产过程包括物质再生产过程、经济再生产过程和人类的劳动过程。

5. 农业的管理过程是强化和控制生物的生命活动过程

农业管理的目的是提高劳动生产率、农产品质量和物质生产的时效性。

想 一 想

1. 在人们的一般认识中,农业就是种植业吗?
2. 请上网查询农业的起源,加深对农业的认识和理解。

任务二　农业企业的内涵

任务要求

能说出农业企业的概念、特征。

案例导入

改革开放初期,农民创业的杰出代表刘永存、刘永行、刘永美、刘永好四兄弟以常人难有的勇气脱下"公服",当起了专业户。他们从农村最常见的养殖业入手,通过生产积累和

产业升级的转变,在饲料行业里打拼出一片天地。经过30年的艰苦创业,从当初的四川新津县新良种场到今天的希望集团,他们已成为拥有近百家企业,年销售80多亿元的"中国饲料大王",成为中国新兴企业发展中的典型代表。1995年,刘永存四兄弟明晰产权,进行资产重组,分别成立了大陆希望集团、东方希望集团、华西希望集团、南方希望集团(新希望集团),四大公司总合乃中国最大的民营企业。刘氏兄弟创立的"希望"企业,不仅使他们个人拥有了巨大的财富,也为社会创造了巨大的财富,他们在创业的过程中不仅实现了自身价值,也赢得了他人的尊重,获得了较高的社会地位。

(资料来源:http://www.tasthope.cn)

案例思考:希望集团的发展之路是怎样的?

一、农业企业的概念

农业企业是指使用一定劳动资料,独立经营,自负盈亏,从事商品性农业生产以及与农产品直接相关活动,具有法人资格的盈利性的经济组织。它既包括以土地为投入要素直接经营农、林、牧、渔业的经济组织,也包括从事农业产前、产中、产后各环节的加工、服务等相关活动的企业。

二、农业企业的特征

(一)农业企业的一般特征

(1)农业企业必须依法设立,符合国家法律规定的企业设立条件和设立程序;
(2)农业企业是以盈利为目的,独立核算,要求以收抵支,取得盈利;
(3)农业企业是从事生产经营或提供服务的经济组织;
(4)农业企业必须有自己的名称、组织机构和活动场所,具有法人资格,能独立承担民事责任。

(二)农业企业的特殊特征

(1)农业企业经济活动的自然性和有机生命性比较明显。农业企业主要利用动植物的生理机能和外界的自然力,通过劳动去强化或控制动植物,从而取得产品。这一特点在工业企业上表现得并不那么明显或突出,这是农业企业区别于其他企业的最显著特点。

(2)农业企业经济效益具有较大的不确定性。由于农业生产过程周期长,受客观因素,尤其是自然条件的影响较大,不可控因素较多,加之市场风险的影响,所以农业企业经营风险较大,经营结果难以准确测定,经济效益常有波动。

(3)农业企业组织形式的多样性。农业企业作为农业生产的基本单位,其组织形式可以灵活多样,规模可大可小,可以是一个家庭、几个家庭的联合,也可以是法人企业。但这并不意味着对农业企业规模没有要求,在经营规模十分狭小时,农业经营便会丧失规模经济效果,因此农业生产必须讲求适度规模经营。

(4)农业企业经营管理的复杂性。这是由农业的产业特性所决定的。因为农业生产受自然因素制约而周期长,农业生产决策以及产品结构调整对市场需求变动的反应相对滞后,这就加大了农业企业经营决策的难度。决定农业企业经营成败的因素错综复杂。

(5)农业企业很难产生产业群聚集效应。相对工业企业而言,农业企业的地域特点决定了农业企业在生产组织、劳动管理和供销管理等经济活动中处于劣势。农业企业的生产条件较差,工作环境较艰苦。

(6)农业企业劳动生产率较低。农业企业使用的劳动力很多,但其人均产出一般都比工业企业的低。特别是在我国,由于农业资源、生产技术较为贫乏和落后,这一特征表现得更为明显。

想一想

1. 在人们的一般认识中,农业企业就是生产农产品的企业吗?
2. 上网查询并回答:农业企业发展的前景在哪里?为何有许多资金投向农业企业?

任务三　农业企业的职能

任务要求

能知晓农业企业的一般职能和特殊职能。

案例导入

希望集团是中国最具有社会责任感的民营企业之一,致力于与股东、客户、员工、社会实现良性交流、共同进步,以环保原则下的技术创新实现可持续发展。为带动农户致富、帮助合作伙伴发展,并为广大食品消费者提供健康安全的肉蛋奶,新希望集团关注整个农牧产业链的安全,利用在农业领域的产业优势和市场优势,整体布局,致力于安全、无公害产品生产,切实提高产品与服务质量。同时,新希望还是中国光彩事业和新农村建设的倡导者和积极推动者,光彩事业已作为联合国经社理事会,以及全球扶贫大会的重要案例向全世界推广。16年来,新希望集团在"老、少、边、穷"地区已投资超过40亿元,在贵州、西藏、甘肃、四川、云南等地区投资了40多个项目,并安置国有企业下岗、转岗员工10 000多人。2010年以来,在"新农村"建设方面,新希望集团已在四川、重庆、贵州、云南、山东等省市逐步开展产业带动的帮扶工作,联系和帮扶82个村走上了致富之路,发展建设原料种植和畜禽养殖基地4.6万亩,辐射带动的基地共300万亩、农户近300万户,使所在地农村农民年平均增收700元以上。新希望还将建设3 500个富农信息站,以及农业产业链全过程管理系统,为农户和经销商提供农业产业链全过程管理、市场供求、科技资讯、农产品交易等综合信息服务。为农户严控产品质量,对客户负责、对社会负责,已根植于新希望人心中,并成为企业文化的一部分。

资料来源:http://www.easthope.cn

案例思考:希望集团的社会责任感体现了农业企业的哪些职能?

  相关知识

农业企业的职能是指农业企业在社会经济活动中所产生的功能或发挥的作用。同其他类型企业一样,农业企业既具有企业的共性职能,又具有农业企业的特殊职能。

一、农业企业的一般职能

1. 组织生产力

生产力是人们利用自然、改造自然和生产物质资料的能力。组织生产力就是根据市场需求,把握企业发展方向,调整生产结构,规划生产布局,制定各种劳动定额、技术定额及生产操作规程;依照农业生产过程的季节性、顺序性等特点,配置和合理利用企业经营资源,诸如劳动力、土地、机器设备、物质资料等,生产适销对路的产品,以及处理人与物的关系。

2. 协调生产关系

生产关系是指人们在物质资料生产过程中结成的社会经济关系。协调生产关系就是正确处理农业企业生产经营活动中所发生的人与人之间的关系,以调动人的积极性。它包括企业内部的产权关系,分配关系,所有者、经营者与劳动者之间的责、权、利关系,与企业外部的协作关系,商品交换关系,债权与债务关系,以及与国家之间的经济关系等。

二、农业企业的特殊职能

与其他工商企业相比,农业的特点决定了农业企业的特殊职能。

1. 为社会提供基本的物质资料

农业企业向社会提供粮、棉、油、蔬菜、水果等直接食用的农副产品和各种可供生产加工的农副产品等初级原料,这是其他企业所不能替代的职能。

2. 保护自然生态环境

农业企业不仅是利用生物界自然界资源生产各种产品,以满足社会物质需求,而且要依据系统内外环境的生态条件和经济条件,适时增加物质和能量的投入,实行集约化经营和科学化管理,不断改善农业生态环境,形成一个有利于农业生产稳定发展的生态基础和资源基础,使农业企业内部系统与外部系统协调统一。

3. 提高农民组织化程度

我国改革开放以来的实践证明,解决小农户与大市场矛盾的一个有效途径,就是将农业家庭经营的市场交易整合到合作社的交易系统之中,通过合作社的公司企业(农业企业)把农民组织起来参与市场竞争;或通过农业产业化经营形式,如以"公司+基地+农户、龙头企业+农户"等形式组织农民进入市场,或者以各种形式的农业(科技)园区企业化经营将农民组织起来;等等。只有高组织化的农民,才有高效率的农业生产力。

想一想

农业企业与工商企业相比,在社会经济活动中发挥了哪些工商企业不能发挥的作用?

项目二 农业企业经营管理基本概念

任务一 农业企业的类型

任务要求

能说出农业企业的类型。

案例导入

小明星期天早晨8点左右,拎着购物袋陪妈妈到一家农产品超市采购农产品,走进超市大门,粮、油、肉、菜、禽蛋、鱼等农副产品琳琅满目。

案例思考:这些农副产品是农业企业生产的还是工业企业生产的?

相关知识

根据不同的分类标准可以简要地把农业企业进行多角度的分类。一般可作如下划分:

(1)按资产的所有制性质分,农业企业分为国有农业企业、农业合作经济组织、私营农业企业和股份制农业企业。国有农业企业,是由国家出资兴办的农业企业,如国营农牧场;农业合作经济,是由集体出资兴办的农业企业,如农业合作社;私营农业企业,是由社会个人出资兴办的农业企业;股份制农业企业,是由多个投资主体共同出资兴办的农业企业,如股份有限公司、有限责任公司等。

(2)按生产产品的类别分,农业企业分为种植业企业、林业(园艺)企业、畜牧业企业、水产企业和农产品加工企业。种植业企业,是单纯从事种植业的生产经营实体;林业(园艺)企业,是从事林木营造和园艺产品生产经营的实体,如林场、园艺场、茶场等;畜牧业企业,是从事动物养殖的生产经营实体,如牧场、养殖场等;水产企业,是从事水产捕捞和水产养殖的生产经营实体,如渔业公司、水产养殖场等;农产品加工企业,是从事农畜禽产品加工和制作的生产经营实体。

(3)按生产经营范围分,农业企业分为以生产农产品为主要业务的各种专业化企业和综合性企业;农产品生产与加工相结合的农工联合企业;农产品生产、加工和销售结合在一起的农工商联合企业;为农业服务的服务型企业,如农用生产资料供应企业,科技服务企业,咨询、信息服务企业。

随着我国经济体制改革的深化和农业产业化经营的推进,农业企业的具体形式将呈多样化、综合化、高级化的发展趋势。

想一想

1. 上网查询农业企业和工业企业的区别。
2. 葡萄酒厂是农业企业吗?

任务二 农业企业经营管理基本概念

任务要求

能说出企业经营、企业管理,农业企业经营、农业企业管理,农业企业经营管理的概念。

案例导入

建筑公司经理来到一个新工地视察,看到3个工人在不同的位置砌墙。经理对一个工人漫不经心地说:"我们砌一道墙。"他对第二个工人说:"我们要建一座房子。"来到第三个工人的面前,经理放眼周围,心情十分开朗,他带着一种豪气说:"我们要建设一个美丽的城市。"

工程结束的时候,他发现第一个工人把墙修得歪歪斜斜,经理责问他的时候,他满不在乎地说:"不过是一堵墙嘛。"第二个工人把墙修得中规中矩,经理很满意,问他怎么做到的。他说:"因为这堵墙将来是房子的一部分,墙修不好,房子倒了可不是好玩的。"来到第三个工人完成的工程面前,他发现墙不仅修得平整笔直,而且每个细节也处理得近乎完美。不仅如此,那工人还把那些变形缺角的砖块都挑了出来,没有一块用到墙上。

十年后,第一个人依然在砌墙;第二个人坐在办公室里面画图纸——他成了工程师;第三个人呢,是前两个人的老板。

案例思考:三个工人砌墙的故事各体现了什么样的管理理念?

相关知识

一、企业经营

企业经营就是企业以市场为核心,以决策为重点,准确把握各种有利时机,充分利用各种资源,以获取最大盈利的一系列活动的总称。

二、企业管理

企业管理就是企业为了达到一定的经营目标和提高工作效率,对企业内部各生产要素的有效结合及企业经营过程的正常运转进行具体的组织、指挥、协调、控制和核算等项工作的总称。"经营+管理"构成现代企业管理的全部内涵,也构成广义企业经营管理的概念。

三、农业企业经营

(一)农业企业经营的概念

现代农业的市场化程度日益提高,现代农业企业与市场的联系愈来愈紧密,市场等环境因素对企业的影响力度和范围日益增大。现代农业企业全部生产经营活动中,处理市场机会和协调外部环境关系的活动已成为决定企业生存发展最重要的管理活动,所以,现代农业企业必须把搞好经营放在重要的战略地位。因此,通常农业企业经营概念定义为:农业企业为了及时有效地抓住和利用外部环境提供的机会,最大限度地发挥自身比较优势,努力实现企业内部条件、经营目标与外部环境三者的动态平衡,进而实现企业的效益目标和发展目标,并侧重于围绕协调和处理企业与外部环境关系以及有关企业发展方向与战略决策等问题而进行的一系列综合性管理活动。

(二)如何理解农业企业经营概念

农业企业经营的概念可以从以下几个方面进行理解。
(1)经营是市场经济特有的范畴;
(2)经营的基本动因是为了及时有效地抓住和利用外部环境提供的机会,目的是实现企业的效益目标和发展目标;
(3)经营的过程是努力实现和保持企业内部条件、经营目标与外部环境的动态平衡,手段是充分认识和把握外部环境变化,最大限度地发挥企业的比较优势;
(4)经营的重心是协调和处理企业与外部环境关系,重点是搞好经营战略决策,不断优化资源的动态配置。

四、农业企业管理

随着市场经济的发展,现代农业企业管理必须由以生产为中心的生产型管理发展为以生产经营为中心的经营型管理,但是这不等于说农业企业内部的管理就不重要。农业企业管理概念可定义为:农业企业管理是指在一定的社会制度等外部环境中,企业为了实现其经营目标和提高工作效率,对影响农业企业生产全过程的资源或因素进行统一决策、计划、组织、指挥、协调和控制,以取得令人满意的效益的动态过程。

五、农业企业经营和管理的关系

农业企业经营和管理的关系,实际是两种相互联系又相互区别的对内和对外管理活动的关系。农业企业系统是一个开放的经济系统,其经营活动与环境紧密相连,受外界条件的影响和制约。农业企业要善于捕捉和利用外部环境提供的机会和条件,这样才能求得生存和发展。管理活动分为内部和外部,是农业企业有效参与市场竞争的需要。但是农业企业内部活动和外部活动是密切联系不可分割的,这决定了农业企业经营和管理的划分仅仅是管理职能分工的一种表现,是农业企业各级管理人员之间的一种分工和协作关系。经营和管理都贯穿于农业企业生产经营活动的全过程,且两者都服从于同一目标,即追求合理的赢利和企业的可持续发展。从另一角度看,在现代市场经济条件下,农业企业经营就是在动态的市场环境中寻求企业赢利和发展机会,其任务就是千方百计地抓住环境机会并对此提出相应的对策,管理则侧重于发挥内部优势去适应和影响环境的变化,实现经营的目标。从这点意义上说,经营决定了管理的方向与目标,管理对经营过程予以调节和控制;经营是管理的依据,管理源于经营并为经营服务。两者相互分工、相互补充和相互作用,共同促进现代企业管理的整体运行。

六、农业企业经营管理

农业企业经营管理就是对农业企业整个生产经营活动进行决策、计划、组织、控制、协调,并对企业成员进行激励,以实现其任务和目标的一系列工作的总称。这就要求要合理地组织生产力,维护和完善社会主义生产关系,适时调整上层建筑,使供、产、销各个环节相互衔接,密切配合,人、财、物各种要素合理结合,充分利用,以尽量少的活劳动消耗和物质消耗,生产出更多的符合社会需要的产品。

想一想

经营与管理是一回事吗?

项目三 农业企业的经营形式

任务一 双层经营

任务要求

理解双层经营中家庭经营和集体经营的含义。

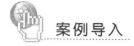 **案例导入**

历史上安徽省凤阳县是个出名的穷地方,"说凤阳,道凤阳,凤阳是个好地方,自从出了个朱皇帝,俺们凤阳十年倒有九年荒"。1978年以前的安徽省凤阳县小岗村,是全县有名的"吃粮靠返销、用钱靠救济、生产靠贷款"的"三靠村",每年秋收后几乎家家外出讨饭。1978年11月24日,小岗村18户农民以敢为天下先的胆识,按下了18个手印,在集体经济体制下搞起生产责任制,揭开了中国农村改革的序幕。也许是历史的巧合——就在这些农民按下手印的不长时间,中共第十一届三中全会在北京人民大会堂隆重开幕。在关系国家命运和前途的严峻历史关头,以邓小平为代表的中国最高层的政治家和最底层的农民们,共同翻开了历史新的一页。1983年初,在我国广大农村普遍实行家庭联产承包责任制,导致了地区合作经济组织的集体经营与承包制家庭经营相结合的双层经营(统一经营与分散经营相结合的双层经营)的产生。

案例思考: 小岗村的双层经营的内容是什么?

 **相关知识**

一、家庭经营

家庭经营又称地区合作经济组织的承包制家庭经营,即分散经营,是在坚持土地等主要生产资料公有制的基础上,在地区合作经济组织的统一管理下,将集体的土地发包给农户耕种,实行自主经营,包干分配。承包制家庭经营的责、权、利是借助于承包合同来规定的,其责任是完成按家庭人口和劳力确定的包干任务;其权利是在完成任务的前提下,获取土地的使用权和经营的自主权;其利益是完成包干任务后的生产收益,即"保证国家的,完成集体的,剩余就是自己的"。

二、集体经营

集体经营是地区性合作经济组织的另一个经营层次,是以生产资料集体所有制为基础的集体经营,即统一经营。它主要从事不适于家庭经营的以及为家庭经营提供产前、产中、产后服务的项目,如农田水利设施、农产品加工、储运、销售、农机修理、信息服务等。

集体统一经营与家庭分散经营构成农业经营的两个层次,相互依存,相互补充,相互促进。这种经营形式把集体和家庭的优势有机结合起来,把农业社会化生产同专业化管理有机地结合起来,既保留了家庭经营的长处,调动农民生产、投入的积极性,又有利于在更大范围内合理配置生产资源,实行宏观决策和调控,弥补了小生产的局限性;既克服了过去集体管理过分集中的缺点,又发挥了集体统一经营的优势。双层经营符合农业生产的特点,适应当前我国农业生产力发展和农业企业管理水平。

任务二 承包经营

任务要求

能说出承包经营的概念、承包经营双方构成、承包方和发包方各自的责任。

案例导入

2014年12月,村民李某与某村委会签订了一份土地承包合同。合同约定,村委会将村属的某地块30亩耕地承包给李某经营,承包期限为10年,承包价格按每年每亩300元,一次性交清。承包期间,李某享有经营使用权,如遇承包范围内的土地被征用或村集体规划使用,李某必须服从。

案例思考: 土地承包合同应当包含哪些要件?

相关知识

一、承包经营

承包经营是在所有权与经营权分离的前提下,企业投资主体把所有的资产经营权按约定条件,承包给承包人经营的一种特定经营形式。

二、承包经营双方构成

承包经营由发包方和承包方构成。发包方把自己所拥有的一部分生产资源交给承包方经营;承包方对承包经营的资源和财产安全负责,并按承包合同规定的责任、指标,完成上缴任务。承包合同应明确规定发包方与承包方各自的责任,以便于遵守和执行。

三、承包方的责任

承包方的责任包括:
(1) 对承包的资产进行合理使用(承包前进行资产评估,确定资产总额),保护资产安全;
(2) 全面完成承包指标;
(3) 合法经营,维护企业信誉。

四、发包方的责任

发包方的责任包括:
(1) 保证承包人的经营自主权、生产指挥权和人事调用权;
(2) 保证承包方在完成承包合同规定的上缴任务以后的自主分配权;
(3) 对承包方提供各种有效服务。

承包经营是农村实行双层经营时一种普遍采用的经营形式,能够较好地处理上下层的经济关系,较具体地明确上下层的权责,并具有较好的操作性,因而具有较强的生命力。

农村实施的承包制是村级合作经济组织(发包方)与农户(承包方)签订承包合同,把土地等生产资源承包给农户经营的一种承包方式。发包方的基本权利是:行使土地生产资料的所有权;按合同规定从承包方提承包金或集体提留;按合同规定监督承包方的生产经营活动。承包方的基本权利主要有:生产经营决策权、产品处置权、收益权、转包和转让权、优先承包权和继承权等。

想 一 想

承包经营只适用于农村土地承包,不适用于其他方面,对吗?

任务三 租赁经营

任务要求

能说出租赁经营的概念、类型及特点。

案例导入

2014年12月,村民李某与某村委会签订了一份房屋租赁经营合同,合同约定,村委会将村小学闲置教室3间,面积为600平方米租赁给李某作工厂经营,租期5年,租金每年人民币1万元,按年支付租金,租金支付日期为每年的11月30日。租赁期间村委会保证房屋正常使用,房屋修缮由村委会承担。违约责任按约定的附件执行。

案例思考: 房屋租赁合同的要件有哪些?

相关知识

一、租赁经营

租赁经营是指在不改变财产所有权的前提下,资产所有者将其资产出租给承租者使用，并定期收取租金的一种经营方式。租赁经营的对象是企业资产。租赁程序和方法，一般是通过公开招标、投票确定中标者。

二、租赁经营的类型

租赁经营的形式按承租方的类型划分，主要有以下几种：

1. 个人租赁

个人租赁，是一定时期内把企业财产租给个人经营。承租者要有一定数量的个人财产担保，或由其他担保人承担租赁经营风险。个人租赁，责、权、利与个人紧密结合，风险、利益与个人紧密相关，经营风险大。要求承租人必须有较强的责任心和经营才能，否则，如果经营失败，出租方可能遭受损失。

2. 合伙租赁

合伙租赁，即两人或两人以上共同承租企业财产。企业的经营责任由各方承租者共同承担，从而提高了承担风险的能力。

3. 集体租赁

集体租赁，即企业全体职工集体作为承租人，共同承租企业财产，由全体职工选举产生租赁委员会，推选主要负责人作为企业法人代表，负责租赁和生产经营等事务。全体职工共享租赁收益，共担经营风险，这样有利于调动全体职工的积极性。

4. 企业租赁

企业租赁，即出租方为企业，承租方以企业的资产为抵押，承租出租方的某项资产或全部资产，享有租赁资产的经营权。这种租赁方式的好处在于，由于承租方是企业，有足够的资产作为租赁企业财产的抵押，出租方不会因承租方经营失败或破产而受损失。承租企业可投入资金、技术等帮助出租方发展。

三、租赁经营的特点

同承包经营相比，租赁经营具有以下特点：

1. 合同的标的不同

承包经营是以经营目标为标的，承包者必须保证完成各项承包任务；租赁经营则以有偿出让资产的使用权为标的，承租人必须按期缴纳租金。

2. 当事人之间的关系不同

承包经营中发包方与承包方之间一般存在着行政隶属关系，租赁经营的出租方同承租方之间则是地位平等的商品交换关系。

3. 所有权与经营权分离的程度不同

承包经营必须按照承包合同组织生产经营活动，在重大决策上受发包方的调控；租赁经营的承租者除缴纳租金和不破坏生产资料外，可以完全自主地组织生产经营活动，并享有产品处置权。

> 想一想
>
> 租赁经营与承包经营是一样的吗？

任务四　股份合作经营

任务要求

说出股份合作经营的概念、特征及特色。

案例导入

从 20 世纪 90 年代开始，广东省南海市率先推出土地股份制合作模式，即村集体将农户土地承包权或经营权量化入股，土地由村集体统一经营或发包给其他公司经营，按土地股份，村集体将土地经营及发包所得在年终进行分配。农业股份合作制是继农业家庭联产承包责任制之后，农村经济体制改革的又一创造。它是一种具有中国特色的、新型的农业企业经营形式。

案例思考：农业股份合作制的内涵是什么？

相关知识

一、农业股份合作制

农业股份合作制是指以土地等自然资源为基础，投资者按照章程或协议，以资金、实物、技术、劳力等折股投放，自愿组织、合作经营、民主管理、自负盈亏，实行按劳分配与按股分红相结合，并独立承担民事责任，依法建立具有法人地位的经济实体。

二、农业股份合作制的特征

农业股份合作制具有股份制与合作制的双重特征，既不同于泛指的股份制，也不同于合作制。在联合上，股份制是资金的联合，合作制是劳动的联合，股份制合作既有资金的联合，又有劳动的联合，体现"劳资两合"；在分配上，股份制是按资分配，合作制是按劳分配，股份制合作以按劳分配为主，实行有限按资分红，体现"劳资兼顾"；从生产资料与劳动者的结合方式上，合作制是直接结合，股份制是两相分离，股份制合作既有结合又有分离；在股金管理上，合作制是入股退股自由，股份制是只能入股不能退股，股份制合作是死股、活股并存；在股权上，合作制实行一人一票制，股份制实行一股一票制，股份合作制实行劳资结合。

三、农业股份合作制的特色

农业股份合作制与工商业股份合作制相比,其特色表现为:

1. 集体资产所有权的社区性

农业生产资料中基本的要素,如土地、山林、水面、滩涂、草原等,除法律规定为国有的以外,均属社区范围内的劳动人民集体所有。

2. 股权分配的平等性

从集体资产转换而成的股权,一般在本社区有户口的农业人口中进行平等分配,户口迁出或本人去世,便自动失去股权,这部分股权规定不能赠送、转让和买卖。

3. 投股要素的多样性

农业股份合作制企业除可用资金入股外,还可用土地、山林、水面、滩涂、草原等生产资源的所有权和经营权折价入股,也可用技术、劳动投入或其他生产资料折价入股,为在农村管好、用好、用活集体资产,发展开发性农业,走农业产业化、企业化的路子创造了条件。

任务五 集团化经营

任务要求

能说出集团化经营的概念、特点及理论依据。

案例导入

江苏省食品集团有限公司前身是江苏省食品总公司,组建于1953年,是全省肉类食品行业的主管机构。半个世纪以来,为保障市场供应、促进经济发展做出了卓越的贡献。

2003年公司整体改制,成为产权多元化的股份制企业集团。集团公司由6个控股子公司和4个全资分公司组成,下设5个管理部室和1个质检中心。集团公司依法建立了股东大会、董事会、监事会和总经理室,并健全了党委、工会和共青团组织。

集团公司实行扁平化管理,对核心成员企业实行事业部制,设肉品事业部,统一对苏食肉品公司、苏食淮安公司和生猪养殖分公司管理。设药品事业部,统一对润天生化公司、南京生化研究所和《中国生化药物杂志》管理。

集团公司的质量方针为:科学管理,争创一流;坚持标准,精益求精;持续打造苏食品牌,满意服务,追求完美。质量目标为:产品合格率100%、合同履约率100%、顾客满意度95%。

集团公司生猪养殖通过国家农业部农产品质量安全中心无公害农产品认证;屠宰加工通过HACCP认证;药品经营通过GSP认证;集团公司通过ISO9001:2000认证。

以梅花图案为主体的苏食商标已在国家工商总局注册,被评为江苏省著名商标。集团公司以苏食为主打品牌,子品牌有兴苏食、旺苏食、丰苏食、润苏食等。

苏食集团先后被授予中国商业名牌企业,全国"三绿工程"示范企业,农业部农产品连锁经营示范企业,江苏省AAA级重合同守信用企业,中国肉类食品行业50强企业,中国商业百强企业,江苏省农业产业化重点龙头企业。

苏食集团在以肉类食品为支柱产业的同时,发展多业态经营,以品牌为旗帜,以市场为指南,以资产为纽带,重科研、重质量、重人才、重信誉。生产经营规模实现了跨越性发展,企业核心竞争力显著增强,并跻身于国内同行前列。

(资料来源:百科名片,江苏省食品集团有限公司)

案例思考: 集团化经营的内涵是什么?

一、集团化经营的概念

所谓集团化,即是以母公司为基础,以产权关系为纽带,通过合资、合作或股权投资等方式把三个及三个以上的独立企业法人联系在一起形成集团。集团成员企业之间在研发、采购、制造、销售、管理等环节紧密联系在一起,协同运作的方式叫集团化运作或集团化经营模式。

集团化经营是在生产力发展到一定水平,企业经营规模进一步扩大,向多元结构、多角化经营、多功能性质、国际化方向发展的基础上,建立起来的一种开发性的经济联合体。其典型的集团化经营形式是企业集团或集团公司。企业集团一般以生产要素为纽带,以扩大生产能力为着眼点,由规模不等的多个法人企业联合组成,实行资产一体化经营。

二、集团化经营的特点

1. 资源共享,节省成本和费用

统一采购可以降低采购成本;集团大制造可以利用制造资源、统一技术和研发平台以研发高难度的课题;统一销售可以节约营销费用;统一结算可以节省财务费用和解决融资的难题等。

2. 优势互补,提升了企业的运作和管理效率

集团化运作可以用某一企业的"长板"弥补其他企业的"短板",使这一长项得到充分发挥,从而带动其他成员企业提高运作和管理的效率。比如销售渠道的融通、人力资源管理经验的借鉴等。

3. 提高了企业创新能力和综合竞争能力

技术创新、营销创新以及成本和费用的降低等,使企业及集团综合竞争能力得到提升。

三、集团化经营的理论基础

1. 企业边界理论

企业都有边界,企业与企业以外的主体进行交易就形成了市场交易,同时产生交易费

用和税收。而企业内部的交易则费用最低,因为它避免了税收和交易成本,集团化运作的实质是扩大了企业的边界。

2. 规模效益理论

比如统一采购、结算、制造、营销等。

3. 协同效益理论

企业集团都是由若干相互联系、相互作用的子公司组成的复杂系统,在这个大系统内各要素间的互动和协同,使系统产生了创新和发展的推动力量,即协同效应,也就是1+1>2。

 学习测试题

一、单选题

1. 农业生产的对象是(　　)。
   A. 生物体　　B. 植物体　　C. 动物体　　D. 微生物体
2. 农业企业是具有法人资格的(　　)。
   A. 政府机关　　B. 经济组织　　C. 社会团体　　D. 民间组织
3. 农业合作社是(　　)农业企业。
   A. 国有　　B. 集体　　C. 私营　　D. 股份制
4. 农业企业经营的过程是努力实现和保持(　　)的动态平衡。
   A. 企业内部条件与经营目标　　B. 企业外部环境与经营目标
   C. 企业内部条件与外部环境　　D. 企业内部条件、经营目标与外部环境
5. 中国农村改革的发源地是(　　)。
   A. 江阴华西村　　B. 凤阳小岗村
   C. 天津大邱庄村　　D. 广东南海市
6. 家庭经营是在坚持(　　)等主要生产资料公有制的基础上,在地方合作经济组织的统一管理下,将集体的土地发包给农户耕种,实行自主经营,包干分配。
   A. 劳动力　　B. 资金　　C. 技术　　D. 土地
7. 农村实施的承包制发包方是(　　)。
   A. 乡镇人民政府　　B. 农业企业
   C. 村级合作经济组织　　D. 农户
8. 租赁经营是指在不改变(　　)的前提下,资产所有者将其资产出租给承租者使用,并定期收取租金的一种经营方式。
   A. 财产经营权　　B. 财产使用权
   C. 财产所有权　　D. 财产收益权
9. 农业股份合作制企业实行(　　)票决制。
   A. 一人一票　　B. 一股一票
   C. 一人一票 或一股一票　　D. 一人一票 和一股一票
10. 企业集团一般以生产要素为纽带,以扩大生产能力为着眼点,由规模不等的多个法人企业联合组成,实行资产(　　)经营。
    A. 一体化　　B. 产业化　　C. 一条龙　　D. 标准化

二、多选题

1. 农业生产的历史经历了（　　　）三个阶段。
   A. 原始农业　　　B. 传统农业　　　C. 现代农业　　　D. 生态农业
2. 农业生产的对象是生物体，生物体是指（　　　）。
   A. 动物　　　　　B. 植物　　　　　C. 细菌　　　　　D. 微生物
3. 农业企业的职能是（　　　）。
   A. 组织生产力　　　　　　　　　B. 保护自然生态环境
   C. 提高农民组织化程度　　　　　D. 处理人与人之间的矛盾
4. 按资产的所有制性质将农业企业分为（　　　）。
   A. 国有农业企业　　　　　　　　B. 集体农业企业
   C. 家庭农业企业　　　　　　　　D. 股份制农业企业
5. 按资产的所有制性质将农业企业分为（　　　）。
   A. 国有企业　　　B. 集体企业　　　C. 股份制企业　　D. 承包企业

三、判断题

1. 金属农具的使用和精耕细作属于农业发展的现代阶段。（　　）
2. 农业的生产过程是自然再生产过程和经济再生产过程的交织体。（　　）
3. 农业企业提供生产加工的农副产品等初级原料，这是其他企业所不能替代的职能。（　　）
4. 经营决定了管理的方向与目标，管理对经营过程予以调节和控制。（　　）
5. 集体统一经营与家庭分散经营构成农业经营的两个层次，相互依存，相互补充，相互促进。（　　）
6. 双层经营符合农业生产的特点，超越当前我国农业生产力发展和农业企业管理水平。（　　）
7. 承包经营的发包方把别人所拥有的一部分生产资源交给承包方经营。（　　）
8. 承包经营的承包方不对承包经营的资源和财产安全负责，只按承包合同规定的责任、指标，完成上缴任务。（　　）
9. 租赁程序和方法，一般是通过公开招标、投票确定中标者。（　　）
10. 农业股份合作制企业具有股份制与合作制的双重特征。（　　）

四、名词解释

1. 农业企业
2. 双层经营

五、填空题

1. 农业企业必须＿＿＿＿＿＿＿设立，符合国家法律规定的设立条件和设立程序。
2. 农业企业按生产产品的类型分为＿＿＿＿＿、＿＿＿＿＿、＿＿＿＿＿、＿＿＿＿＿、＿＿＿＿＿。
3. 租赁经营的形式按承租方的类型分为＿＿＿＿＿、＿＿＿＿＿、＿＿＿＿＿、＿＿＿＿＿。

六、综合题

1. 承包经营与租赁经营有何区别？
2. 简述农业企业的职能。

学习情境二 农业企业创建

创建农业企业必须遵循农业企业制度,而农业企业制度则包含农业企业经济关系和经济行为以及组织形式在内的一整套准则和规定。

学习目标

了解企业制度的演变,知晓现代企业制度;掌握农业企业创建。

项目一 现代企业制度的特征

任务一 企业制度的演变过程

任务要求

说出企业制度概念;了解企业制度演变的四种形态。

案例导入

邓子均,名举安,1876年生于南溪县仙临镇一个贫苦农民家庭。20岁的他拜"温得丰"店主赵明盛为师,正式涉足酒业。1915年,他携带以秘方勾兑的杂粮酒远赴首届"巴拿马国际博览会",一举夺得金奖。随后他从高粱、大米、糯米、玉米、荞子、粟米、黄豆、绿豆、葫豆等9种粮食中甄选高粱、玉米、大米、糯米、荞子5种粮食进行试产,经过反复摸索、比对试验和不断改进,最终成为香味醇厚的"上乘佳酿"。1932年,邓子均将"杂粮酒"更名后的"五粮液",正式申请注册,精心制作酒瓶和设计商标,由此诞生了大名鼎鼎的"五粮液";1944年,邓子均将"利川永"酒坊转予他人经营,举家迁回南溪;1952年,由8间槽房组建五粮液酒厂;1954年,邓子均献出"五粮液"的酿造配方,并应聘出任宜宾专卖公司技术指导,指导五粮液的酿造生产;1959年,"宜宾五粮液酒厂"正式命名;1998年,改制为"四川省宜宾五粮液集团有限公司"。五粮液集团现已发展成为以五粮液及其系列酒的生产经营为主,现代制造业、现代包装印务、光学玻璃、现代物流、橡胶制品、现代制药等产业多元发展,具有深厚企业文化的现代企业集团,占地约 10 平方公里,职工 46 000 余人。

(资料来源:百度百科)

案例思考: 五粮液企业的演变过程给你的启示是什么?

 相关知识

一、企业制度

企业制度是指以产权制度为基础的企业组织和管理制度,其本质是企业内在运行规律的外在形式。其本身有一个形成与发展的过程,企业的组织形态经历了由单个业主制到合伙企业,再到公司企业的过程,而公司企业的发展史,是企业组织发展史的重要内容。

二、企业制度演变的四种形态

1. 家庭手工业制度

家庭手工业制度亦称家庭工业,以一家一户为生产单位的手工业,生产规模小,在自己住宅经营,因此不用机械而全凭手工。开始是农民以自身农产品为原料加工成手工业品,自用有余而出售,在资本主义制度下,它又为大工厂加工零配件,成为附属于资本主义企业的家庭劳动。比如男耕女织、小行会、小作坊就是很好的例子。因此,他们还不是典型的企业,而是介于家庭和企业之间的一种过渡组织,既保留着家庭经济的基本特征,又初步具备了企业的某些特性。

2. 工场手工业制度

由家庭手工业向工场手工业过渡是一个复杂的过程。在这个过程中,小行会、小作坊从家庭经营逐步变成为真正的企业经营,行东和小手工业者变成资本家,起决定性作用的还是靠原始积累形成的高利贷资本和商人资本。他们或者通过剥夺手工业者的生产资料而变成工场主,或者直接购买设备、雇佣工人,对收购来的半成品或原料进行加工,然后投入市场。随着规模的扩大,这些商人的家庭作坊逐渐演变成最早的工业企业——资本主义的手工工场。

这种家庭工业制度向企业工业制度的演变,属于生产组织方式的变革,创造了比家庭手工业高得多的劳动生产率。但由于其技术基础仍然是手工劳动和手工工具,因而对劳动生产率提高十分有限。为了获取更多的剩余价值,资本家必须进一步改革生产的组织形式,建立和形成新的企业制度。

3. 工厂制度

从 18 世纪后期起,西欧各资本主义国家先后开始进行产业改革。到 19 世纪 30—40 年代,英国等欧洲国家各主要工业部门都采用了机器生产,手工工场逐渐被机器化的大工厂所取代,与之相适应的是,一种新的企业制度——工厂制得以产生。工厂制作为企业的一个发展阶段和一种具体组织形式,在制度内涵及其运作方式方面,与工场手工业主要有以下区别,见表 2-1。

表 2-1　工厂制与工场手工业的区别

	工场手工业	工厂制度
制度运作的物质基础	以人畜的体力为动力,用手工方式进行简单的商品生产	以蒸汽、电能为动力,采用机器和机器体系进行大生产
制度依托的技术手段	建立在手工劳动和手工工具的技术基础之上	一些新型材料如合金、聚合物等在生产中大量采用
劳动的分工协作形式	以工人为起点,劳动资料的运动从工人出发,分工也纯粹是主观的	机器是生产的主体,工人则是机器的附属物;机器完全是按照生产工艺布局并按一定比例配备,劳动分工则围绕着机器而进行
管理活动复杂程度	一般采用直线式的个人等级管理,即由工厂主、监工、工头层层对工人的生产活动进行直接式的监督管理	一般按照产品或工艺要求分成若干车间、工段、生产小组,自下而上形成一个完整的管理系统,既有总厂、分厂、车间、工段、生产班组的分级管理,又有生产、技术、计划、财务、销售等专业化的职能部门管理,以及计件工资制等形式的间接管理

4. 公司制度

公司制度萌芽于 15 世纪中后期地中海沿岸的航海合资贸易组织,起源于 19 世纪 40 年代的美国西部铁路公司,大发展于 20 世纪 50 年代。公司制的出现是生产社会化的必然产物。

从制度的内涵与适用范围来看,公司制度与工厂制度主要有以下区别,见表 2-2。

表 2-2　公司制度与工厂制度的区别

	工厂	公司
适用范围	工业部门的企业	各行业和跨部门、跨行业组织起来的企业
两权结合程度	所有权与经营权密切结合	所有权与经营权相分离
企业性质	大多数工厂企业都是自然人的独资企业	属于法人企业

从历史上看,企业制度是遵循着"手工工场→工厂→公司"的规律演进发展,但由于社会生产力的多层次和社会需要的多样性,各种企业制度总是同时并存的。任何一个企业都处于不断的发展变化之中,其所采取的企业制度,也呈现由低级向高级形态转换的递进趋势。

想 一 想

现代企业最适合哪一种企业制度?

任务二　现代企业制度

理解现代企业制度的概念、特征及主要内容。

1993年,《中共中央关于建立社会主义市场经济体制若干问题的决定》明确指出,我国国有企业的改革方向是建立"适应市场经济和社会化大生产要求的产权清晰、权责明确、政企分开和管理科学"的现代企业制度,要求通过建立现代企业制度,使企业成为自主经营、自负盈亏、自我发展、自我约束的法人实体和市场竞争主体。

在社会主义市场经济体制框架下建立现代企业制度是国企改革实践的重大突破,具有划时代的意义,为国企改革指明了方向。

案例思考：为什么要建立现代企业制度？

一、现代企业制度

现代企业制度是指以市场经济为基础,以完善的企业法人制度为主体,以有限责任制度为核心,以公司企业为主要形式,以产权清晰、权责明确、政企分开、管理科学为条件的新型企业制度。

二、现代企业制度的主要特征

1. 产权清晰

产权,即所有者对财产所拥有的权利。产权清晰,是指公司制企业的出资者和企业法人之间,以及企业的出资者之间,企业法人财产与借贷所形成的企业资产之间的产权内容及其归属清晰。公司制企业依法(公司法)对出资者注入企业的资本金及其增值形成的财产,拥有独立的企业法人财产权,成为享有民事权利、承担民事责任的法人实体。

2. 职责明确

企业拥有独立的法人地位,享有法律所赋予的企业法人财产权,可以其全部法人财产自主经营、自负盈亏、照章纳税,对出资者承担企业资产保值增值的责任,对债权人承担清偿责任;同时,出资者按其投入企业的资本额,享有所有者的权益,即资产受益、重大决策和选择管理者等权利。

3. 政企分开

政府与企业是市场经济的主要组成部分。前者为市场经济宏观调控的主体，是服务性的行政组织；后者为市场经济活动的微观主体，是从事生产经营、讲求盈利、为社会创造财富和价值的经济实体。政府与企业不存在任何的行政隶属关系。企业依法经营，照章纳税，政府不得直接干预，即"政府调节市场，市场引导企业"，企业不承担政府的行政管理职能。

4. 管理科学

所谓管理科学，就是按照市场经济发展的规律，树立现代企业的管理理念，建立合理的组织机构，健全内部各项管理制度，采用科学的管理方法和经济手段，而不是采用行政手段，以优化资源配置，提高企业管理效率。通过科学的制度建设，以诱导企业正确处理产权关系，及所有者、经营者、管理者、生产者等各方面的责权利关系，形成激励与约束相结合的经营机制，这样企业发展才能有源源不断的动力。

三、现代企业制度的内容

现代企业制度的内容主要有：

（1）企业资产具有明确的实物边界和价值边界。

（2）企业通常实行公司制度，即有限责任公司和股份有限公司制度，按照《公司法》的要求，形成由股东代表大会、董事会、监事会和高级经理人员组成的相互依赖又相互制衡的公司治理结构，并有效运转。

（3）企业以生产经营为主要职能，有明确的盈利目标，各级管理人员和一般职工按经营业绩和劳动贡献获取收益，住房分配、养老、医疗及其他福利事业由市场、社会或政府机构承担。

（4）企业具有合理的组织结构，在生产、供销、财务、研究开发、质量控制、劳动人事等方面形成了行之有效的企业内部管理制度和机制。

（5）企业有着刚性的预算约束和合理的财务结构，可以通过收购、兼并、联合等方式谋求企业的扩展，经营不善难以为继时，可通过破产、被兼并等方式寻求资产和其他生产要素的再配置。

 知识拓展

上网查询股份有限公司与股份公司在责任上有何区别？

项目二 农业企业创建

任务一 现代企业制度的形式

 任务要求

了解业主制企业、合伙制企业,掌握公司制企业设立的条件。

 案例导入

五粮液集团有限公司的前身是20世纪50年代初8家古传酿酒作坊联合组建而成的"中国专卖公司四川省宜宾酒厂",1959年正式命名为"宜宾五粮液酒厂",1998年改制为"四川省宜宾五粮液集团有限公司"。

案例思考：五粮液集团在发展过程中经历了哪些企业制度形式?

 相关知识

一、业主制企业

（一）业主制企业的概念

业主制企业,又称独资企业,是由一个自然人出资自主经营或雇工经营,资产和盈利归投资人个人所有,投资人以其个人财产对企业债务承担无限清偿责任的经济实体。

（二）业主制企业的优点

业主制企业在法律上为自然人企业,不具有法人资格,这种企业形式一般规模较小,经营灵活。主要表现在：

(1) 企业组织简单,开设、转让、关闭手续简便；

(2) 所有权与经营权归于一体,经营灵活,决策迅速；

(3) 规模小,开支少,成本低；

(4) 企业保密性强,容易保持经营特色。

正是这些优点,使得业主制这一古老的企业制度一直延续至今。目前,在我国个人开办的私营企业、城乡个体工商户和农村专业户均为业主制企业。

（三）业主制企业的缺陷

业主制企业存在很多缺陷，如资金来源有限、企业发展受限制；企业主要对企业的全部债务承担无限责任，经营风险大；企业的存在与解散完全取决于企业主，企业存续期限短等。主要表现在：

（1）企业没有独立的生命力，如果业主死亡或由于某种原因放弃经营，企业的生命就终止；

（2）企业资本有限，信用不足，难以扩展，规模有限；

（3）风险太大，一旦经营失败，可能家破人亡。

因此，业主制难以适应社会化商品经济发展和企业规模不断扩大的要求。

二、合伙制企业

（一）合伙制企业的概念

合伙制企业是由两个或两个以上的共同出资个人联合经营，合伙人按契约或出资多少分享利润，对企业债务共同承担无限清偿责任的经营实体。合伙制企业也属于自然人企业，即没有脱离合伙人单独的法人地位，二者在法律上是一个统一体。

（二）合伙制企业的优点

合伙制企业的优点有：

（1）由于可以由多个合伙人共同筹资，扩大了企业资金来源和企业的规模；

（2）由于合伙人共同负担偿债的无限责任，减少了贷款者的风险，因而获得商业贷款的能力较强。

（三）合伙制企业的缺陷

合伙制企业的缺陷有：

（1）合伙企业的规模一般达不到社会化大生产的要求，企业的规模有一定的局限性；

（2）企业经营决策需要经所有合伙人的同意，因而决策缓慢；

（3）当合伙人中有一个人退出，原来的合伙协议就要进行修改，甚至会影响到合伙企业能否继续存在，因而企业的稳定性差；

（4）合伙企业实行无限连带责任，投资风险较大。

三、公司制企业

（一）公司制企业

公司制企业，是由两个以上的出资者集资，依法定条件和法定程序设立的，以盈利为目的，具有法人地位的企业。它是现代企业的基本形式。

（二）公司制企业的优点

公司制企业的优点有：

（1）公司法人财产的稳定性。公司是法人企业，所形成的法人财产属于公司所有，股东的投资不得随意抽回，只能依法转让；只要公司存在，公司法人不会丧失财产权。

（2）偿债责任的有限性。公司股东对公司债务只承担其股金额范围内的有限责任，有利于减轻股东的风险，吸引更多的投资者。

（3）所有权和经营权的分离性。公司的所有权属于股东，经营权主要由受过专业化训练、拥有丰富企业经营管理实践经验的经理人员担任，实行所有权和经营权的适度分离，有利于监督和管理水平的提高。

（4）资金筹集方式的多样性。公司可以通过银行贷款、发行股票和债券等，迅速集聚大量资金，有利于公司适时扩大经营规模。

（5）公司生命的永续性。公司在法律上拥有脱离公司股东的、独立的法人地位，具有独立的生命，除非破产歇业，其生命是永续的；公司的业务也不会因个别股东的股权转让或死亡而终止经营。

（三）公司制企业的类型

现代公司种类很多，根据股东所负责任不同，可分为无限责任公司、有限责任公司、两合公司、股份有限公司、股份两合公司、一人公司等。在我国主要是有限责任公司和股份有限公司两类，此外，还有国有独资公司和一人有限责任公司等。

1. 有限责任公司

有限责任公司是指由两个以上股东共同出资，股东仅以自己所认缴的出资额为限对公司承担责任，公司以其全部资产对其债务承担责任的企业法人。有限责任公司是现代企业中数量最多的一种公司组织形式。有限责任公司的设立，必须符合我国的《公司法》规定：

（1）股东符合法定人数（2人以上50人以下）。

（2）股东出资达到法定资本最低限额（人民币3万元以上）。

（3）股东共同制定公司章程，公司章程应当载明下列事项：公司名称和住所；公司经营范围；公司注册资本；股东的姓名或者名称；股东的出资方式、出资额和出资时间；公司的机构及其产生办法、职权、议事规则；公司法定代表人；股东会会议认为需要规定的其他事项。股东应当在公司章程上签名、盖章。

（4）有公司名称，建立符合有限责任公司要求的组织机构。

（5）有公司住所。

有限责任公司的设立程序较为简单，注册资本限额较低；有限责任公司不对外发行股票，其股权证不能上市公开交易；不发布公告，不向社会公开账目。

2. 股份有限公司

股份有限公司是指注册资本由等额股份构成，通过发行股票筹集资本，股东以其所持股份为限对公司承担责任，公司以其全部资产对其债务承担责任的企业法人。

股份有限公司的设立，可采取发起设立和募集设立的方式。发起设立，即由发起人认购公司应发行的全部股份而设立公司；募集设立，即发起人认购公司应发行股份的一部分

（不得低于公司股份总数的35%）后，再向社会公开募集而设立公司。

股份有限公司的设立，必须具备规范的条件：

(1) 发起人符合法定人数(2人以上200人以下)，其中半数以上应在中国境内有住所；

(2) 发起人认缴和社会公开募集有股本达到法定资本最低限额(人民币500万元)；

(3) 股份发行、筹办事项符合法律规定；

(4) 发起人制定公司章程，并经创立大会通过；

(5) 有公司名称，建立符合股份有限公司要求的组织机构；

(6) 有固定的生产经营场所和必要的生产经营条件。

想一想

企业制度的形式可以由企业自己来确定吗？

任务二　农业企业设立与登记

任务要求

掌握农业企业的设立与登记。

案例导入

小明毕业于某职业学校农村经济综合管理专业，他带领4名同学从经营地方土特农产品交易做起，计划创建朋友土特农产品贸易有限责任公司，开始自主创业，利用在学校学到的知识，与同行展开差异化竞争。

案例思考：小明创建公司需要什么条件呢？

相关知识

一、农业企业设立

（一）农业企业设立的涵义

农业企业的设立，是指为使农业企业成立、取得合法的主体资格而依据法定程序进行的一系列法律行为的总称。

（二）农业企业设立的条件

1. 有符合法律规定的名称

农业企业名称即农业企业的名字，是农业企业人格特定化的标志，是表明农业企业的性质并与其他企业相互区别的标志。农业企业名称具有唯一性和排他性。农业企业名称一般由四个部分构成：

（1）农业企业登记注册机关的行政级别和行政管理范围。

（2）商号。这是农业企业名称的核心内容，也是唯一可以由当事人自主选择的内容，应由两个以上汉字或少数民族文字组成。

（3）农业企业的营业或经营特点，即农业企业名称应显示出农业企业的主管业务和行业性质。

（4）农业企业的法律性质。公司企业在名称中标明"有限责任公司"或"股份有限公司"字样；个人独资企业应在名称中标明"个人独资"性质；合伙企业中应标明"合伙"字样。

2. 有企业章程或协议

根据我国有关法律规定，法人企业必须有企业章程；独资企业、合伙企业没有企业章程的法定要求，但合伙企业必须有书面的合伙协议；外商投资企业除必须制定企业章程外，中外合资经营企业、中外合作经营企业还必须依法订立合营合同或合作合同。

企业法人章程是企业法人自己制定的，规定企业法人权利和义务以及调整企业内部关系准则的基本法律文件，是企业法人向社会公开申明其宗旨、经营方向、所有制形式、资金状况、组织形式和组织机构、业务规模、内部管理制度及利润分配原则和债权债务处理方式等规范的书面文件。企业章程是企业法人设立登记时向登记机关提交的必备文件之一。企业章程的内容必须符合法律的规定。我国法律如《公司法》《企业法人登记管理条例实施细则》以及有关外商投资企业的立法明确规定了法人企业章程必须载明的事项。

合伙协议是指合伙人为设立合伙企业而达成的规定合伙人之间权利义务的协议。合伙协议作为合伙企业成立的基础，是确定合伙人之间权利义务的基本依据。根据我国《合伙企业法》的规定，设立合伙企业必须有书面合伙协议，它是成立合伙企业的法定要件之一。

3. 有符合法律规定的资本

企业的资本是企业投资人认缴的出资总额。企业投资人的基本义务是向企业出资，这既是其是否拥有企业投资人身份的标志，也是企业得以进行生产经营的物质基础，各投资人的出资是企业财产的原始构成部分。根据不同法律的规定，不同企业的形态的法律地位不同，法律对各类企业资本的要求也不同。

4. 建立符合法律规定的组织制度

企业组织制度涉及的是企业内部治理结构问题。公司是法人企业，拥有法律上的独立人格，其独立性可以从很多方面体现出来。但它必须通过一个自然人组成的组织系统来实施其行为和实现其目标。

5. 有符合法律规定的经营范围

企业的经营范围是企业从事经济活动的业务范围，企业于工商行政管理机关注册登记时其经营范围体现在营业执照中。如果企业欲从事法律、行政法规规定须报经有关部门审批的业务，应当在申请设立登记时提交有关部门的批准文件。

（1）个人独资企业的经营范围由投资者个人选定，但其不得从事法律、行政法规禁止经营的业务。

（2）合伙企业的经营范围由合伙人签订的合伙协议约定。

(3)公司企业的经营范围由公司章程规定。公司可以修改公司章程,改变经营范围,但是应当办理变更登记。

6. 有自己的住所

企业以其主要办事机构所在地为住所,主要办事机构所在地由企业在工商机关登记时确定。企业的住所只能有一个,就在企业的登记主管机关管辖范围内。申请企业的住所必须提交能够证明其拥有该住所使用权的文件,如该住所房屋的产权证或房屋的租赁协议(须有2年以上的租赁期限)。

二、农业企业的登记

农业企业的登记制度和登记内容与一般企业相同。

(一)企业登记的类型

企业登记是指企业依照法定程序,将法定事项申报企业登记主管机关注册登记的一种法律制度。企业登记包括企业设立登记、变更登记和注销登记三种。

(1)设立登记。它是指设立企业时必须向工商行政管理部门申请办理的登记。其作用是确认企业享有企业法人资格或营业资格。

(2)变更登记。它是指经开业登记已取得合法资格的企业要改变原登记事项,如名称、住所、法定代表人、经营范围、注册资金以及增设或撤销分支机构时应办理的变更手续。

(3)注销登记。它是指经开业登记已取得合法资格的企业在歇业、被撤销、被宣告破产或因其他原因终止营业时应当办理的注销手续。企业经注销登记后,登记主管机关应收缴《企业法人执照》或《营业执照》(包括副本),收缴公章,并将注销登记情况告知被注销登记企业的开户银行。应办理注销登记而未办理或办理注销登记后仍从事生产经营活动的,均属于违法活动,应依法受到制裁。企业因违法经营,被工商行政管理部门吊销营业执照时,由工商行政管理部门直接注销其登记。

(二)企业登记的内容

企业登记的内容如下:

(1)企业名称。企业名称是企业法人地位的标志。它由企业自行申请,报工商行政管理部门核定;企业名称在核准登记以后,在一定范围内享有专用权,任何其他人不得侵犯。

(2)住所和经营场所。住所是指企业主要办事机构的地址。如果某公司有一个总部和几个分部,应把总部的所在地作为住所。经营场所主要是企业生产经营的地址、面积和位置等。

(3)法定代表人。企业的法定代表人一般是指企业的董事长。企业与企业之间、企业与国家之间以及企业与企业之外发生的一切涉及法律的事项,均应由法定代表人出面解决,并承担责任。

(4)经济性质。企业的经济性质是由主管登记机关根据企业的财产所有权归属、资金来源、分配形式及有关规定审定的。

（5）经营范围和经营方式。经营范围是指企业生产经营活动的行业和项目,经营方式是指企业采取什么样的方式从事生产经营活动,如来料加工、批发、零售、代购代销等。

（6）注册资金。注册资金是指企业在登记机关注册登记的实有资金数额。资金是企业从事生产经营活动的保证,企业能否获准登记开业、能否获得法人地位,与资金数量的大小以及资金来源有密切的关系。

（7）经营期限。经营期限是企业章程、协议或合同所确定的企业合法经营的时限。主管登记机关核定经营期限后,在核发的营业执照上注明有效期,有效期自核准登记之日起计算。经营期限可以依法延续。

（8）分支机构。分支机构是指企业法人附设的公司、分店、销售门市部、加工厂等。这些附属单位一般都不独立核算,但可以直接从事生产经营活动。

知识拓展

请上网查询个人独资企业的开业登记程序;合伙企业的开业登记程序;公司企业的开业登记程序。

学习测试题

一、单选题

1. 以蒸汽、电能等为动力,采用机器和机器体系进行大生产是（　　）制度。
   A. 家庭手工业　　B. 工场手工业　　C. 工厂　　D. 公司
2. 下列属于现代企业制度特征的是（　　）。
   A. 制度创新　　B. 产权清晰　　C. 组织领导　　D. 内部管理
3. 企业经营权是相对于（　　）而言的。
   A. 所有权　　B. 使用权　　C. 收益权　　D. 收益权
4. 现代企业是通过公司（　　）来行使领导职能的。
   A. 法人治理结构　　B. 法人管理结构　　C. 公司治理　　D. 公司管理
5. （　　）是公司的权力机构,行使公司财产的最终管理权。
   A. 股东会　　B. 董事会　　C. 监事会　　D. 经理层
6. 独资企业,又称（　　）。
   A. 个人业主制企业　B. 合伙制企业　　C. 股份合作制企业　D. 公司制企业
7. 合伙企业属于（　　）企业。
   A. 自然人　　B. 法人　　C. 社团　　D. 民间组织
8. （　　）是现代企业中数量最多的一种公司组织形式。
   A. 独资企业　　B. 合伙企业　　C. 有限责任公司　　D. 股份有限公司
9. 建立合理的企业（　　）制度,是构建现代企业制度的核心。
   A. 产权　　B. 经营权　　C. 使用权　　D. 分配权
10. 企业名称具有（　　）和排他性。
    A. 唯一性　　B. 兼容性　　C. 包涵性　　D. 共享性

二、多选题

1. 现代企业制度的内容是(　　)。
   A. 法人产权制度　B. 有限责任制度　C. 组织领导制度　D. 内部审计制度
2. 法人治理结构,是指由(　　)组成的三层管理组织机构。
   A. 股东会　　　　B. 董事会　　　　C. 监事会　　　　D. 经理层
3. 企业登记包括(　　)三种。
   A. 企业设立登记　B. 企业批准登记　C. 变更登记　　　D. 注销登记

三、判断题

1. 在工厂制度中,所有权与经营权密切结合;在公司制度中,所有权与经营权相分离。(　　)
2. 政企分开就是政府干政府的事,企业干企业的事,两者不存在任何关系。(　　)
3. 现代企业的有限责任制度是指在企业破产清算时,投资者只以投入企业的资本金额为限,承担债务清偿责任。(　　)
4. 股份有限公司的设立,可采取发起设立和募股设立的方式。(　　)
5. 合伙企业具有法人资格。(　　)

四、填空题

1. 企业制度演变的四种形态为_____、_____、_____、_____。
2. 现代企业制度的主要特征为_____、_____、_____、_____。

五、综合题

什么是公司制企业? 公司制企业有何优势?

学习情境三 农业企业组织结构设计

组建农业企业应在充分的调查研究和可行性分析论证的基础上进行。而农业企业的组织结构设计又决定并体现农业企业生存和发展的重要方面。

> **学习目标**
>
> 了解企业组建的可行性分析；掌握农业企业组织结构设计。

项目一 企业组建的可行性分析

任务要求

学会从市场机会、资源禀赋、创业管理人等方面进行农业企业组建的可行性分析。

案例导入

四川雅安具有独特的生态优势，多雨、多雾的湿润气候，特别适宜茶树生长，是我国传统的著名茶叶产区，是世界上有文字记载人工栽培茶树最早的地方。不少客商到雅安考察后，都会被这里的茶叶资源所吸引，投资创办茶叶企业，增加生产线，利用自身优势网络资源，扩大销售范围和销售额度。雅安名山县20个乡镇192个村，村村产茶，全县30多万人口，超过23万人靠茶吃饭。2011年，名山县农民人均纯收入6 697元，超过全省平均水平568元，增幅位居全省丘陵县区第一名，仅茶业一项收入就占一半以上。茶产业无疑已经成了名山县农业增效的支柱产业和农民致富的小康工程，如今的名山，茶农生活富足，居住环境优美，文化生活丰富，日子越过越红火。

茶是"小叶子，大民生；小行业，大社会"。茶产业是生态产业，它红脉绿韵，让人赏心悦目，具有独特的魅力以及效益，茶产业是农业产业，却又融一、二、三次产业于一体，具有经济与社会效益，茶产业是文化产业，一片叶子就是一片灿烂的茶文化，不仅是人们的物质所需，更是精神所求。

（资料来源：茶博览 2012 - 12 - 27）

案例思考：四川雅安茶产业的机遇和使命是什么？试用相关理论进行分析。

相关知识

组建现代农业企业,需要相当的投资和周密的筹划,在市场调查、市场预测的基础上,编制企业建设项目建议书和写出可行性报告,对投资环境、建设条件和企业投资预期效益进行全面的可行性分析。

可行性分析的主要文件是项目建议书。项目建议书经主管部门批准后,随即撰写可行性研究报告,其内容一般包括:(1)总论;(2)市场需求及行情分析;(3)建设的基本条件及地址选择;(4)项目设计方案;(5)投资估算及资金筹措;(6)项目组织管理;(7)经济效益分析;等等。

可行性分析一般需要解答以下问题:(1)拟建项目的社会必要性;(2)拟建项目的现实可能性;(3)拟建项目的技术可行性;(4)拟建项目的经济合理性;(5)拟建项目的生态环境可容性;(6)拟建项目的经济效益;等等。可行性研究,其目的就是要避免建设项目的盲目性和由于项目失误而造成损失,所以这是必须认真做好的前期工作。

在完成可行性研究报告以后,要组织有关专家进行可行性论证。可行性论证是在项目建设前进行的一种考察和鉴定,对拟建的项目进行全面、综合性的经济、技术效果评价,判断是"合理"还是"不合理"、"可行"还是"不可行"、"有效"还是"无效";对"不合理"、"不可行"、"无效"的项目要否定或者进行修改后再次论证,对"合理"、"可行"、"有效"的项目则可实施。

一、市场机会分析

农业企业的生产经营与市场有着密切的联系。所谓市场,就是指有购买能力并愿意购买有关商品的一定范围的人群。市场必须同时具备三个要素:购买者、购买力和购买欲望,三者相互结合,才能产生买卖行为。特别在买方市场的环境下,组建农业企业首要的是考虑市场机会。一个农业企业不可能为所有的人生产或提供所有的产品和服务,因此,组建企业必须要考虑,本企业的优势是什么?企业的创业突破口在哪里?即市场定位的选择,重要而且必要。分析市场机会主要有以下四个方面:

(1)宏观经济分析。主要包括:经济状况和发展趋势;有关的社会变革与政策导向;自然环境与资源状况;交通运输与基础设施状况;技术的现状与研究开发状况。

(2)行业环境分析。主要包括:行业类型、特点及市场容量;该行业发展现状与今后发展趋势;该行业目前及3~5年后规模状况与竞争态势;细分市场的类型与市场机会分析;行业销售实践与获利机会。

(3)竞争及竞争者分析。主要包括:产品与市场定位(从顾客角度看企业产品的相对优势与劣势);市场实践,包括公关策划、销售渠道、产品定价、广告促销、售后服务等;现有市场占有率及其发展趋势;对新进入竞争者的反应度以及竞争对手可能采取的行动。

(4)主要的目标市场分析。主要包括:一般需求、产品类型、特定品牌;供应商、经销商及销售渠道情况;显在目标顾客与潜在目标顾客的情况;顾客群的需求及其消费心理与趋势;不同产品特征对顾客的重要性;影响消费者购买决策的因素分析;等等。

通过市场机会分析，首先，弄清楚顾客的需要和价值取向，依此为企业确定发展方向；然后，确切地表达出目标市场顾客的需求，分析目标顾客真正的需要和企业产品或服务的价值是否一致，若发现当时市场缺乏某种产品或服务，或者这种产品和服务供不应求，且又是本企业的优势，这可能意味着企业市场机会的到来。

二、要素禀赋分析

（一）要素禀赋的概念

要素禀赋，是农业企业生产活动中所需要的基本的物质条件和投入要素，它不仅包括传统的生产要素，如自然资源、劳动力、资本、技术，还应该涵盖制度、信息、管理等现代生产要素。要素越独特、越稀缺，其使用价值越是不可替代，其经济价值就越高。但要素的使用价值不等于经济价值；要素的使用价值，指该要素所具备的各种使用价值。

（二）要素禀赋分析

要素禀赋分析，即农业企业要依据自身特点和要素优势，分析经营方向、确定经营规模等，以此作出科学决策。

1. 自然资源分析

农业企业从事动植物产品的生产，因而农业企业的组建，首先要考虑当地自然资源的优势，因地制宜，走特色农业之路。同时，又要注重生态环境效应，农业企业与生态环境有着紧密的联系，应通过高新技术的运用，科学、合理、高效地利用现有资源，不能以牺牲环境为代价换取眼前的"经济效益"，要走可持续发展之路。

2. 劳动力要素分析

农业企业生产的农产品比较优势的影响主要取决于劳动力的素质高低。农业企业劳动力素质高低对形成农产品比较优势具有决定性的影响，农业企业劳动力素质高，创造农产品比较优势的可能性就大。

3. 资本要素分析

组建企业需要一定量的资本。农业企业的资本来源一般有两种：一是借贷资本，通常从银行借得，这类债务资本在使用期间需要支付利息；二是自有资本，主要是股东和企业投资者投入的资本。股东的投资不需要及时返还，但是他们希望自己的股份能增值。因此，企业筹集资金既不可能完全靠借贷资本，也不可能完全靠自有资本，这就要求有一个合适的负债率。企业资产负债率多高才算合理，并没有统一的规定，它取决于企业产品的盈利能力、银行利率、通货膨胀率、国民经济的景气程度、企业之间竞争的激烈程度等多种因素。一般来讲，企业产品的盈利能力较高或者企业资金的周转速度较快，企业可承受的资产负债率也相对较高；银行利率提高通常迫使企业降低资产负债率，银行利率降低又会刺激企业提高资产负债率；通货膨胀较高时期或者国民经济景气时期企业也倾向于维持较高的资产负债率；同业之间竞争激烈则企业倾向于降低资产负债率。反之，情况亦反之。我国目前企业资产负债率维持在70%左右是有其合理性和必然性的。

4. 技术要素分析

影响农业企业生产的农产品的比较优势除劳动力要素外，有直接影响的就是农业生产技术要素：一是技术进步可以降低单位农产品生产成本，二是技术进步可以提升农产品的质量。农业企业农产品生产可以通过采用现代化的技术手段来提高农产品质量、降低产品成本，从而减少农业生产受自然界的制约，创造自己的比较优势。可以肯定，现代农业技术的引进与创新能在较短的时间内创造某种农产品的比较优势，从而实现农业的跨越式发展。

要素禀赋对农业生产比较优势的影响很大，但随着经济全球化步伐的加快，要素禀赋对某一农业企业生产的农产品比较优势的影响是可以改变的，劳动力、技术、资本都可以自由流动，重新集聚，为某一有活力的农业企业所利用。总体来看，农业企业劳动力技术知识与管理能力，特别是农业企业家群体的管理能力，对农产品比较优势再造非常重要。

三、创业管理人分析

创建一个企业最重要的还是创业管理人。事实表明，创业管理人比一般管理人有着更高的素质要求。作为创业管理人，首先要有创业的冲动，能敏感地觉察某种机遇；然后建立企业实体，并孜孜不倦地去经营。企业组建的过程，包括所有与发现机遇、创建企业、经营企业等相关的活动与行为。

评价一位创业管理人是否合格，用什么标准？美国管理学家威廉·D.拜格雷夫，曾经将企业家的行为特征归纳为10个"D"（字母为首）要素。他认为，一名优秀的创业管理人，同样应具备这10个方面的条件，见表3-1。

表3-1 优秀创业管理人的10个D

理想(Dream)	创业管理人对他们自己及其公司的未来有眼光；更重要的是，他们具有实现这种愿望的能力
果断(Decisiveness)	他们不因循拖拉，而是决策敏捷，这是成功的关键
实干(Doers)	一旦决定某个行动，他们总是尽快实行
决心(Determination)	他们全身心投入事业，绝少半途而废，即便面对似乎难以逾越的障碍，也是如此
奉献(Dedication)	他们献身于事业，有时甚至以牺牲与朋友、家庭的关系为代价；他们工作从来不知疲倦，创业时一天工作12小时，一周7天是常见的
热爱(Devotion)	创业管理人热爱他们的事业；爱心使他们能承受困难；爱他们的产品或服务
周详(Details)	据说过于详细会导致过错，然而，当一个公司处于初始发展阶段时，创业管理人就必须仔细、周详和认真
命运(Destiny)	较之已发展多年的大企业，他们更愿把握自己的命运
金钱(Dollar)	致富并非初衷，但钱是衡量他们成功的尺度；他们认为，如取得成功，就应得到奖励
分享(Distribute)	创业管理人往往与主要雇员分享企业所有权，因为他们是新公司成功的关键

上述每项1分，您不妨给自己先打打分。6分以上您具备了创业管理人员素质；8分左右说明您是位合格的创业管理人员；9分以上您将成为一位优秀的创业管理人才。

知识拓展

请同学们上网查询马云创业故事,说出马云创业经历、马云的伟大梦想、马云经营哲学和马云的人生感悟。

项目二　企业组织结构设计

任务一　企业组织结构的含义

 任务要求

了解企业组织结构的含义,说出企业组织结构特性。

 案例导入

一家农产品加工企业总会计科长正在准备及整理来年不同部门的预算资料。生产经理不愿意提供预算数字,因他们认为他们只是直接报告给生产主管。总会计科长遇到的麻烦根源在哪里?

案例思考:试用企业组织结构的有关理论分析该总会计科长遇到的麻烦根源。

 相关知识

企业组织结构是决定企业能否有效地运行、经营活动能否取得成功的重要物质基础。

一、企业组织结构的含义

企业组织结构,是企业实现管理职能、达到管理目标的重要手段。一般来说,企业的组织结构是由若干不同的管理结构和经营结构所构成的,这些结构通过部门形成相互影响、相互依存和相互制约的有机整体,在实现企业既定目标时相互协调和配合,形成一致行动。科学合理的组织结构,能使员工处于组织的不同岗位上,各得其所、各施其才,形成一种满足感,并影响组织行为。

二、企业组织结构的特性

1. 正规性

正规性是组织依靠规则和程序引导员工行为的程度。有些企业的规范准则较少，其规范化的程度就较小；有一些企业组织，规模虽然较小，却具有各种规章制度，指示员工该做什么和不该做什么，故这些企业组织的规范化程度就较高。规范化可以使组织有序、有效地运转，但过分地强调规范化，又会束缚人的手脚，不仅影响员工的积极性，甚至扼杀员工的创造性。

2. 复杂性

复杂性是指组织的分化程度。一个组织的劳动分工越细致，就具有越多的纵向等级层次。例如，大型企业，从总经理到一般员工，中间可能有五六个或更多的层次；而小型企业可能仅有二三个管理层次。

3. 集权性

集权性是指决策制定权力的集中程度。在一些组织中，问题自下而上传递给高层领导人员，由他们制订行动方案，决策是高度集中的；而另外一些组织，把决策制定的权力授予下层人员，这是分权化。当组织的经营决策和管理权集中在高层管理人员手中时，表明这种组织结构的集权程度是高的。

任务二　企业组织结构设计的原则

任务要求

掌握企业组织结构设计的基本原则。

案例导入

孔子的学生子贱有一次奉命担任某地方的官吏。当他到任之后，却时常弹琴自娱，不管政事，可是他管辖的地方却治理得井井有条，民兴业旺。这使那位卸任的官吏百思不得其解，因为他每天起早摸黑，从早忙到晚，也没有把地方治好。于是他请教子贱："为什么你能治理得这么好？"子贱回答说："你只靠自己的力量去进行，所以十分辛苦；而我却借助别人的力量来完成任务。"

案例思考：子贱放权的前提是什么？

相关知识

组织所处的环境、制定的战略、使用的技术、发展的规模不同，所需的部门和职务及其相互关系也不同，但任何企业在进行组织结构设计时，都必须遵循一些基本原则。

1. 目标统一原则

整个组织应当只有一个目标,组织设计为这一共同目标服务。这是一条总的指导原则,指明了企业组织结构设置的出发点和归宿。

2. 专业分工与协作原则

组织中的每个成员首先都必须明确自己的岗位、任务、职责和权限;其次要明确自己在组织系统中的位置(上、下级是谁);最后要明确自己的工作程序和信息沟通渠道。强调专业化分工的原则,以利于提高管理工作的质量和效率;在实行专业化分工的同时,又要十分重视部门间的协作配合,加强横向管理,以发挥管理的整体效益。

3. 指导统一原则

要求一个下级只能接受一个上级的指挥,不允许存在"多头指挥"的现象。在组织设计中要将管理的各个职务联成一条连续的等级链,禁止越级指挥或越权指挥。

4. 有效管理幅度原则

管理幅度是指一名主管人员直接指挥的下级人员的人数。有效管理幅度是指主管人员直接指挥下级人员的恰当数量。

5. 责、权、利相结合的原则

责、权、利相结合是使企业中每个职位或岗位上的职责、职权、经济利益统一起来,形成责、权、利相一致的关系。

6. 集权与分权相结合的原则

集权与分权相结合是指企业决策的集中化与分散化。集中化是指企业高层保留较多较大的决策权,中层和基层只有较少和较小的决策权,分散化则相反,即企业高层只保留较少的重大决策权,而把较多和较大的决策权授予中层和基层。

7. 稳定性和适应性相结合的原则

稳定性是指组织抵抗干扰,保持其正常运行规律的能力;适应性是指组织调整运行方式,以保持对内外环境变化的适应能力。

8. 执行与监督分设原则

组织中的执行机构同监督机构(如质量监督、安全监督、财务监督)应当分开设置,不应合并成一个机构。

 知识拓展

请上网查询以下内容:

(1) 厄威克组织设计八原则(泰罗、法约尔、韦伯等古典管理学派观点的系统归纳):目标原则、相符原则、职责原则、组织阶层原则、管理幅度原则、专业化原则、协调原则、明确性原则。

(2) 美国孔茨组织设计十五原则(在继承古典学派的基础上):目标一致原则、效率原则、管理幅度原则、分级原则、授权原则、职责的绝对性原则、职权和职责对等原则、统一指挥原则、职权等级原则、分工原则、职能明确性原则、检查职务与业务部门分设原则、平衡原则、灵活性原则、便于领导原则。

任务三　企业组织结构设计的任务

任务要求

能说出组织结构设计的任务与步骤。

案例导入

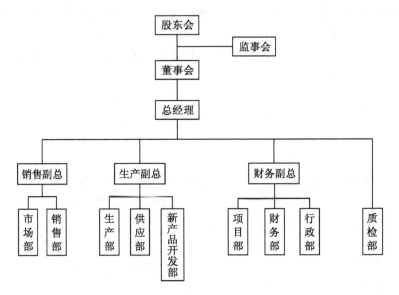

图 3-1　某农业企业组织机构图

案例思考：思索如何设计更加高效灵活的企业组织结构。

相关知识

一、组织结构设计的任务

组织结构设计的主要任务,是提供组织系统图、职位说明书和组织手册,即组织设计的最终成果。这也是创建新企业的一项基础工作。

二、组织结构设计的步骤

组织结构设计的步骤如下：
（1）绘制组织系统图。用于表示企业内部的职权关系及其管理职能。系统图的纵向形态,描述管理层次及其权利和责任的关联体系;横向形态显示部门划分和协作分工的布局状态。

(2) 编写职务说明书。包括该职务的工作内容、职责和权利、与组织其他职务的关系,以及担任该职务者所必备的基本素质、技术知识、工作经验、处理和解决问题的能力等。

(3) 编写组织手册。通常是职务说明书和组织系统图的综合。它全方位地展示企业直线部门和职能部门及其每个职位的主要职能、职权和职责,以及它们之间的相互关系。其目的是为企业主管人员实施管理的组织职能,提供理论依据和行为规范。

三、制作企业组织结构图应考虑的问题

制作企业组织结构图表时应考虑以下几个问题:

(1) 图表的主题。确定图表的范围,是一个系统、一个部门、一个地区,还是整个公司的组织结构图。

(2) 简洁明了。尽量使图表简洁清楚,强调主要机构。

(3) 名称。用职务名称来描述工作水平和职能,如"主管"是不明确的,要尽可能说明责任,如"行政主管";含义较明确的,不必进一步阐明,如"总经理"或"秘书"。

(4) 次序。首先要确定职能,然后再将负有相应责任的人名填上去。

(5) 职务。在一个矩形框里描述组织各部门的职务。

(6) 等级。用垂直线描述不同等级的相关工作,用水平线描述相似等级的工作。

(7) 职权。用垂直线或水平直线表示直接权利,用点线表示间接权利。

任务四 中小型企业组织结构的形式

任务要求

了解中小型企业直线型、职能型、直线职能型、事业部型和矩阵型组织结构。

案例导入

案例1:一家书店在某地区内拥有数家分店,由书店老板一人负责管理。每家分店的数名店员也都由书店老板亲自聘用,帮忙打理日常店务。

案例2:一家农产品加工企业总会计科长正在准备及整理来年不同部门的预算资料。生产经理不愿意提供预算数字,因他们认为他们只是直接报告给生产主管。

案例思考:你认为上述两家中小型企业选择什么样的组织结构形式比较合适呢?

相关知识

一、直线型组织结构

这是最简单的企业组织结构。它的特点是：企业各级行政单位从上到下实行垂直领导，下属部门只接受一个上级的指令，各级主管负责人对所属单位的一切问题负责；厂部不另设职能机构（可设职能人员协助主管人工作），一切管理职能基本上都由行政主管自己执行。其结构如图 3-2。直线制的优点是：结构简单、权力集中、权责分明、上下级关系明确、决策迅速、命令统一。其缺点是：缺乏横向联系；要求主管负责人通晓多种知识技能，亲自处理各种业务。因而这种组织结构一般适用于生产规模小、生产活动简单的小型企业。

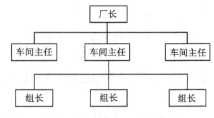

图 3-2　直线型组织结构

二、职能型组织结构

职能制组织结构，是各级行政单位除主管负责人外，还相应地设立一些职能机构。如在厂长下面设立职能机构和人员，协助厂长从事职能管理工作。这种结构要求行政主管把相应的管理职责和权力交给相关的职能机构，各职能机构有权在自己业务范围内向下级行政单位发号施令。因此，下级行政负责人除了接受上级行政主管负责人指挥外，还必须接受上级各职能机构领导。其结构形式如图 3-3 所示。

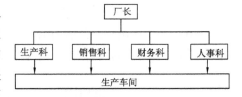

图 3-3　职能型组织结构

职能制的优点是：充分发挥职能机构的专业管理作用，提高了专业管理程度；减轻了各级主管人员的工作负担，使主管人员能集中精力处理重大问题。其缺点非常明显的是：形成了多头领导，使基层无所适从；各职能科室的分工界限不可能十分清楚，相互干涉不可避免，相互间协调十分困难，易造成管理活动的混乱。

三、直线职能型组织结构

直线职能型组织结构是按照一定的职能专业分工建立起来的组织结构。它是在直线制和职能制的基础上，取长补短，吸取这两种形式的优点而建立起来的。目前，我国绝大多数企业都采用这种组织结构形式。这种组织结构形式是把企业管理机构和人员分为两类，一类是直线领导机构和人员，按命令统一原则对各级组织行使指挥权；另一类是职能机构和

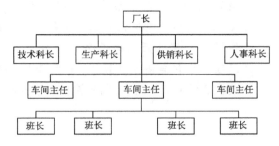

图 3-4　直线职能型组织结构

人员,按专业化原则,从事组织的各项职能管理工作。其组织结构图如图 3-4 所示。

直线职能型组织结构的优点是:(1)权力集中,责任分明,命令统一,联系简捷;(2)结构稳定性较强。其缺点是:(1)在组织规模较大的情况下,权力集中于最高领导者;(2)部门之间缺乏信息交流,因而部门间的协调比较差。这种组织结构形式较适用于中小型企业。

四、事业部型组织结构

事业部型组织结构,就是一个企业内按地区、产品或市场(顾客)分成成立若干个事业部,事业部是在总公司集中领导下进行分权管理的一种组织形式。事业部必须具备三个要素:独立的产品和市场、相对独立的利益、相对独立的利润。其组织结构如图 3-5 所示。

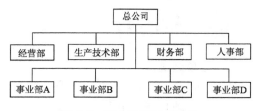

图 3-5　事业部型组织结构

事业部型组织结构的优点是:(1)提高了管理的灵活性和适应性,有利于组织对环境变化迅速作出反应;(2)能够使最高层领导摆脱日常行政事务,成为强有力的决策机构,有利于集中精力搞好战略决策和长远规划,同时各事业部自成系统,独立经营、独立核算,发挥了主动性;(3)各事业部之间可以有比较,有竞争,并能利用这种内部竞争促进企业发展;(4)有利于培养未来的企业接班人。其缺点是:(1)对事业部一级管理人员要求水平很高,事业部经理要熟悉全面业务和管理知识才能胜任工作;(2)各事业部均有完整的职能部门,管理人员增多,管理费用较高;(3)事业部经理往往从本部门利益出发,总是易忽视整个企业的利益,容易脱离总公司成为"独立王国"。

五、矩阵型组织结构

在组织结构上,把既有按职能划分的垂直领导系统,又有按产品(项目)划分的横向领导关系的结构,称为矩阵组织结构,如图 3-6 所示。

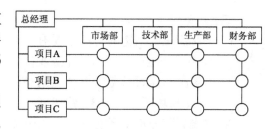

图 3-6　矩阵型组织结构

矩阵组织是为了改进直线职能制横向联系差、缺乏弹性的缺点而形成的一种组织形式。它的特点表现在围绕某项专门任务成立跨职能部门的专门机构上,例如组成专门的产品(项目)小组去从事新产品开发工作,在研究、设计、试验、制造各个不同阶段,由有关部门派人参加,力图做到条块结合,以协调有关部门的活动,保证任务的完成。这种组织结构形式是固定的,人员却是变动的,需要谁,谁就来,任务完成后就可以离开。项目小组和负责人也是临时组织和委任的。任务完成后就解散,有关人员回原单位工作。

矩阵型组织结构的优点:(1)加强了不同部门之间的配合和交流,克服了直线职能结构中各个部门互相脱节的现象;(2)机动灵活,弹性较大,可按特定的任务需要进行人员调配和改组,增强了组织的应变能力;(3)职能人员直接参与项目,在重要决策上有发言权,有利于发挥其积极性和创造性,提高管理水平。其缺点是项目负责人的责任大于权力,主要是因为参加项目的个人均来自不同的部门,一般隶属关系仍在原部门,对他们工作的好坏没有足够的激励手段和惩治手段。因此,这种组织结构通常适用于横向协作和攻关项目。

知识拓展

请同学们上网查询企业组织结构还有哪些形式。

学习测试题

一、单选题

1. 可行性分析的主要文件是( )。
   A. 项目建议书　　　　　　　B. 可行性研究报告
   C. 可行性论证报告　　　　　D. 项目实施方案
2. 创建一个农业企业最重要的是( )。
   A. 市场机会　　B. 要素禀赋　　C. 创业管理人　　D. 项目实施方案
3. ( )原则,指明了企业组织结构设置的出发点和归宿。
   A. 目标统一　　　　　　　　B. 指挥统一
   C. 专业分工与协作　　　　　D. 责权利相结合
4. 在企业组织结构的设计上,既有按职能划分的垂直领导系统又有按产品划分的横向领导关系,这种组织结构属于( )。
   A. 直线制　　　B. 矩阵制　　　C. 事业部制　　D. 直线职能制
5. 最基本又比较简单的组织结构形式是( )。
   A. 直线制　　　B. 矩阵制　　　C. 事业部制　　D. 直线职能制

二、多选题

1. 企业组织的结构的特征主要有( )分析。
   A. 市场机会　　B. 经济效益　　C. 要素禀赋　　D. 创业管理人
2. 市场必须同时具备的三个要素是( )。
   A. 交易场所　　B. 购买者　　　C. 购买力　　　D. 购买欲望
3. 要素禀赋分析主要有( )分析。
   A. 自然资源　　B. 劳动力要素　C. 资本要素　　D. 技术要素
4. 企业组织结构的特征表现为( )。
   A. 复杂度　　　B. 规范度　　　C. 集权度　　　D. 松散度
5. ( )组织结构较适用于中小型企业。
   A. 直线型　　　B. 职能型　　　C. 直线职能型　D. 事业部型

三、判断题

1. 可行性研究目的的是避免建设项目的盲目性和由于项目失误而造成损失。(　　)
2. 在买方市场条件下,组建农业企业首要的是考虑要素禀赋。(　　)

3. 创业管理人需要动力、激情、行动。（   ）
4. 企业组织结构决定企业能否有效运行、经营活动能否取得成功的重要精神基础。
（   ）
5. 指挥统一原则,要求一个下级必须接受并服从上级的指挥。（   ）
6. 在组织成员一定的条件下,管理层次和管理幅度的关系成反比关系。（   ）
7. 直线型组织结构一般适用于小型企业。（   ）
8. 职能型组织结构违背组织结构设计的指挥统一原则。（   ）
9. 直线职能型组织结构是目前我国绝大多数企业都采用的组织结构形式。（   ）
10. 事业部型组织机构形式通常适用于大型企业采用。（   ）

四、名词解释
1. 企业组织结构
2. 直线职能制

五、论述题
1. 企业组织结构设计的原则有哪些？
2. 简述直线职能型组织结构,并说明其优缺点。

学习情境四

农业企业经营目标确定

农业企业经营目标确定源于农业经营思想,而农业经营思想贯穿于农业生产经营的全过程,对农业生产经营单位或部门的生存和发展起着决定性的作用。

> **学习目标**
>
> 了解农业经营思想;知晓农业企业经营环境;确定农业企业经营目标。

项目一 农业企业经营思想

任务一 农业经营思想

任务要求

了解农业经营思想的含义;知晓影响农业经营思想的因素。

案例导入

在很多人的眼中,中国的民营企业"只会生不会长,只会老不会长",希望集团创始人刘永好说:"我们提出了一句话作为企业发展的理念——'顺潮流事半功倍'。什么叫顺潮流呢?就是我们始终把产业定在社会需求、政府倡导的领域。"

案例思考:这个案例给了我们什么启示?

相关知识

一、农业经营思想

经营思想是贯穿企业经营全过程的指导思想,它是由一系列观念或观点构成的,对经营过程中发生的各种关系的认识和态度的总和。农业生产经营思想贯穿于农业生产经营的全过程,对农业生产经营单位或部门的生存和发展起着决定性的作用。

农业是最古老的生产部门,前人留下的中外历史典籍中有很多关于农业经营思想的记载。中国古代积累下来的农业经营思想有:农业经营的制约因素方面主要有战国末期《吕氏春秋》,将农业经营阐述为"天时"、"地利"、"人事"和"物用"等;农业集约经营方面主要有北魏时代的《齐民要术》,概括农业经营要进行精耕细作;农业生产劳动管理方面主要有明代的《农政全书》,在强调生产工具的重要性时还指出农业生产要加强科学学习;农业经营效益考核方面主要有西汉时期的《氾胜之书》,记载农业生产经营要进行农产品成本核算;经商理财方面主要有两千多年前的战国时期,白圭经商有术,主张薄利多销,认为农业生产经营要根据市场行情变动而变动,保持市场稳定。西方古代农业经营思想主要有:古希腊思想家瑟诺芬(Xylophone,约公元前430—公元前335)的《家政论》认为,农业经营既要了解农业生产,更要有效地组织生产;公元前2世纪前后,古罗马执政官大加图(公元前234—公元前149)对农业经营提出需要选择有利的地点,确定适宜的规模,且要组织劳动协作,注意与市场的联系。18世纪中叶,英国农业经济学著作家阿瑟·杨(1741—1820)在他的《农村经济论》中,主张推行农作物轮作制和扩大农业经营规模,论证了生产要素投入比例和产出的关系,强调规模扩大同集约化并协调。上述观点大致反应了以自给制生产为主的农业经营思想,可视为农业企业经营管理思想的渊源。

二、影响农业企业经营思想的因素

(一) 社会制度

农业企业经营思想必须符合社会制度的基本要求。国家的政治、经济制度规范着企业与国家、人与企业、人与人之间的关系,并通过方针、政策、法律法规来规范人们的行为。企业在处理这些关系时不能不受到这些制度的制约。

(二) 市场经济规律

首先,市场给人们提供了均等的机会,抓住机会者会有长足发展。否则,总是观望彷徨、无所适从。其次,市场又是无情的,"优胜劣汰,适者生存"。所以,企业必须按市场规律办事。经营思想中的各种观念必须体现出价值规律、供需规律和竞争规律的要求,这样才具有指导意义。

(三) 企业领导者的素质

企业领导者在对外界环境和内部条件等诸多因素认知的基础上形成企业的经营思想。所以其价值观、政策水平、科学知识、工作作风、实践经验、领导艺术等素质直接影响经营思想的表现形式和程度。这就是社会上存在的同一类型的企业在同样的条件下有的成功、有的却失败的原因。

任务二　农业企业经营应树立的基本观念

 任务要求

了解农业生产经营应树立的基本观念。

 任务引入

由于芹菜大面积丰收,每公斤仅售 0.12 元,2012 年 10 月 29 日,西安市阎良区武屯镇新民村村民李志民无奈请人用机器毁掉长势良好的 5 亩芹菜。

案例思考：村民李志民为什么要毁掉长势良好的 5 亩芹菜?

 相关知识

一、农业企业经营的基本观念

（一）市场观念

市场是企业的生存空间,市场观念是企业经营思想的中心。以产定销、生产中心论和以销定产、买方市场卖方风险的时代早已成为历史。要树立以创造性的经营理念去开发顾客新需求的思想,这样才能给企业创造出更大的发展空间。

（二）用户观念

用户是市场与消费者的具体组成部分,是个别企业的直接服务对象。企业研究市场和消费者的需求是为了赢得用户。用户是实现购买行为的消费者,用户的多寡直接决定着企业的命运。经营者要站在用户的角度思考,为用户提供最适宜的产品和最佳的服务,使其从中得到直接或间接的利益,巩固老用户,拓展新用户,扩大市场占有率。

（三）竞争观念

有市场就有竞争。随着经济贸易全球化,国际国内市场中的竞争越来越激烈。你不去占领,就必然会被别人占领。说到底,企业的竞争是企业综合实力的竞争,集中体现在人才、技术和管理三个方面。有了一流的人才、一流的技术、一流的管理业绩,就会生产出一流的产品,创造出一流的经营方式,既能为社会提供更多的使用价值,满足日益增长的物质文化需要,又能提高企业的竞争能力。

（四）创新观念

企业能否在激烈的市场竞争中立于不败之地,因素很多。焦点是能否继续不断创新。

在市场上,要努力发现新的需求,力争使潜在需求变成显现需求,发现拓宽新的用户群体和经营领域。在产品上,开发出新结构、新用途、新工艺、新材料、新款式的新产品。努力做到生产一代产品、试制第二代产品、开发第三代产品、设计构思第四代产品的生产经营格局,使企业在竞争的环境中永远处于领先地位。

(五)经济效益观念

经济效益的核心,是以尽可能少的物化劳动和活劳动消耗,取得尽可能多的有效成果。努力提高农业生产经营的经济效益是经营思想的核心观念。

(六)生态观念

生态是人类共有的财富和生存的物质条件。注重生态环境,就是要求每一个农业生产经营企业都自觉地保护生态环境,维护生态平衡。对于以自然再生产和经济再生产紧密交织为基本特点的农业生产来说,生态平衡是其赖以持续发展的重要前提,绝不能做吃祖宗饭、砸子孙碗的傻事。

二、农业企业经营思想的转变

农业企业经营思想的转变必须从传统农业经营思想向现代农业经营思想迈进,需要转变观念和经营方式,打破农业内部单纯的种植、养殖业限制,向加工业和市场延伸。目前传统农业所占经济比重在下降。而根深蒂固的小农思想,旧的生产方式以及滞留在农业上的人口和劳动力还大量存在,依然难于抵御自然灾害带来的风险,同时还要经受市场风险。

(一)认识传统农业向现代农业转变的过程

传统农业向现代农业转变需要一个自然又是自觉的发展过程。既要考虑广大农民的适应性,不能盲目冒进,同时还应看到农民的种养习惯,特别是世世代代形成的农业经营理念,都与现代农业的发展相距甚远。传统农业向现代农业转变的过程大体上有三个阶段。第一阶段以传统农业为主。第二阶段为传统农业与现代农业相持阶段,在这一阶段,首先现代农业所占比重不断增加;其次,现代农业的机制在形成,一家一户的小农经济转向规模化,加工和市场的链条在延伸,合作经济组织在壮大;再次,现代农业的发展趋势更加明显,示范效应越来越突出,农民自愿选择现代农业的意向在增加。第三阶段是以现代农业为主、传统农业为辅的现代化阶段。这一阶段农民的经营理念,大多已转变为现代农业的理念,发展现代农业已成为农民的自觉行为。目前,我国正处于第一阶段向第二阶段的转变过程中,有不少地方已进入第二阶段。

(二)调整农业结构,走规模化、市场化道路

(1)按照土地和粮食政策,尊重农民意愿,自由选择相结合的原则调整。

(2)对有优势、市场前景好的产业应当做大做强,实行规模经营。积极组织和引导农民、龙头企业、合作经济组织等,按照产业政策的要求,进一步扩大经济效益高的种养品种,形成同类产品的专业区域,进行大规模生产,形成规模效益。

（3）品种优化。把已经具有一定规模的品种优质化，大力发展绿色、无公害和有机食品，使结构优化。

（4）做好产业转移工作。首先是大量农业剩余劳动力转移到城市或其他产业，使农村人口和劳动力减少，扩大人均生产面积，为结构调整创造有利条件，使规模化经营成为现实。其次，把土地、水面、山林按照依法、自愿、有偿的原则，逐渐转移到少数人手中，使劳动力与资源得到有效配置，为结构调整和产业化经营奠定坚实基础。

（三）延伸产业链

现代农业就是把农业内部的第一产业向第二、第三产业延伸，逐步实现农业的工业化、市场化。

项目二　农业企业经营环境

任务一　农业企业经营环境的概念

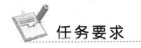

任务要求

能说出农业企业经营环境的概念、分类。

案例导入

1975年初春的一天，美国亚默尔肉食加工公司的老板正躺在沙发上看报纸，突然，一则短讯让他双眼圆睁："墨西哥将流行瘟疫。"这位老板立刻推测，如果墨西哥有瘟疫，必定从加利福尼亚和德克萨斯两州传入美国，而这两州又是美国肉食供应的主要基地。这两地一旦瘟疫盛行，那么全国肉类供应必定紧张。于是，在证实了这个消息的可靠性之后，他倾囊购买德克萨斯和加利福尼亚两州的生猪和牛肉，并及时运往美国东部。果然不出所料，从墨西哥传来的瘟疫蔓延美国西部几个州。美国政府立即严禁这些州的食品外运。于是美国全境一时肉类奇缺，价格暴涨。亚默尔公司数月内净赚900万美元，一时占尽风光。

案例思考：亚默尔公司为何能够在数月内净赚900万美元？

相关知识

一、农业企业经营环境的涵义

农业企业经营环境是指对农业企业经营与发展产生直接或间接影响的各种内外部条件的总和。任何农业企业的经营活动，不是取决于企业主自身的意愿，而是由企业拥有的内部环境和所处的外部环境的经营要素决定的。

二、农业企业经营环境的分类

1. 外部环境

农业企业外部环境是指农业企业周围、影响企业经营管理活动及其发展的各种客观因素的总和。外部环境的变化会影响对农产品和服务需求的变化,如被开发产品的类型、市场定位和细分的性质、所提供服务的类型等。

2. 内部条件

农业企业内部条件是指企业内部影响企业生产经营过程的各种要素的总和,并且体现为企业总体的经营能力。因此,用有能力做什么来确定农业企业,比用要满足什么需求来确定农业企业来得更为实在。

任务二 农业企业经营环境分析

任务要求

学会分析农业企业经营外部环境与内部条件。

案例导入

梁天银,广西平南县平南镇遥望村人,初中文化。梁天银平时喜欢听时政,国家一系列惠农政策特别是扶持粮食生产的措施出台后,梁天银认真分析形势,他逐渐坚定靠种粮致富求发展的决心。他看到不少农民外出务工后剩下的田地有的丢荒,有的靠老人、孩子耕种,产量不高,要是自己能集中起来搞规模化经营,既能提高自身效益,又能照顾近邻,而且可以减少单位面积生产成本,而降本也就是增效,种粮食肯定有经济效益。特别是中央实施对种粮大户的直接补贴政策以及订单粮食收购制度和价外补贴政策、良种补贴和大中型农机具购置补贴政策后,更吸引了梁天银。经过认真详尽的市场调查和资金筹备,从2006年开始,他通过土地流转方式承包水田10公顷种植优质香谷水稻,积极应用免耕技术、抛秧技术,实施无公害标准化栽培,结果产粮128吨,出售给粮食部门120吨,售价达每千克1.96元,总收入20多万元,扣除各种支出,纯利12万多元。

案例思考:国家惠农政策对农业生产有何积极意义?

相关知识

一、农业企业外部环境

农业企业的外部环境涉及面比较广,主要因素有:政治环境、法律环境、经济环境、技术环境、社会环境、文化环境、人口环境、自然生态环境等。

从农业企业面临的外部机会来看,进入21世纪,我国农业企业面临着前所未有的大好时机:

(1)我国加入WTO后,有利于改善我国的农业资源配置和生产结构调整,有利于促进农产品市场体系的建立,有利于改善农产品的国际贸易环境,有利于进一步扩大农产品的出口。

(2)我国进入全面建设小康社会时期,农业作为最受关注的产业,农业企业将肩负着不可推卸的责任和义务,这也为农业企业的发展提供了机遇。

(3)在2006年我国全面取消农业税,农民种田积极性空前高涨,农业发展步入黄金时期,为农业企业的发展奠定了良好基础。

(4)知识经济时代的到来为农业企业的发展提供了动力和智力支持。

二、农业企业内部条件

农业企业内部条件一般包括企业形态、企业资源、企业文化等内容。

1. 企业形态

农业企业形态是指农业企业在创建之初向政府有关机构登记注册时就确定下来的资产所有权关系。不同的产权关系,对经营管理者的约束程度有很大的差别。这些差异会造成对农业企业经营活动的影响,包括影响企业对外部环境的反应、对企业内部要素的动员等,致使有的企业充满活力,应变能力强,有的企业则缺乏活力,对外部环境变化反应迟缓。

2. 企业资源

农业企业的经济活动必须要有资源,资源也反映一个企业的实力,通过对企业资源的分析,可以明确每一个企业的优势和劣势。农业企业的资源包括有形资源和无形资源。有形资源主要包括财务资源、物质资源、人力资源和组织资源。其中,财务资源表现为农业企业的借款能力、资金的再生能力;物质资源包括农业企业的位置、土地的数量及肥沃程度、良种的培育方法、设备的精良程度、原材料的获取途径;人力资源包括农业企业的经理人员、科技人员、管理人员和操作人员,其科学文化素质、技能、经历、承担的义务和忠诚等;组织资源包括农业企业的机构设置及正式的计划、控制和协调机制。无形资源既包括技术资源如专利、商标、版权和商业秘密等及成功运用它们所需要的知识,又涉及信誉、品牌,对产品质量、耐久性、可靠性的认识和供应商的信誉,有效率和效益的相互支持的互惠互利合作关系等。因为无形资源不具有实物形态,竞争对手难于掌握和模仿,所以它们是持续竞争优势的可靠来源,是农业企业核心能力的基础。

3. 企业核心能力

核心能力是农业企业依据自己独特的资源(自然资源、技术资源或其他方面的资源以及各种资源的综合),培育创造本企业不同于其他企业的最关键的竞争能力与优势。这种竞争能力与优势是本企业独创的,也是企业最根本、最关键的经营能力,凭借这种最根本、最关键的经营能力,企业才拥有自己的市场和效益。越来越多的企业把拥有核心能力作为影响企业长期竞争优势的关键因素。

项目三 农业企业经营目标

任务要求

了解企业经营目标的概念;掌握制定企业经营目标的原则;知晓农业企业经营目标的内容。

案例导入

观光农业园属于农业企业,而企业是功利组织,经营就要有目标。观光农业园在选择经营目标时,要考虑本园区自身的特点和性质,其经营目标有:① 盈利:投资收益率是最核心的目标之一;② 市场地位:以目标市场占有率来衡量;③ 形象:由知名度、美誉度和忠诚度等指标来衡量。

案例思考:观光农业园需要利用什么原则来制定其经营目标?

相关知识

一、农业企业经营目标的概念

农业企业经营目标,是在分析农业企业外部环境和内部条件的基础上确定的企业各项经济活动的方向和目标,是农业企业经营思想的具体化。

(一)经营目标的涵义

经营目标是指在一定时期内,企业的生产经营活动最终所要达到的目的,是企业生产经营活动目的性的反映与体现;是指在既定的所有制关系下,企业作为一个独立的经济实体,在其全部经营活动中所追求的、并在客观上制约着企业行为的目的。企业的目标体系是企业在一定时期内,按照企业经营思想和企业所有者及经营者的愿望,考虑到企业的外部环境和内部条件的可能,经过努力预期达到的理想成果。

(二)农业企业经营目标的特点

农业企业经营目标的特点主要有:

(1)层次性。指农业企业的经营目标是由多个层次构成的,通过各要素、任务的结合把目标分为相互交织又相互作用的层次,从而使得目标显得清晰可见。

(2)阶段性。指农业企业经营目标的实现过程可以分为几个阶段,通过阶段性目标的完成,为总目标的实现打下基础。阶段性目标可能是递进的,也可能是分片的,不管是哪一种,都是为了保证最终目标的实现。

(3)功效性。任何农业企业的经营目标都是为了达成未来的一种状态和结果,因此具有明显的功效性。对农业企业而言，就是通过生产、经营能满足社会需要的农产品而创造经济效益，在此基础上不断提高员工的物质、文化、生活水平。因此，经营目标的功效性可以起到激励人奋进、促进组织发展的显著作用。

（4）可分解性。指经营目标不但要指示方向，还要可分解为多方面的具体目标和任务。比如对农业企业来说，首先要有基本目标，如实现利润、完成产值和销售收入、提高员工收入和市场占有率、进行技术改造和提出发展方向等。在基本目标的指导下，农业企业内各部门要把基本目标按职责分解落实为部门的具体目标和工作任务。在部门分解的基础上，由农业企业内的目标管理部门进行汇总和平衡，最终以目标任务书的形式下发给部门。如果目标不可分解，在执行上就具有一定的难度。

二、制定农业企业经营目标的原则

制定农业企业经营目标原则主要有：

（1）目标的关键性原则。这一原则要求农业企业确定的总体目标必须突出企业经营成败的重要问题和关键性问题，切不可把企业的次要目标或具体目标列为企业的总体目标，以免滥用资源而因小失大。

（2）目标的可行性原则。总体目标的确定必须保证如期能够实现。因此，在制定目标时必须全面分析企业外部环境条件、内部各种资源条件和主观努力能够达到的程度，既不能脱离实际凭主观愿望把目标定得过高，也不可妄自菲薄不求进取把目标定得过低。

（3）目标的定量化原则。制定目标是为了实现它。因此，目标必须具有可衡量性，以便检查和评价其实现程度。所以，总体经营目标必须用数量或质量指标来表示，而且最好具有可比性。

（4）目标的一致性原则。总体目标要与中间目标和具体目标协调一致，形成系统，而不能相互矛盾，相互脱节，以免部门之间各行其是，互相掣肘，造成不必要的内耗。

（5）目标的激励性原则。经营目标要有激发全体职工积极性的强大力量。因此，目标要非常明确、非常明显、非常突出，具有鼓舞人心的作用，使每个人对目标的实现都抱有很大的希望，从而愿意把自己的全部力量贡献出来。

（6）目标的灵活性原则。经营目标要有刚性。但是，农业企业经营的外部环境和内部条件是不断变化的，因此企业的经营目标也不应该是一成不变的，而应根据客观条件的变化，改变不合时宜的目标，根据新形势的要求，及时调整与修正原有的企业经营目标。

三、农业企业经营目标的类型和内容

农业企业经营目标的类型和内容与一般企业基本一致，主要有以下几点：

（1）获利能力。利润是企业生存和发展的基本条件，又是市场目标的必然结果和衡量经营效益的重要尺度。任何企业长期经营能力的大小都取决于其获得的利润数量。因此，获利能力是以营利为目的的企业长期目标中不可缺少的部分。其衡量指标有：利润额、投资利润率、资本收益率、销售利润率，以及职工的工资、奖金和集体福利水平等。

（2）生产能力。生产能力是企业获利能力的保证。一般可以用每单位投入量所生产的产品量或提供的服务量来表达。在单位产出量不变的情况下,成本的降低意味着利润的增加。所以,也可用成本降低目标来表示。

(3) 竞争地位。衡量企业是否成功的标志之一是企业在市场上的相对地位。大企业常用竞争地位目标来衡量自身发展和获利的相对能力。其衡量指标主要是市场占有率或总销售量。

(4) 人力资源开发目标。企业的发展在很大程度上依赖于员工的素质。注重对企业各类人员的培训,为职工提供良好的发展机会,既可以提高员工的积极性,又有利于企业综合素质的提高。因此,人力资源开发应作为现代企业长期发展目标之一。其衡量指标有:经营战略期内企业培训人数及培训费用、技术人员在全体员工中比例的增长、各种技术职称比例的增加、员工技术水平的提高、人员流动率等。

(5) 用户服务。以交货期、用户满意度来表示。

(6) 财务状况。企业财务状况是企业经营实力的重要表现。其衡量指标有:资本结构、现金流量、营运资本等。

(7) 企业建设与发展。企业发展必须适应内外环境变化,因此企业应制定战略期建设与发展目标。具体指标有:年产量增长速度、企业生产规模的扩大、生产能力的扩大、生产用工面积的扩大以及生产自动化、数控化、计算机水平的提高等。

(8) 社会责任与贡献。现代企业已不再是单纯追求利润的唯利性组织,而是愈来愈注重树立良好的信誉形象、对用户和社会的责任以及对国家的贡献。其衡量指标有:提供商品的质量与数量、交纳各种税款、承担有关社会负担和环境保护责任等。

事实上,并不是所有的企业都涉及这些目标领域,企业可以根据自己的业务特点和环境条件,有选择地利用相关指标。

学习测试题

一、单选题

1. 农业企业经营思想是由(　　)构成的。
    A. 一种观念　　　B. 二种观念　　　C. 三种观念　　　D. 一系列观念
2. 中国古代农业集约经营方面的经营思想是(　　)。
    A. 粗放经营　　　B. 集约经营　　　C. 精耕细作　　　D. 薄利多销
3. 影响农业企业经营思想的因素是(　　)。
    A. 社会制度　　　B. 市场观念　　　C. 竞争观念　　　D. 创新观念
4. 企业经营的根本目标是(　　)。
    A. 满足社会需求　　　　　　　　B. 实现利润最大化
    C. 承担社会责任　　　　　　　　D. 实现资源使用的经济化
5. (　　)是农业企业经营思想的中心。
    A. 经济效益观念　B. 竞争观念　　　C. 市场观念　　　D. 用户观念
6. (　　)是农业企业经营思想的核心。
    A. 经济效益观念　B. 竞争观念　　　C. 市场观念　　　D. 用户观念
7. 农业企业的外部环境因素是(　　)。

A. 经济环境　　　B. 企业形态　　　C. 企业资源　　　D. 企业文化

8. 农业企业经营目标是农业经营思想的（　　）。

A. 抽象化　　　B. 具体化　　　C. 科学化　　　D. 形象化

9. 通常以利润总额、资金利润率和销售利润率来表示农业企业经营目标的（　　）。

A. 生产能力　　　B. 研发能力　　　C. 竞争能力　　　D. 赢利能力

10. 以市场占有率表示农业企业经营目标的（　　）。

A. 生产能力　　　B. 研发能力　　　C. 竞争能力　　　D. 赢利能力

二、多选题

1. 影响企业经营思想的因素为（　　）。

A. 社会制度　　　　　　　　　B. 市场经济规律
C. 经营形式　　　　　　　　　D. 企业领导者的素质

2. 农业企业应树立的基本经营观念为（　　）。

A. 市场观念　　　B. 用户观念　　　C. 竞争观念　　　D. 创新观念
E. 生态观念

3. 农业经营思想的转变是（　　）。

A. 认识传统农业向现代农业转变的过程
B. 调整农业结构走规模化市场化道路
C. 延伸产业链
D. 市场经济

4. 农业企业经营目标的内容是（　　）。

A. 获利能力目标　B. 生产能力目标　C. 人才资源开发目标　D. 竞争地位目标

5. 制定农业企业经营目标的原则有目标的（　　）。

A. 可行性原则　　B. 定量化原则　　C. 公平性原则　　D. 激励性原则

三、判断题

1. 农业企业经营思想只在确定企业经营目标时起作用。　　　　　　　　（　　）
2. 农业企业经营思想不受市场经济规律约束。　　　　　　　　　　　　（　　）
3. 市场观念是农业企业经营思想的中心。　　　　　　　　　　　　　　（　　）
4. 经济效益观念是农业企业经营思想的核心观念。　　　　　　　　　　（　　）
5. 任何农业企业的经营活动都取决于企业主自身的意愿。　　　　　　　（　　）
6. 外部的环境分析是要找出企业发展的机会与面临的威胁。　　　　　　（　　）
7. 内部的环境分析是要找出企业竞争优势与隐忧。　　　　　　　　　　（　　）
8. 农业企业经营目标是不可分解的。　　　　　　　　　　　　　　　　（　　）
9. 制定农业企业经营目标必须坚持刚性原则。　　　　　　　　　　　　（　　）
10. 生产能力是农业企业获利能力的保证。　　　　　　　　　　　　　（　　）

四、名词解释

1. 农业企业经营环境
2. 农业企业经营目标

五、综合题

阐述农业企业经营目标的内容。

学习情境五 农业企业经营决策方法

农业企业管理的重心就是经营,经营的关键是决策,它关系着企业的成功和失败。科学的、正确的经营决策,会给企业带来效益;而错误的决策会使企业遭受损失,甚至使企业陷入困境。

学习目标

了解农业企业经营决策的概念、分类和程序;掌握农业企业经营决策方法。

项目一 农业企业经营决策

任务一 农业企业经营决策的概念

任务要求

了解决策与经营决策的内涵,说出农业企业经营决策的概念。

案例导入

很久以前一个人偷了一袋洋葱被人捉住后送到法官面前。法官提出了三个惩罚方案让这个人自行选择:① 一次性吃掉所有的洋葱;② 鞭打一百下;③ 交纳罚金。这个人选择了一次性吃掉所有的洋葱。一开始他信心十足,可是吃下几个洋葱之后,他的眼睛像火烧一样,嘴像火烤一般,鼻涕不停地流淌。他说:"我一口洋葱也吃不下了,你们还是鞭打我吧。"可是,在被鞭打了几十下之后,他再也受不了了,在地上翻滚着躲避皮鞭。他哭喊道:"不能再打了,我愿意交罚金。"后来这个人成了全城人的笑柄,因为他本来只需要接受一种惩罚的,却将三种惩罚都尝遍了。其实,生活中我们许多人都有过这样的经历,由于我们对自己的能力缺乏足够的了解,导致决策失误,而尝到了许多不必要的苦头。

案例思考:该小偷的决策失误在哪里?

 相关知识

一、决策的内涵

（一）决策的概念

决策是为了达到一定的目标，从两个或多个可行方案中选择一个合理方案的分析和判断过程。

（二）决策的内涵

决策的内涵有以下几点：

(1) 决策要有明确的目标。决策必须要有客观需要和明确的具体目标，没有目标就不存在决策，这是决策的出发点和归宿。

(2) 决策要有多个备选方案。即必须要有两个或两个以上的可行方案，如果备选方案只有一个则无需选择了。

(3) 决策的核心是方案的分析比较，评价选优。即对多个备选方案的作用、条件、实施步骤、预期效果经过反复比较鉴别，评价筛选，选择一个最满意的行动方案。

(4) 决策是面对未来的，是行动的基础。即决策是对未来的行动进行谋划，没有正确的决策也就没有合理的行动，也就不能得到令人满意的效果。

二、经营决策

（一）经营决策的概念

经营决策是指在对形势分析的基础上，依照客观规律和实际情况，对企业总体发展和各种经营活动的经营目标、方针和策略，做出正确抉择的过程。

（二）经营决策的原则

经营决策的原则有：

(1) 全局化原则。企业的经营决策要实现企业的总目标最优，同时还要保证国家利益、公众利益，谋取企业合理的利益，这是决策的首要原则或称为决策的基本指导思想。

(2) 目标化原则。决策必须要有客观需要和明确的具体目标。决策者应当清楚每一项决策必须达到的目标是什么？最低目标是什么？必须满足什么约束条件？并将目标恰当地表达出来，传达给执行者。

(3) 科学化原则。决策必须要以较小的代价和最小的副作用（如对生态平衡的破坏、对环境的污染等），实现正确的科学的经营方案。

(4) 民主化原则。著名经济学家彼得·杜拉克曾说过："正确的决策来自议论纷纷，众口一词往往导致错误决策。"因而决策方案要在民主的基础上制订和执行，依靠集体的智慧

和力量进行决策,要充分重视和发挥职工在整个决策过程中的作用。

（5）创新原则。进行决策既要有技术经济分析能力,又要有战略眼光和勇于进取、敢于负责的精神,通过创造思维提出新的经营设想,创造新的经营方法,这样才能获得更好的经营成果。

三、农业企业经营决策

农业企业经营决策是指农业企业通过对其内部条件和外部环境进行综合分析,确定生产经营目标,选择最优经营方案并付诸实施的过程。在现代农业经营管理中,经营决策是经营管理的首要职能和核心,是提高企业管理水平和经济效益的关键。

任务二　企业经营决策的分类

任务要求

了解企业经营决策的分类。

案例导入

三峡水电站,又称三峡工程、三峡大坝。位于中国重庆市到湖北省宜昌市之间的长江干流上。它是世界上规模最大的水电站,也是中国有史以来建设最大型的工程项目。而由它所引发的移民搬迁、环境等诸多问题,使它从开始筹建的那一刻起,便始终与巨大的争议相伴。三峡工程从最初的设想、勘察、规划、论证到正式开工,经历了75年。在中国综合国力不断增强的20世纪90年代,经过中华人民共和国的最高权力机关——全国人民代表大会的庄严表决,三峡工程建设正式付诸实施。我们知道这是一项伟大而艰巨的决策。

案例思考：三峡水电站的决策属于何种类型的经营决策?

相关知识

经营决策可以有多种分类,按不同的划分标准,主要有以下几类:

一、按决策问题在经营中所处的地位,分为战略决策和战术决策

战略决策确定企业发展方向和远景,解决的是"干什么"的问题;战术决策确定实现战略决策的具体决策问题,解决的是"如何干"的问题。

二、按决策的归属,分为高层决策、中层决策和基层决策

高层决策是企业最高层所作的决策,主要解决企业全局性的以及同外部环境有密切关

系的长远性、战略性的重大问题,多属战略决策。

中层决策是由企业中层领导所作出的决策,是在战略决策作出后,为保证在某一时期内完成任务和解决问题的决策。如组织所需的人力、物力、财力及其他资源等,多属管理决策。

基层决策是由企业基层所作出的决策,是在日常生产经营活动中,为了提高效率而作出的决策,是短期技术性的决策,一般属于业务决策。

三、按决策问题出现的重复程度,分为程序性决策和非程序性决策

程序化决策是按原来规定的程序、处理方法和标准去解决管理中经常出现的问题,又称常规决策、重复性决策、例行决策。这类决策问题比较明确,有一套固定的程序来处理。在管理工作中,约有80%的决策属于程序化决策。

非程序化决策是解决以往无先例可循的新问题,具有极大的偶然性和随机性,很少发生重复,又称非常规决策、例外决策。其决策步骤和方法难以程序化、标准化,不能重复使用。

四、按决策问题所处条件不同,分为确定型决策、风险型决策和不确定型决策

确定型的决策是指决策所面临的条件和因素是确定的,每一个方案只有一种确定的结果。

风险型决策也称随机决策,即决策方案未来的自然状态不能预先肯定,可能有几种状态,但每种自然状态发生的概率是可以客观估计的。

不确定型决策所面临的条件和因素是不确定,每一种行动方案的结果是不可知的,也无法确定其概率。

知识拓展

请同学们上网查询有关三峡工程的决策过程、建设过程、争议内容、实际效益以及负面影响。

任务三 农业企业经营决策的程序

任务要求

了解经营决策的程序。

案例导入

齐国的大将田忌,很喜欢赛马,有一回,他和齐威王约定,要进行一场比赛。他们商量

好,把各自的马分成上、中、下三等。比赛的时候,要上马对上马,中马对中马,下马对下马。由于齐威王每个等级的马都比田忌的马强得多,所以比赛了几次,田忌都失败了。田忌觉得很扫兴,比赛还没有结束,就垂头丧气地离开赛马场。这时,田忌抬头一看,人群中有个人,原来是自己的好朋友孙膑。孙膑招呼田忌过来,拍着他的肩膀说:"我刚才看了赛马,威王的马比你的马快不了多少呀。"孙膑还没有说完,田忌瞪了他一眼:"想不到你也来挖苦我!"孙膑说:"我不是挖苦你,我是说你再同他赛一次,我有办法准能让你赢了他。"田忌疑惑地看着孙膑:"你是说另换一匹马来?"孙膑摇摇头说:"连一匹马也不需要更换。"田忌毫无信心地说:"那还不是照样得输!"孙膑胸有成竹地说:"你就按照我的安排办事吧。"齐威王屡战屡胜,正在得意洋洋地夸耀自己马匹的时候,看见田忌陪着孙膑迎面走来,便站起来讥讽地说:"怎么,莫非你还不服气?"田忌说:"当然不服气,咱们再赛一次!"说着,"哗啦"一声,把一大堆银钱倒在桌子上,作为他下的赌钱。齐威王一看,心里暗暗好笑,于是吩咐手下,把前几次赢得的银钱全部抬来,另外又加了一千两黄金,也放在桌子上。齐威王轻蔑地说:"那就开始吧!"一声锣响,比赛开始了。孙膑先以下等马对齐威王的上等马,第一局输了。齐威王站起来说:"想不到赫赫有名的孙膑先生,竟然想出这样拙劣的对策。"孙膑不去理他。接着进行第二场比赛。孙膑拿上等马对齐威王的中等马,获胜了一局。齐威王有点心慌意乱了。第三局比赛,孙膑拿中等马对齐威王的下等马,又战胜了一局。这下,齐威王目瞪口呆了。比赛的结果是三局两胜,当然是田忌赢了齐威王。还是同样的马匹,由于调换一下比赛的出场顺序,就得到转败为胜的结果。

案例思考: 田忌为什么可以赢齐威王?

相关知识

农业企业的经营决策是一个提出问题、分析问题和解决问题的逻辑过程,决策要取得有效的结果需要遵循一定的科学程序,决策的全过程如图5-1所示。

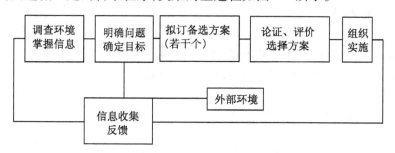

图5-1 农业企业的经营决策过程

一、调查研究经营状况与环境

调查研究经营状况与环境,掌握必要的情报信息,是经营决策的基础。企业要对其经营状况和环境进行大量的深入的调查研究,了解内外环境的状况及其变化,要掌握和分析企业的优势和机会是什么?怎样利用?企业的劣势和所面临的威胁是什么?怎样避免和应付?

二、分析和明确经营问题，确定经营目标

分析和明确经营问题，确定经营目标，这是经营决策的出发点和归宿点。道路运输企业在进行运输生产过程中经常遇到这样的问题，近期和远期的运输重点是以客运为主，还是以货运为主，企业营业站点的布局，新建站点数，营运车型的选择，现有车辆改造，营运线路变动；又如开辟新的营运线路，建立零担定期班车线路网，新型运输方式的确定，成组运输、直达运输、联合运输和新技术的选用等，这些问题的解决经常是面对几种不同的方案，客观条件迫使企业针对各种不同自然状态在各种不同方案中选定一个最优方案加以实施，这就提出了经营决策问题。

明确合理的决策目标是正确经营决策的前提条件，目标可以分为主要的和次要的，战略的和具体的，近期的和长远的，决策的目的无疑是要完成经营目标。

确定经营目标要明确四个问题：

(1) 为什么要达到这个目标？即目标的必要性与可能性；
(2) 选定主要目标；
(3) 明确目标值及条件；
(4) 如何保证目标实现？

三、拟订备选方案

根据决策目标，拟订多种可行的备选方案，这是经营决策的依据。如果前两步调查环节确定目标分别是解决"是什么"和"做什么"的问题，那么决策程序的第三步拟订备选方案则是解决"怎么做"的问题。

四、选择确定方案

对备选经营方案进行论证、评价和选择，这是经营决策的关键。备选方案评价比较内容主要有方案的可行性分析、价值分析、效益分析和风险度分析。

五、实施与反馈

选择决策方案以后，决策过程并未结束，要使决策变为现实达到预期目标，就要通过组织实施来实现。因此，必须将决策内容具体化，落实到有关责任部门和人员，以责任为基础来确定权力分配和利益分配，使实施决策的责任部门和人员都尽职尽责完成决策任务。通过控制系统，及时掌握实施进度的情况，按规定标准衡量执行结果，及时纠正偏差，并将信息反馈到指挥系统，以便重新修订目标，改变策略。

项目二　农业企业经营决策方法

任务一　定性决策方法

任务要求

能说出定性决策的概念及种类。

案例导入

袁经理从 20 世纪 90 年代以来，一直担任 A 农机公司的总裁，这家公司是一家生产和销售农业机械的企业。2010 年产品销售额达到 4 000 万元，2011 年达到 4 200 万元，2012 年 4 450 万元，2013 年预计 4 600 万元。袁先生每当坐在办公桌旁，翻看这些统计数字和报表时，常常为这些业绩感到颇为自豪。一天下午，又是办公会议时间，袁先生召集了公司在各地的经销负责人，分析目前和今后销售形势。在会上，有些经销负责人指出：农业机械产品总的看来，尚有一定的市场潜力，但消费者的需求和趋向已经发生了重要的改变，公司应针对用户的需求，增加和改进新的产品，淘汰一些老化的产品，以满足现在用户和潜在用户的新需求。身为机械工程师出身的袁先生，对新产品的研制、开发工作应当说是行家能手。因此，他听完了各地经销负责人的意见之后，心理很快就做出了盘算，新产品的开发首先需要增加研究与投资，之后，又要花钱改造公司现有的自动化生产线，这两项工作大约耗时 3~6 个月。增加生产品种的同时意味着必须储备更多的备用零件，并根据需要对工作进行新技术培训，投资还会进一步增加。袁先生一直有这样一种看法：从事经销工作的人总是喜欢以自己的业务方便来考虑，不断提出对各种新产品的要求，却不会考虑品种更新以及开发新产品必须投入的成本情况，这些意见不足以作为决策的依据。袁先生还认为，公司目前的这几种产品，经营的效果还不错。经过认真盘算，他决定暂不考虑新品种开发的建议。目前的市场策略仍然是确保现有产品品种的地位和稳步发展。袁先生认为，只要不断提高现在产品的质量并通过降低产品的成本，开出具有吸引力的价格，不怕用户不走上门来，并坚信质量是提高产品致胜的法宝，他相信用户实际上也是这样考虑的。袁先生虽然按照自己的想法做出了决策，但是仍然表示听一听下级人员和专家顾问的意见对自己是有益的。

案例思考：袁经理的经营决策方法有何特点？

相关知识

一、定性决策

定性决策是指直接利用专家的判断力和经验,并通过各种有效的组织形式,结合社会学、心理学、经济学、行为科学等多学科的知识和方法,促使决策者发挥创新潜能的决策方法。定性决策方法有很多种,常用的有经理人员决策法、专家会议法、头脑风暴法、德尔斐法等,其中德尔斐法(Delphi technique)是最具代表性的方法。尤其在长远的战略决策中,由于许多条件的不肯定性,德尔斐法特别适用。

二、定性决策种类

1. 畅谈法(也称专家法)

畅谈法适用于决策问题比较简单,目标较明确的决策,若遇到比较复杂问题使用该方式应先将复杂问题简单化后,再就一个一个问题分别讨论。常用在明确目标和拟订备选方案阶段。

2. 类比法(又称综摄法)

类比法是指利用非推理因素通过一种特别形式的会议,由已知推想未知,或以部分推想整体来激发创造力的方法。通过类比探索得到启发。这种方法常用于拟订备选方案阶段。

除此之外,还有情报整理法、分析比较法等。

定性决策的优点是灵活简便,对于非程序化的综合性决策问题特别适合,而这正是硬技术所不及的领域,有利于调动专家的积极性,可以提高职工的工作能力和创新能力,决策的成本、费用较低。定性决策的局限性是决策建立在专家个人的主观基础上,主观成份多,缺乏严格论证,专家的知识类型及其性格、魄力对意见的倾向性影响很大,而选择的专家又反映出决策组织者的看法,因此有局限性。

 知识拓展

请同学们上网查阅德尔菲法实施过程和特点。

任务二 确定型决策方法

 任务要求

能说出确定型决策的概念、适用条件,掌握盈亏平衡点法。

案例导入

某农业企业拟投资新上一个项目,有三家银行可提供借贷,但利率不同,分别为8%、7.5%和8.5%。

案例思考:假设你是该企业负责人,你将作何决策?这是一种什么样的决策方法?

相关知识

一、确定型决策

确定型决策是指各种可行方案所需条件都是已知的,并能预先准确地了解决策的必然后果的决策。

二、确定型决策的条件

确定型决策的条件有:
(1)存在决策人希望达到的一个明确目标(收益较大或损失较小);
(2)只存在一个确定的自然状态;
(3)存在可供决策人选择的两个或两个以上的可行备选方案;
(4)不同的行动方案在确定状态下的损益值是可以计算出来的。

三、盈亏平衡点法

确定型决策的方法很多,这里仅介绍盈亏平衡点分析法。

盈亏平衡点法也称盈亏分析法或量本利分析法。它是依据业务量、成本、利润三者之间相互关系,综合分析决策方案对企业盈亏发生的影响,来评价和选择决策方案的一种计量决策方法。盈亏分析的中心内容是盈亏平衡点的确定及分析。盈亏平衡点上的收入与总成本相等,即收入 = 总成本,或收入 − 变动成本 = 固定成本,利润等于零,决策者根据盈亏平衡点来分析企业当时的经营状况及以后的对策。

右图5-2是一个简单的盈亏平衡点结构图,横轴代表产量,纵轴代表销售额或成本。假定销售额与销售量成正比,那么销售线是一条起于原点的直线。总成本线在等于固定成本的那一点与纵轴相交,且随着销售量的增加而成比例地表现为增长趋势。高于盈亏平衡点时,利润与销售额之比随每一售出的产品而增加。这是因为贡献呈一固定比率,而分摊固定成本的基础却扩大了。一般来说,企业收入 = 成本 + 利润,如果利润为零,则有

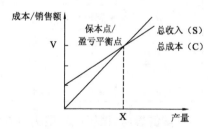

图5-2 盈亏平衡点结构图

收入＝成本＝固定成本＋变动成本,而收入＝销售量×价格,变动成本＝单位变动成本×销售量,这样由销售量×价格＝固定成本＋单位变动成本×销售量,可以推导出盈亏平衡点的计算公式为:盈亏平衡点(销售量)＝固定成本/每计量单位的贡献差数。

盈亏平衡分析模型：

$$I = S - (Cv \times Q + F)$$
$$= P \times Q - (Cv \times Q + F)$$
$$= (P - Cv) \times Q - F$$

I——销售利润　　　　P——产品销售价格
F——固定成本总额　　Cv——单件变动成本
Q——销售数量　　　　S——销售收入

盈亏平衡分析：
总成本：$C = F + Cv \times Q$
总收入：$S = P \times Q$
列出盈亏平衡方程：$C = S \rightarrow P \times Q = F + Cv \times Q$
盈亏平衡点：$Q = F/(P - Cv)$

任务三　风险型决策方法

任务要求

能说出风险型决策的概念,掌握决策树法。

案例导入

某农场可以选择种植的农作物有三种：水稻、小麦、大豆。该农场所在地区每一年可能发生的天气类型有三种：旱年、平年、湿润年。在不同的天气条件下,种植每一种农作物所获得的收益各不相同,如表5-1所示。

表5-1　每一种天气类型下各种农作物的收益值

自然状态		旱年	平年	湿润年
状态概率		0.3	0.5	0.2
收益(元/亩)	水稻	100	180	80
	小麦	120	200	60
	大豆	100	220	20

案例思考：试用风险型决策方法,分析该农场场长究竟应该种植哪一种农作物。

 相关知识

一、风险型决策

风险型决策是一种随机决策,是指决策者对决策对象的自然状态和客观条件比较清楚,也有比较明确的决策目标,但是实现决策目标必须冒一定风险。

在对未来的决定因素、可能出现的结果不能作出充分肯定的情况下,根据各种可能结果的客观概率做出的决策,决策者对此要承担一定的风险。风险型问题具有决策者期望达到的明确标准,存在两个以上的可供选择方案和决策者无法控制的两种以上的自然状态,并且在不同自然状态下不同方案的损益值可以计算出来,对于未来发生何种自然状态,决策者虽然不能作出确定回答,但能大致估计出其发生的概率值。对这类决策问题,常用期望值决策法、树型决策法求解。这里只讲述决策树法。

二、决策树法

(一) 决策树法的涵义

决策树法是将构成决策问题的有关因素用树枝状图形来分析和选择决策方案的一种系统分析方法。这是风险型决策最为常用的方法之一。它也是以决策损益期望值作为依据,所不同的是它以图解方式,从左到右逐步顺序展开,分别计算各个方案在不同自然状态下的综合损益期望值,加以比较,择优决策,如图 5-3 所示。

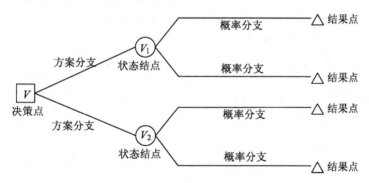

图 5-3 决策树法示意图

在图中,小方框代表决策点,由决策点引出的各分支线段代表各个方案,称为方案分枝;方案分枝末端的圆圈叫做状态结点;由状态结点引出的各分枝线段代表各种状态发生的概率,叫做概率分枝;概率分枝末端的小三角代表结果点。

(二) 树型决策法的决策原则

树型决策法的决策依据是各个方案的期望益损值,决策的原则一般是选择期望收益值最大或期望损失(成本或代价)值最小的方案作为最佳决策方案。各个方案的期望益损值等

于各种自然状态下的收益乘以这种状态出现的概率之和。期望益损值 = Σ（益损值 × 概率）。

（三）树型决策法的一般步骤

树型决策法的一般步骤为：

（1）画出决策树。把一个具体的决策问题，由决策点逐渐展开为方案分支、状态结点，以及概率分支、结果点等。

（2）计算期望益损值。在决策树中，由树梢开始，经树枝、树干、逐渐向树根，依次计算各个方案的期望益损值。

（3）剪枝。将各个方案的期望益损值分别标注在其对应的状态结点上，进行比较优选，将优胜者填入决策点，用"||"号剪掉舍弃方案，保留被选取的最优方案。

任务四　非确定型决策方法

任务要求

能说出非确定型决策的概念，掌握乐观决策法、悲观决策法、后悔值决策法、机会均等法。

案例导入

某农场可以选择种植的农作物有三种：水稻、小麦、大豆。该农场所在地区每一年可能发生的天气类型有三种：旱年、平年、湿润年。在不同的天气条件下，种植每一种农作物所获得的收益各不相同，如表5-2所示。

表5-2　每一种天气类型下各种农作物的收益值

自然状态		旱年	平年	湿润年
损益值（元/亩）	水稻	100	180	80
	小麦	120	200	60
	大豆	100	220	20

案例思考：请用非确定型决策方法分析该农场场长究竟应该种植哪一种农作物。

相关知识

一、非确定型决策

非确定型决策是指决策人无法确定未来各种自然状态发生的概率的决策。非确定型决策的主要方法有：乐观决策法、悲观决策法、后悔值决策法、机会均等法等。

二、非确定型决策方法

1. 乐观决策法

乐观决策法又称大中取大法,采用这种方法的管理者对未来持乐观的看法,认为未来会出现最好的自然状态,因此不论采取哪种方案,都能获取该方案的最大收益。

其决策步骤为:

(1)根据资料,比较每个方案在不同自然状态下的损益值中,选取一个最大损益值。

(2)比较各方案选出的最大损益值,其所对应的方案即为决策方案。

2. 悲观决策法

悲观决策法又称小中取大法,采用这种方法的管理者对未来持悲观的看法,认为未来会出现最差的自然状态,因此不论采取哪种方案,都能获取该方案的最小收益。

其决策步骤为:

(1)根据资料,比较每个方案在不同自然状态下的损益值,选取一个最小损益值。

(2)比较各方案选出的最小损益值后,再从这最小损益值中选出损益值最大的那个值,其所对应的方案即为决策方案。

这种决策方式是决策者采取比较保守的观念,唯恐决策失误而造成更大的经济损失,因此在决策时比较小心谨慎,从最不利的客观条件出发考虑问题,其主导思想是力求损失最小。

3. 后悔值决策法

后悔值决策法又称大中取小法,就是指决策者制定决策之后,若情况未能符合理想,必将产生一种后悔的感觉;决策者以后悔值作为依据进行决策的方法叫作后悔值决策法。

其决策步骤为:

第一步,根据资料计算在每一种自然状态下的各个方案的后悔值,即比较每个方案在相同自然状态下的损益值,并取最大值与各方案在同一自然状态下的损益值比较,取其差为后悔值。

第二步,找出每一方案的最大后悔值。

第三步,从各方案的最大后悔值中,选择后悔值最小的方案,即为决策方案。

4. 机会均等法

机会均等法其基本思想是假定未来各种自然状态发生的概率相同。如果未来有 N 种自然状态,那么就认为每种自然状态发生的概率都是 1/N,然后按照风险型决策的决策准则,求各方案期望值,然后选择最大的方案作为最佳方案。

学习测试题

一、单选题

1. 风险型决策是一种( )。
    A. 随机决策   B. 确定型决策   C. 定性决策   D. 单一决策

2. 以下不是经营决策原则的是（　　）。
   A. 全局化原则　　B. 目标化原则　　C. 科学化原则　　D. 社会化原则
3. 下列选项中不是按决策问题所处条件划分决策类型的是（　　）。
   A. 确定型决策　　　　　　　　　B. 风险型决策
   C. 不确定型决策　　　　　　　　D. 程序型决策
4. 正确进行经营决策的前提条件是（　　）。
   A. 明确合理的决策目标
   B. 拟定多种可行的备选方案
   C. 对备选经营方案进行论证、评价和选择
   D. 调查研究经营状况与环境
5. 下列选项中（　　）是确定型决策。
   A. 专家法　　B. 分析比较法　　C. 头脑风暴法　　D. 盈亏分析法

二、多选题

1. 准确理解决策的概念,要注意（　　）。
   A. 决策要有明确的目标　　　　B. 决策要有多个备选方案
   C. 决策的核心是方案的评价选优　D. 决策是行动的基础
2. 按决策问题的性质分类可将决策划分为（　　）。
   A. 程序化决策　　B. 非程序化决策　　C. 战略决策　　D. 战术决策
3. 对备选经营方案进行论证、评价和选择可以从（　　）几个方面进行分析。
   A. 可行性分析　　B. 价值分析　　C. 效益分析　　D. 风险度分析
4. 非确定型决策常用的决策方法有（　　）。
   A. 大中取大法　　B. 小中取大法　　C. 大中取小法　　D. 机会均等法
5. 程序化决策又称（　　）。
   A. 常规决策　　B. 重复性决策　　C. 例行决策　　D. 例外决策

三、判断题

1. 在现代农业经营管理中,经营决策是经营管理的首要职能和核心,是提高企业管理水平和经济效益的关键。（　　）
2. 风险型的决策是指决策所面临的条件和因素是不确定的,但每一个方案只有一种确定的结果。（　　）
3. 定性决策的局限性是决策建立在专家个人的主观基础上,主观成份多。（　　）
4. 非确定型决策所处的条件和状态都与风险型决策相似,不同的只是各种方案在未来将出现哪一种结果的概率不能预测。（　　）
5. 盈亏分析的中心内容是盈亏平衡点的确定及分析。（　　）

四、计算题

1. 为生产某产品,计划建厂,若建大厂,须投资300万元;若建小厂,须投资160万元。无论建大厂,还是小厂,都是使用10年。每年的损益值如下表所示。

自然状态	概 率	建大厂	建小厂
销路好	0.7	100	40
销路差	0.3	-20	10

问：应选择哪个方案？

2. 用乐观决策法对下表所描述的风险型决策问题求解。每一种天气类型发生的概率及种植各种农作物的收益见下表。

天气类型		极旱年	旱年	平年	湿润年	极湿年
发生概率		0.1	0.2	0.4	0.2	0.1
农作物的收益（千元/公顷）	水稻	10	12.6	18	20	22
	小麦	25	21	17	12	8
	大豆	12	17	23	17	11
	燕麦	11.8	13	17	19	21

问：应该种植哪一种作物？

学习情境六

农业企业经营计划编制

农业企业的生产是由众多劳动者通过广泛的分工协作来完成的,生产过程、流通过程十分严密、复杂,是一个由人力、物力、财力、技术、信息等多种要素组成的系统,只有通过科学的计划,对生产经营活动进行周密安排,达到管理最优化,才能使企业总目标得到顺利实现。因此,农业企业经营计划是农业企业经营管理的一项重要职能。

学习目标

了解农业企业经营计划的内涵;知晓农业企业经营计划的内容;学会农业企业经营计划编制。

项目一 农业企业经营计划的内涵

任务要求

了解经营计划的概念;能说出经营计划的特点;知晓经营计划的作用。

案例导入

小明是某职业学校电子商务专业学生,毕业后在一家电子商务企业打工3年,他辞职后计划在县城开一家网店经营地方土特产品,但是他遇到了网店经营的市场、人力、物力、财力、技术、信息等多种现实问题,对如何实现网店经营目标一无所知,无从下手。

案例思考: 试帮小明拟订一份网店经营计划书。

相关知识

一、经营计划的概念

在市场经济条件下,计划和市场都是配置资源和调节经济的手段。计划应当以市场为基础,充分体现价值规律、竞争规律和供求规律的要求,切实反映市场的需求和变化。计划过程是决策的组织落实过程。计划是将组织在一定时期内的活动任务,通过目标管理,分解给组织的每个部门、环节和个人，从而不仅为这些部门、环节和个人在该时期的工作提供了具体的依据，而且为企业经营决策目标的实现提供了组织保证。

经营计划是企业经营决策的具体化，是企业进行经营活动的行动准则。经营计划，是企业为实现一定时期的经营目标，根据市场经济规律，应用一系列计划去组织、指导、监督和调节企业组织的活动，为企业及其各部门之间制定具体目标和实施规范。

二、经营计划的特点

1. 目标性

每一个计划及其派生计划都是为了促使企业经营目标和各个分目标的实现。明确目标是制定和实施计划的首要任务，因为其后的所有工作都是围绕目标进行的。例如，某农业企业的领导希望明年的产值和利润有一个大幅度的增长，这是一个良好的设想（愿望），要变成明确的目标，就要制订计划，根据过去的情况、现在的条件确定一个可行的明确的方案。比如，产值增长30%，利润增长15%。这种具体明确的目标不是单凭主观愿望就能确定的，而要符合企业的实际情况，即要以科学的预测和分析工作作为基础。通过预测和分析知道哪些行动能导致最终目标的实现；哪些行动会背离目标；哪些因素会干扰和影响目标；哪些是不相关的活动；等等。经营计划正是针对所要实现的目标去设计一种切实可行的、协调一致的经营结构和具体行动方案。如果没有计划，行动就会盲目，生产经营活动就会产生混乱。

2. 主导性

计划在管理诸项职能中处于主导地位。这是因为管理中的其他职能都是为了促进、保证目标的实现，只能在计划工作确定了目标之后才能进行。企业里厂长、经理只有在明确目标之后才能确定合适的组织结构，下达任务分配权力，并控制组织和个人的行为不偏离计划等。所有组织、领导、控制和协调职能都是根据计划而转移的。没有计划工作，其他工作就无从谈起。

3. 普遍性

计划涉及组织内各个层次、各个部门以至全体成员。组织内高层、中层和基层的任何管理活动都需要进行计划，组织内各层次管理人员都会不同程度地参与计划的活动。就一个公司而言，最高层领导负责制订总公司的战略计划；市场销售部经理负责制订有关市场销售方面的计划；生产部门经理则制订降低生产成本和充分有效利用有限资源的生产计划。计划工作的特点和范围会因管理层次和职权大小的不同而不同，但每个管理者都必须从事计划工作则是肯定无疑的。

4. 效益性

计划要讲经济效益，计划的经济效益可用计划的效率衡量。计划的效率，是以实现企业的总目标和一定时期的目标所得到的利益，扣除为制订和执行计划所需要的费用和其他预计不到的支出之后的总额来测定的，可以用产出与投入之比来表示。如果一个计划能够达到目标，但它需要的代价太大，这个计划的效率就很低，当然不是一份好的计划。

三、经营计划的作用

如果说管理是一种有目的的活动,那么这种活动就是从计划开始,由计划反映,并用计划来保证其实现。所以,计划是企业一切生产经营活动的纲领,是企业一切管理活动的基础。现代企业中的管理者,如董事长、总经理、部门经理、厂长、车间主任、班组长等,实际上都在行使着计划的职能,只是职位不同,部门不同,所做计划的范围和内容不同而已。概括地说,计划的具体作用主要有:

1. 指导作用

计划的重要性就在于能够确定一个具有指导意义的目标、实施过程和手段。企业的生产经营活动要以计划为依据,开展各项活动,以保证明确的活动方向与组织活动的一致性,避免盲目性。

2. 协调作用

企业的生产活动是由企业的各个部门在分工协作的基础上完成的。因而,企业总体计划应分解到各部门乃至个人,形成计划体系,从而保证企业整体活动协调发展。

3. 控制作用

经营计划不仅是经营活动的纲领,而且也是对生产经营过程中的数量指标、质量指标进行控制的尺度和标准,以保证企业的生产经营活动,按照预定的经营方针、经营目标的方向发展。

4. 鼓舞作用

经营计划通过展示出的一幅长期或中期的企业发展蓝图,可以起到统率、组织、鼓舞、动员全体职工完成企业经营目标的重大作用。如企业人均收入目标、福利目标、市场占有率目标、行业竞争目标等计划指标,如果制定得合理,就可以激励和调动职工的积极性。

项目二 农业企业经营计划的内容

任务一 长期经营计划

任务要求

了解长期经营计划的概念;能说出农业企业长期经营计划的内容。

案例导入

小明在"十二五"期间,力争通过 5 年的努力,将小明网店建成拥有 100 座席的呼叫中心场地,经营土特农产品品种达 100 种以上,销售额达 300 万元,逐步将小明网店发展为小明土特农产品贸易有限公司,全力打造长三角地区土特农产品网络营销供应基地。

案例思考：试问小明网店"十二五"发展规划属于长期计划吗？

一、长期经营计划

长期经营计划亦称长远规划,它是从战略上、整体上确定农业企业发展的方向和主要措施,并展示可能达到的战略目标。长期经营计划必须依据市场需求、企业的自然资源和经济条件,合理地确定企业在一个较长时期内的经营方针,充分发挥企业的优势,使企业发展的重大问题,诸如生产结构与布局、新产品的更新换代、人力资源开发利用、技术设备的更新改造等,能够有计划、有步骤地进行。

二、长期经营计划的期限要求

长期经营计划的期限,一般应在5年以上,长的可达10年、20年,但最好应与国民经济发展计划相适应。由于长期经营计划时间较长,影响因素较复杂,发展水平难于准确预测,因此,它的内容不宜过细,应简明扼要。

三、长期经营计划的基本内容

长期经营计划的基本内容包括：

（1）企业的经营发展方向与经营规模。包括:企业专业化方向、部门结构、生产布局、各产业的发展规模和速度,以及它们之间的比例关系等。

（2）实现战略目标的基本步骤。包括:实施战略目标的阶段划分、分阶段发展的计划任务和主要指标。

（3）实现长期规划的基本措施。包括:企业发展战略的突破口的选择、土地资源开发和利用、劳动力素质提高的规划、企业经营资金的筹措与使用、新技术的引进和应用等。

（4）测算主要经济指标。包括:计划期内企业主要产品的增长率、总产量、总产值、净产值、劳动生产率、土地生产率、职工人均收入、企业集体福利等。

任务二　年度经营计划

 任务要求

了解年度经营计划的概念;能说出农业企业年度经营计划的内容。

案例导入

根据小明网店"十二五"发展规划,到 2015 年小明网店将更名为小明土特农产品贸易有限公司。制定规划如表 6-1 所示。

表 6-1　小明网店"十二五"发展规划表

项目时间	2011 年	2012 年	2013 年	2014 年	2015 年
基础设施投入	10 座	20 座	30 座	40 座	50 座
经营品种	20 种	40 种	60 种	80 种	100 种
销售额	60 万元	120 万元	180 万元	240 万元	300 万元
从业人员	15 人	25 人	36 人	47 人	58 人

案例思考：依据小明网店"十二五"发展规划,你能指出表中哪些属于年度经营计划？

 相关知识

年度经营计划是指在计划年度内,为落实生产经营活动的具体指标而编制的计划,用于反映当年生产发展速度、盈利水平等。它是长期经营计划的实施计划。其主要内容有：

（1）产品销售计划。包括产品品种、数量、销售方式、销售渠道、销售时间、销售费用和销售收入等。

（2）生产计划。它是按照不同生产项目来制订的,如农作物生产计划包括各种作物的播种面积、单位面积产量、总产量和商品量等；渔业生产计划包括水产养殖面积、水产品种类、产量、总产值等。

（3）土地利用计划。反映计划年度内土地利用的变动情况,各产业部门用地面积及其构成,包括土地合理改造与利用计划、农田基本建设计划、水土保持计划等。

（4）劳动工资计划。包括人员编制、劳动力投放结构、劳动力利用率和劳动生产率、职工培训计划、工资计划等。

（5）技术措施计划。它是完成生产计划的重要保证,包括计划年度内的技术改造,先进技术、工艺、材料的引进与利用以及生产操作规程和原材料消耗量等计划。

（6）物资供应计划。主要包括各种原材料的需要量和采购量,以及各种辅助材料的供应期限和合理储备量等。

（7）财务成本计划。主要有财务收支计划、资金的筹集方式、流动资金计划、企业投资计划、成本计划等。

（8）收入分配计划。也称利润分配计划,它以生产、销售和成本计划为依据进行编制,其内容包括目标利润、利润增长额及增长幅度。

想一想

年度计划与长期计划的关系。

任务三　阶段经营计划

了解阶段经营计划。

 任务引入

根据小明网店2011年经营计划,拟投入10座的设施,购置10台电脑以及相关的配套材料。其2011年经营计划表如表6-2所示。

表6-2　小明网店2011年经营计划表

时间 项目	2011年
基础设施投入	10座
经营品种	20种
销售额	60万元
从业人员	15人

案例思考:小明网店如何在2011年1月份完成设备安装并调试使用。

 相关知识

阶段经营计划又称作业计划。它是组织生产经营活动的具体实施计划,其主要内容有:作业项目、作业期限、工作量、质量要求、操作规程、劳动力安排、物资和资金使用额度等。它把企业当年的各项生产(劳务)活动按季、月、旬、班次具体地分配到企业、班组和个人,从而保证年度计划的执行。

项目三　农业企业经营计划编制

任务一　经营计划编制的原则

了解经营计划编制的原则。

案例导入

（请参照本学习情境项目二中任务一之小明网店发展规划案例）。
案例思考：试描述小明网店"十二五"发展规划编制的原则。

 相关知识

经营计划编制的原则主要有市场导向原则、弹性原则和统筹安排原则。

一、市场导向原则

农业企业生产的目的，是为了满足社会需求，并获取利润。因此，编制经营计划，首先应根据市场需要，在保证完成国家下达的农产品商品合同订购计划任务的前提下，制订企业的各种经营计划。

二、弹性原则

农业生产是自然再生产和经济再生产相交织的复杂过程，在计划执行过程中，存在着许多难以预料的不确定因素。因此，经营计划要留有余地，具有弹性，能较好地适应内外环境的变化。

三、统筹安排原则

农业企业经营活动是在一定时空条件下进行的，人力、物力、财力是有限的，故不可平均分配。因而，企业制订经营计划，要坚持统筹兼顾、综合平衡，使生产经营活动的各个环节之间、各种经营计划之间，企业的供、产、销、人、财、物等各个方面，保持协调关系，保持一定的平衡和衔接。

任务二　经营计划编制的程序

 任务要求

了解经营计划编制的程序。

 案例导入

《经营计划与预算》的作者代宏坤，曾向美国一家著名企业的总裁请教他们对企业管理的具体做法。总裁说,每年的7月份到9月份他要忙于做下一年的年度计划与预算。这让人很不解,一年才12个月,要花两个月做这样一件事?其实,在公司发展壮大的过程中,经营计划实在是太重要了。这个计划不仅仅是战略规划,而且是能够细分并落实到每周、每月、每个产品、每个客户群的年度经营计划。这个计划要有目标、责任人和定量的考核指标。

案例思考:编制一个年度计划需要经过哪些工作过程?

相关知识

编制计划的具体工作很多,按其工作过程主要分为以下三个步骤:

一、编制经营计划的准备工作

(一)搜集和分析资料

搜集和分析资料是编制经营计划的前提条件和可靠依据。

具体有:

(1)外部资料。包括:农业企业主管部门下达的指导性计划指标;市场调研与预测资料;订货合同、供销合同和协作合同;同行业务之间有关经济技术指标;等等。

(2)内部资料。包括:上期计划的预计完成情况;人、财、物等资源的保证程度;各类技术标准和技术条件;各种计划和定额执行情况;等等。

(二)确定计划指标体系

企业经营计划是通过一系列经济指标来表示的。计划指标是用数字表示的,在计划期内各种生产经营活动应该达到的技术经济目标和发展水平。每一种指标只能反映某一方面的技术经济现象,所以,要反映企业全部生产经营活动,就必须借助于一系列相互联系、相互制约的指标,即计划指标体系。

计划指标按其性质可分为数量指标和质量指标;按其表现形式可分为实物指标和价值指标;按其作用可分为考核指标和计算指标。

数量指标,是指企业经营活动各个方面在数量上应该达到的要求,通常用绝对数表示。如产量、产值、固定资产总额、流动资产总额等。

质量指标,是指企业经营活动各个方面在质量上应该达到的要求,通常用相对数表示。如产品合格率、返修率等。

总之,农业企业的计划指标体系,要根据企业的生产经营条件来确定,处理好当前和长远的关系,实现整体优化。

(三)核定企业生产能力

企业的生产能力,是一定时期内企业在合理组织与一定的技术经济条件下,企业中直接参与生产的人力、物力、财力所能生产的一定种类和质量的产品数量。这主要是核定在计划期内,企业所能达到的生产能力。

二、拟订计划方案

实现任何一个目标,可以有许多不同的方案(备选方案)。计划工作这一步,就是要提出多种方案,以供比较选择,权衡利弊,从中选择较为满意的计划方案。

拟订计划的过程,实际上是对经营活动中相互关联的各个方面进行综合平衡的过程。企业经营计划的综合平衡主要集中在三个方面:一是以利润为中心,进行技术经济指标的综合平衡,其中主要是产品生产与产品销售之间的平衡,目的是为了实现利润目标。二是以资金为中心,进行财务收支平衡,主要是指所需投资与所筹资金的平衡,目的是为了判断企业经营活动保证完成的程度。三是以生产的品种、数量、质量、交货期限为中心,进行生产技术工作的平衡,主要是指生产任务和生产能力的平衡,目的是为了使生产过程各个阶段能保持协调和衔接。

三、审议修改计划草案

计划草案编制好以后,还需听取企业上下各方面的意见,作必要的修改,经过审议,最后经职工代表大会审议通过。审议的主要内容是分析计划指标是否积极可靠,各种比例关系是否协调,生产布局是否合理,生产资源是否被充分合理地利用,国家下达的计划任务能否保证完成,经营目标能否实现等。

任务三　经营计划编制的方法

任务要求

掌握经营计划编制的综合平衡法、滚动计划法。

案例导入

某农场2010—2020年土地结构调查计划如下:

耕地转为居民点用地30公顷,转为交通用地5公顷,转为工矿用地2公顷;

园地转为交通用地20公顷,转为居民点用地5公顷;

林地转为耕地15公顷,转为居民点用地5公顷,转为交通用地3公顷;

工矿用地转为耕地5公顷;

居民点用地转为交通用地10公顷;

河流水面转为水利用地4公顷;

滩涂转为耕地20公顷,林地5公顷;

其他不变。

案例思考：试用综合平衡法完成该农场土地结构调整表，如表 6-3 所示。

表 6-3　某农场土地结构调整表　　　　　　　　　单位：公顷

项目		2010年（基期年）	农用地				建设用地				未利用地		期间减少
			耕地	园地	林地	其他	居民点	工矿	交通	水利	河流水面	滩涂	
农用地	耕地	300											
	园地	120											
	林地	30											
	其他	15											
建设用地	居民点	100											
	工矿	50											
	交通	110											
	水利	20											
未利用地	河流水面	30											
	滩涂	55											
2020年													
期间													

　相关知识

一、综合平衡法

综合平衡法，是企业为了达到既定的计划目标，将人力、物力、财力等资源条件，在各部门和各生产项目之间进行合理分配，实现需求与可能之间的平衡。它是编制经营计划常用的方法。一般是通过系列平衡表来反映。由于计划的内容、目的和要求不同，平衡表的格式也不尽相同。

（一）综合平衡的内容

（1）销售量（需要量）与生产量（供应量）之间的平衡。根据以销定产的原则，满足社会对产品品种、质量、数量、交货期等方面的需求。

（2）企业内各部门之间的平衡。主要指农业企业内部供、产、销等部门之间的平衡；通过平衡使各部门、各环节之间的规模、布局和速度比例合理。

（3）生产任务与生产能力之间的平衡。指农业企业的生产任务与综合生产能力（包括基本生产能力和辅助生产能力）之间的平衡。综合生产能力是由许多生产要素组成的系统整体生产能力。因而，包括生产任务与劳力、生产资料、生产对象、资金等的平衡。

（二）综合平衡表的类型

农业企业经营计划的平衡表，主要有四种：

（1）产品生产与分配平衡表。即用实物量来反映企业产量和社会需求之间的平衡关系。

（2）物资平衡表。是用实物量来反映产品生产与物质供给之间的平衡关系。

（3）资金平衡表。是用货币形态来反映资金的来源和占用之间的平衡关系。

（4）劳动力平衡表。是反映劳动资源与劳动力利用之间的平衡关系。

综合平衡法是通过编制平衡表体现的。尽管不同项目平衡表的内容不同，但基本上都由"需要"、"来源"、"余缺"和"平衡措施"四部分组成。

二、滚动计划法

滚动计划法，是保证计划在执行过程中，能够根据实际情况变化适时地修正和调整的一种现代计划方法。采用滚动计划法修订长期计划，可根据每年计划实际执行情况，针对客观条件的变化，每年调整一次，将计划向前推进一年，这样年复一年不断地修订，不断地滚动和延伸，将近期计划同长期计划很好地结合起来，使企业的长期计划由静态平衡变为动态平衡。另外，滚动计划能按照"近细远粗"的原则，边执行，边修正，使长期计划能保持对年度计划的指导作用。滚动计划如图 6-1 所示。

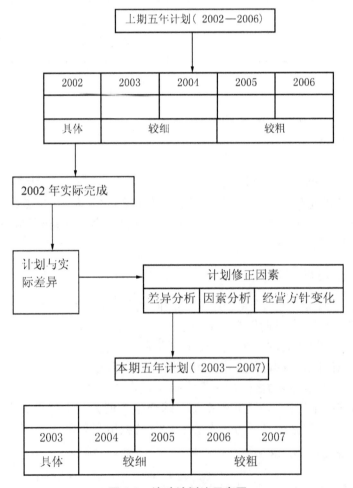

图 6-1　滚动计划法示意图

综上所述,滚动计划的特点主要有:

(1) 计划分为若干个执行期,近期行动计划编制得详细具体,而远期计划则相对粗略些。

(2) 计划执行到一定时期,就可根据执行情况和环境变化,适时调整以后计划期的计划内容,使计划更加切合实际。

(3) 基于上述,决定了企业经营计划的动态特征,较好地避免了计划的僵化性,提高了计划的适应性。

学习测试题

一、单选题

1. 下列不属于经营计划特点的是（　　）。
   A. 目标性　　　B. 主导性　　　C. 效益性　　　D. 具体性
2. 经营计划的效率可用（　　）来表示。
   A. 产出　　　B. 投入　　　C. 产出-投入　　　D. 产出/投入
3. 下列不属于经营计划的作用的是（　　）。
   A. 指导作用　　　B. 协调作用　　　C. 控制作用　　　D. 指挥作用
4. 长期经营计划的期限,一般应在（　　）以上,长的可达10年、20年。
   A. 1年　　　B. 3年　　　C. 5年　　　D. 7年
5. 下列不属于长期经营计划的内容是（　　）。
   A. 企业的经营发展方向与经营规模　　　B. 实现战略目标的思路
   C. 实现长期规划的基本措施　　　D. 测算主要经济指标
6. 下列不属于年度经营计划的内容是（　　）。
   A. 产品销售计划　　　B. 生产计划
   C. 土地利用计划　　　D. 人力资源计划
7. 阶段经营计划又称（　　）。
   A. 作业计划　　　B. 工作计划　　　C. 项目计划　　　D. 实施计划
8. 下列不属于经营计划编制原则的是（　　）。
   A. 市场导向原则　　　B. 刚性原则　　　C. 弹性原则　　　D. 统筹安排原则
9. 滚动计划能按照"（　　）"的原则,边执行,边修正,使长期计划能保持对年度计划的指导作用。
   A. 近细远粗　　　B. 近粗远细　　　C. 远细近粗　　　D. 远粗近细
10. 下列不属于农业企业经营计划平衡表的是（　　）。
    A. 物资平衡表　　　B. 资金平衡　　　C. 收支平衡表　　　D. 劳动力平衡表

二、多选题

1. 经营计划的特点有（　　）。
   A. 目标性　　　B. 主导性　　　C. 普遍性　　　D. 效益性
2. 年度经营计划的主要内容是（　　）。
   A. 产品销售计划　　　B. 生产计划

C. 土地利用计划　　　　　　D. 劳动工资计划
3. 年度经营计划的主要内容是(　　)。
   A. 产品销售计划　　　　　　B. 技术措施计划
   C. 物资供应计划　　　　　　D. 组织发展计划
4. 阶段经营计划主要内容有(　　)。
   A. 作业项目　　B. 作业期限　　C. 工作量　　D. 操作规程

三、判断题

1. 经营计划是企业经营决策的具体化，是企业进行经营活动的行动准则。（　）
2. 计划在管理诸项职能中处于主导地位。（　）
3. 长期经营计划时间较长，影响因素较复杂，因此，它的内容不仅要细，还应具体。（　）
4. 年度经营计划是长期经营计划的实施计划。（　）
5. 阶段经营计划把企业当年的各项生产（劳务）活动按年、季、月、旬、班次具体地分配到企业、班组和个人，从而保证年度计划的执行。（　）
6. 弹性原则就是讲经营计划要留有余地，具有弹性，能较好地适应内外环境的变化。（　）
7. 以利润为中心，进行技术经济指标的综合平衡，目的是为了使生产过程各个阶段能保持协调和衔接。（　）
8. 以资金为中心，进行财务收支平衡，目的是为了实现利润目标。（　）
9. 滚动计划分为若干个执行期，其中近期行动计划编制得粗略具体，而远期计划则相对详细些。（　）
10. 滚动计划执行到一定时期，就可根据执行情况和环境变化，适时调整以后计划期的计划内容，使计划更加切合实际。（　）

四、名词解答

企业经营计划

五、填空题

1. 经营计划的作用主要是_____、_____、_____、_____。
2. 长期经营计划的基本内容包括_____、_____、_____、_____。
3. 经营计划编制的原则有_____、_____、_____。

六、综合题

简述年度计划与长期计划的关系。

学习情境七 农业企业经营风险识别与处置

风险管理是农业企业管理的一项特殊职能。熟知农业企业经营风险对管理一个企业组织的资源和运作,以合理的成本,尽量减少意外事故的损失,从而提高企业的经济效益有重要的现实意义。

> **学习目标**
>
> 了解经营风险的内涵;学会识别经营风险;知晓经营风险处置对策。

项目一 经营风险的内涵

任务一 经营风险的含义

任务要求

能说出经营风险的概念;理解企业经营风险的含义。

案例导入

2000年以前,我国浙江生产的打火机占据了欧洲80%的市场份额。欧盟成员国为了保护本地生产企业的利益,公布了一项"每只在欧洲出售的打火机必须有安全装置"的法规。而安全装置的专利已被欧洲的企业取得。这样,我国的企业需要花费一大笔专利使用费,使得原有的价格优势彻底丧失,原有的市场份额大大减少。

企业经营,不仅要考虑一些普遍存在的风险,如决策失误、内部腐败、安全隐患等,还要考虑政策和法律等环境因素。正因为这样,所以应对经营风险有所了解。

案例思考:就你个人了解,企业经营风险还有哪些?

相关知识

一、经营风险的概念

经营风险,是指由不确定因素导致经营者蒙受风险损失或获得风险报酬的可能性。风险损失是风险项目收益低于无风险项目收益的损失额;风险报酬是风险项目收益高于无风险项目收益的额外收益。

风险损失和风险报酬是生产经营过程中不确定性因素(如市场供求状况)作用的结果,从而使经营者面临着风险报酬和风险损失这两种可能性。风险与不确定性是既有联系又有区别的一对概念。不确定性表现为两个方面,一是"因素的不确定性",二是"结果的不确定性",可用图7-1表示如下。

不确定性因素影响决策事件的前景 $\begin{cases} 遇有利条件 \longrightarrow 获得风险报酬 \\ 遇不利条件 \longrightarrow 蒙受风险损失 \end{cases}$

图 7-1 不确定性因素对决策事件的影响

由于不确定因素的存在,哪里有风险报酬,哪里就有风险损失;风险报酬大,风险损失往往也大。不敢冒风险的经营者,就会坐失良机。所以,农业企业经营管理中的不确定型和风险型决策,其实质是对不同方案的风险报酬和风险损失加以权衡,从中选择最佳方案。

二、经营风险的含义

1. 风险是损失的可能性

当企业面临某种经营损失的可能性时,这种可能性以及可能引起损失的状态,可称之为经营风险。例如,企业常常面临可能发生的火灾损失、风暴损失、洪水损失和责任损失,这时我们说企业面临风险。这种含义强调风险的存在与否,但无法预测和衡量其大小。

2. 风险是损失的概率

从概率论的角度,将风险理解为损失出现的概率,即指损失在一定时间或范围内发生的相对可能性。损失发生的概率只可能在 0~1 之间波动,损失的概率越接近于 0,表明风险出现的可能性越小;损失的概率越接近于 1,表明风险出现的可能性越大。风险的这一含义不仅表明了在某一确定的范围内损失将会出现,而且还表明风险是能够被测度和衡量的。可见,损失的可能性强调了对损失是否存在的定性分析,而损失的概率则强调了对损失可能性的定量分析。

3. 风险是潜在损失

潜在损失是指可能发生但尚未发生的损失。这是一种非故意的、非计划性的、非预期的经济价值的减少。潜在损失与损失的可能性不同,前者侧重于损失的非预期性,后者则强调损失的存在性。

4. 风险是潜在损失的变化范围与幅度

风险的这种含义与风险是损失出现的概率含义相近,即可以测定和衡量风险的大小,

并且这一含义还更为实用。损失出现的概率含义强调的是当概率为 0 时,无损失出现;当概率为 1 时,损失必定出现。潜在损失的幅度这一含义则是指在对大量风险标的分析的基础上,分析和确定出某种损失出现的大致幅度和范围,这对风险的处置非常重要。保险人可以通过对大量风险标的的集中,从而使保险人所面临的潜在损失的变化幅度缩小,以至风险分散,消除风险。

5. 风险是导致损失产生的不确定性

由于人们主观认识能力的有限性和客观环境因素的复杂性之间的矛盾,因而人们无法确切地知道何时何地会发生何种损失以及损失程度的大小,从而便产生了风险。风险的这一含义与人的主观心理状态有关。由于人们获得的信息不同,对风险的认识也不同。即使是获得相同的信息,人们对同一潜在的损失所作的解释也不相同。

6. 风险是财产灭失与人员伤亡

在保险实务中,经常将财产灭失和人员的伤亡称为风险。这是从具体业务的角度,侧重从风险事件的后果来说明风险的含义的。

任务二 经营风险的特征

任务要求

理解经营风险的特征。

案例导入

2011 年 3 月 11 日,日本福岛第一核电站 1 号反应堆所在建筑物爆炸后,日本政府 13 日承认,在大地震中受损的福岛第一核电站 2 号机组可能正在发生"事故",2 号机组的高温核燃料正在发生"泄漏事故"。该核电站的 3 号机组反应堆面临遭遇外部氢气爆炸风险。

案例思考:试问日本地震核泄漏将对农业企业经营带来哪些风险?

相关知识

企业经营风险的特征主要有五个方面:

一、客观性

无论是自然界中的地震、台风、洪水等,还是社会领域中的战争、瘟疫、冲突、意外事故等,都是不以人的意志为转移的,它们是独立于人的意识之外的客观存在,都是由事物的内因及其客观规律所决定的。因此,人类只能认识和利用这些客观规律,在有限的时空条件下改变风险存在和发生的条件,降低其发生的频率和减少损失程度,而不能也不可能完全消除风险。

二、普遍性

人类为了生存和发展,不得不与各种各样的风险作斗争。斗争的结果是,某些风险得到控制和抑制,同时又会产生新的风险。另一方面,与风险斗争的结果,促使了科学技术的发展、生产力的提高、社会的进步。随着科学技术的发展和社会的进步,风险不是减少了,而是增加了。农业企业不仅面临着自然风险,更有市场风险、技术风险、破产风险等。

三、偶然性

风险虽然是客观存在的,但是就某一风险(事故)而言,它的发生是偶然的,是一种随机现象。风险在发生之前,企业无法准确预测风险何时会发生以及其发生的后果。这是因为导致任一具体风险事故的发生,必是诸多风险因素和其他因素共同作用的结果,而且每一因素的作用时间、作用点、作用方向和顺序、作用强度等都必须满足一定条件,才会导致事故的发生。许多因素的出现本身就是偶然的。

四、必然性

个别风险事故的发生是偶然的、无序的,然而通过对大量独立的风险事故的统计分析表明,风险的发生呈现出明显的规律性。风险发生的必然性和规律性,使人们利用概率论和数理统计方法去预测风险发生的概率和损失程度成为可能。

五、可变性

风险发生的可变性是指风险在一定条件下可转化的特性。它取决于以下三个方面:一是人们对风险规律性的认识;二是企业抵御风险的能力;三是科学技术的发展。

人们能在一定程度上降低风险所带来的损失,减少风险的不确定性,降低风险存在与发生的可能性,从而使某些风险不再存在,或者即使存在,也能被人们所控制;同时,随着现代科学技术的发展,给人们带来了新的风险和新的损失机会,新的风险事件和风险因素也会增加。并且,这些新的风险可能导致的损失,往往比自然灾害和意外事故所引起的风险损失大得多。如核电站的应用,既给人类带来了新的能源,也给人类带来核污染和核辐射的巨大风险。现代化生产条件下,企业之间的分工协作关系紧密,企业之间的技术经济联系密切,因而企业之间的关联风险增大,一旦某个企业或其某个生产环节出了问题,就会给其他企业乃至整个行业造成重大损失。例如,1998年英国出现的疯牛病,使得整个养牛业衰败。1999年5月比利时的奶粉中发现的二噁英事件使得比利时的奶制品业遭受重创乃至政府垮台。2008年发生的"三聚氰胺事件",也给我国奶业造成巨大影响。由此可见,风险不是一成不变的,由于各种因素的影响,一些现在的风险可能会减少和消失,新的风险又会不断产生和扩展。

任务三 风险对农业企业经营的影响

任务要求

了解风险对农业企业经营的影响。

案例导入

石家庄三鹿集团股份有限公司,它的前身是1956年2月16日成立的"幸福乳业生产合作社",经过几代人半个世纪的奋斗,在同行业创造了多项奇迹和"五个率先":2007年,三鹿集团实现销售收入100.16亿元,连续6年中国500强,销售量15年保持全国第一。2008年7月"三鹿牌"婴幼儿配方奶粉重大食品安全事故发生后,三鹿集团于2008年9月12日全面停产。截至2008年10月31日财务审计和资产评估,三鹿集团资产总额为15.61亿元,总负债17.62亿元,净资产-2.01亿元,12月19日三鹿集团又借款9.02亿元付给全国奶协,用于支付患病婴幼儿的治疗和赔偿费用,最终导致三鹿集团破产。

案例思考:认识风险对农业企业经营的影响。

相关知识

农业企业生产经营活动是处在一个充满风险的外部环境中,风险对农业企业的经营产生了巨大的影响,具体表现在以下几个方面:

一、增加了决策的难度

农业企业在经营决策中,面临着比以往任何时期都多得多的风险和不确定性。众多的风险因素,使得决策变量的数目骤然增加,也使其更加难以准确预测。然而,世界是在相互作用中运转的,在预期和博弈机制的作用下,农业企业预测和预防风险本身也构成了风险发展的一个因素。预测和防范风险永远是农业企业决策中的重大难题。

二、增加了营运成本

为了避免风险所引起的各种波动对农业企业经营产生不利影响,农业企业不得不投入大量的人力、物力、财力和精力进行深入的研究,以期能够及时、准确地预测各种风险。另外,农业企业还要采取多种措施,对其财产、人员和业务实施保护,如投保、参与期权期货市场等。总之,对于风险的了解、决策、防范等工作,占用了企业大量的资源,增加了营运成本。

三、增加了潜在损失的可能

农业企业在生产经营过程中,不可避免地会遇到各种损失,这是自农业企业产生起就始终存在的问题。农业企业家就是在愿意承担风险,并在风险经营中获取报酬的。然而,现在的农业企业所面临的风险是越来越复杂,在农业企业家的经营决策中,风险因素繁多,给农业企业造成损失的可能性也随之加大。农业企业不但要考虑国内的因素,还要考虑国际上的因素;不但要考虑实物经济因素,还要考虑货币价值因素;不但要考虑即期的因素,还要考虑远期的因素;不但要考虑效益的损失,还要考虑财产和人员的损失;等等。

四、存在潜在的收益

在农业企业生产经营过程中,各种各样的风险,可能会给农业企业带来损失,但是风险和报酬总是相对而存在的。从风险的定义中,我们知道风险也可能会给农业企业带来收益,且可能会给农业企业带来比无风险时更大的收益。可见,风险并不总是危险和损失,也意味着潜在的收益。因此,农业企业要加强风险管理。

农业企业经营风险管理程序,大致由风险识别、风险估计、风险处置三个步骤所组成。风险识别主要是认识风险的成因和类型;风险估计主要是估计风险发生的概率、风险报酬与风险规模;风险处理是提出应付风险的对策,以期减少风险损失,争取获得更大的风险报酬,这是风险管理的主要目的。经营风险管理程序如图 7-2 所示。

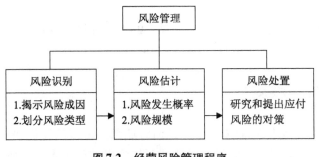

图 7-2　经营风险管理程序

项目二　经营风险识别

任务一　经营风险的类型

任务要求

能说出经营风险的类型

案例导入

企业老板经常感叹,现在要做好企业太复杂了。因为今天的企业受的关注太多了,今天的企业经营要考虑的事情太多了。正因为企业经营要素的增加,导致企业经营的复杂性空前高涨,其中任何一个要素的误操作或不利都将极大地增加企业经营的风险。如自然灾害的发生越来越频繁,来自政府的监管部门越来越多,政府的相关法规制度越来越多,企业的利益相关者的影响力越来越大,企业自身的结构越来越复杂,市场细分越来越没有依据,客户需求越来越个性化等。

案例思考:说出农业企业经营中除遇到自然风险外还可能遇到的风险有哪些。

 相关知识

农业企业经营风险的识别,是指对农业企业面临的尚未发生的潜在的各种风险进行系统的归类分析,并加以认识和辨别的过程。风险识别在农业企业的风险防范中占有非常重要的地位。不论整个农业企业的生产经营计划多么完善、科学,如果不能正确地识别风险,不能及时地对即将发生的风险作出科学的判断,不知道农业企业将发生什么风险,风险的程度如何,就不能有效地控制和处置风险,农业企业的生产经营活动便无法正常进行。

农业企业经营风险的识别,主要是划分风险类型,从中揭示风险成因,为风险估计和风险处理提供科学依据。

一、按风险的成因划分

按风险的成因,农业企业经营风险可分为:

(1)自然风险。自然风险是指由于自然力的不规则变化所引起的物理化学现象而导致物质毁损和人员伤亡,如风暴、洪水、地震等所引起的风险。农业企业的劳动对象多以动植物等生物体为主,生产环境受自然条件的影响较大,因此,遭受自然风险的可能性大于其他类型的企业。

(2)社会风险。社会风险是由社会中不确定因素引起的风险。如贪污盗窃、工伤事故、战争动乱等不确定因素,对于农业企业来说是难以控制、难以完全消除的,以致造成损失。

(3)经济风险。经济风险是指在生产经营和购销过程中,因经营管理不善、市场预测失误、价格波动较大、消费需求变化等因素,而引起经济损失的风险。只要存在市场竞争,就存在商品生产者竞争失败的风险。经济风险也包括通货膨胀、外汇行市的波动而发生的经济损失。

(4)技术风险。技术风险是指由于科学技术发展的负面影响而带来的种种风险。如农产品生产过程中,使用农药、化肥等化学物质造成的环境污染、产品有害物质超标等,不仅给社会带来负面影响,也给农业企业造成经济损失。

二、按风险的表现形式划分

按风险的表现形式,农业企业经营风险可分为:

(1) 投资风险。投资风险是指农业企业在进行基本建设投资时承担的风险。农业企业的生产周期较长,投资回收期较长,遭受投资风险的可能性大。

(2) 生产风险。生产风险是指农业企业生产过程中受到不确定性因素的影响,如自然灾害、技术事故、质量问题等带来的经济损失。农产品生产过程是自然再生产过程与经济再生产过程的统一,受自然灾害、环境的影响程度较大,故农业企业遭受生产风险的概率较大。

(3) 销售风险。销售风险是指企业产品销售时承担的风险。商品是用于出卖的劳动产品,如果产品销售不出去,它的使用价值和价值就不能实现,具体表现为产品积压、变质、损坏而不能转化为货币,经营者就会蒙受经济损失。农产品具有鲜活、不易保存、货架期短等特点,易于遭受销售风险。

(4) 财务风险。财务风险是指企业上述三种风险损失在财务上的综合反映,以及因此所发生的死账、呆账损失而承担的风险。投资风险、生产风险、销售风险所造成的经济损失,往往反映为财务亏损。赊销商品的应收款逾期不能收回,或订购商品的预付款,逾期不能供货,甚至债务人无力偿还上述债务,而导致企业资金周转困难。由于商业信用的普遍化,企业之间可能形成债务链,一个农业企业,往往同时具有债权人和债务人的双重身份,一旦某一方不能按时偿还债务,就可能引起相关企业发生财务风险。

(5) 人事风险。人事风险是指由于人事制度不合理,造成企业高级管理人才和技术骨干流失所带来的风险,还包括由于负责人或在重要岗位上的人员,突然发生意外或不称职等原因带来的经济损失等。

三、按风险可否投保划分

按风险可否投保,农业企业经营风险可分为:

(1) 静态风险。静态风险即可投保风险,主要指由于自然灾害、意外事故等原因所造成的风险。这类风险具有偶然性、客观性和无利性等特点,只有损失的机会而没有获利的可能。但可以依据调查资料,进行统计分析,计算其发生的概率,估算其风险损失,以作为确定保险费的依据,可向保险公司投保。这类风险损失可以保险费形式计入产品的成本。

(2) 动态风险。动态风险即不可投保风险,主要指市场供求变化、价格升降和经营决策失误所造成的风险。这类风险的发生除了不确定因素外,还受经营者的决策能力的影响,兼有风险报酬和风险损失的两种可能性,且难以较准确地预测其发生的概率、风险报酬与风险损失的规模。这类风险损失不能计入产品成本,也不可向保险公司投保。认识这两类风险的差别,是风险估计和风险处理的重要前提。

任务二　经营风险识别方法

任务要求

能说出经营风险识别的概念与方法。

案例导入

蓝田股份,证券代码600709,1996年在上海证券交易所上市以来,在财务数字上一直保持着神奇的增长速度:总资产规模从上市前的2.66亿元发展到2000年年末的28.38亿元,增长了10倍,历年年报的业绩都在每股0.6元以上,最高达到1.11元,即使遇到了1998年特大洪灾以后,每股收益也达到了不可思议的0.81元,创造了中国农业企业罕见的"蓝田神话",被称为"中国农业第一股"。蓝田股份也因此被有关部门当作农业产业化的一面旗帜。然而,2001年10月26日,中央财经大学刘姝威研究员在《金融内参》上发表的一篇短文《应立即停止对蓝田股份发放贷款》,却直接改变了蓝田神话的命运。文章指出:"蓝田股份已经成为一个空壳,没有任何创造现金流量的能力,也没有收入来源……蓝田股份完全依靠银行贷款维持运转,而且用拆西墙补东墙的办法,支付银行利息,只要银行减少对蓝田股份贷款,蓝田股份会立即垮掉……为了避免遭受严重的坏账损失,我建议银行尽快收回蓝田股份的贷款。"文章揭开了蓝田股份神秘的面纱,导致众多银行向该公司清收贷款,加速了蓝田股份资金链的断裂。刘姝威做出这个结论的依据,主要是对企业财务分析的结果。

案例思考:刘姝威是如何揭开蓝田股份的经营风险的?

相关知识

一、经营风险识别

经营风险识别是指在经营风险事故发生之前,人们运用各种方法,系统地、连续地认识所面临的各种风险以及分析风险事故发生的潜在原因。识别风险过程包含感知风险和分析风险两个环节。

感知风险,即了解客观存在的各种风险,是识别风险的基础,只有通过感知风险,才能进一步在此基础上进行分析,寻找导致风险事故发生的条件、因素,为拟订风险处理方案,进行风险管理决策服务。

分析风险,即分析引起风险事故的各种因素,它是识别风险的关键。

识别农业企业经营风险,需要对农业企业内外环境进行详尽的调查、系统的分析与综合的分类,以揭示潜在的风险及其性质。

农业企业生产面临的自然、社会、经济、法律和政治环境如何,面临的技术挑战怎样,产品竞争环境如何，企业产品占有市场份额怎样，企业生产经营的优势与弱点在哪里，容易发生和可能发生的损失有哪些，有关管理制度是否健全，等等，农业企业都应进行认真的分析、识别，以对企业经营中潜在的风险做出较准确的判断。

二、经营风险识别的方法

识别经营风险的具体方法很多，如宏观领域中的决策分析、可行性分析、统计预测分析、投入产出分析和背景分析等；微观领域中的流程图分析、资产负债分析、因果分析、故障树分析、损失清单分析、保障调查法和专家调查法等。随着管理技术的发展和实践经验的不断积累，风险识别的方法和手段会越来越完善与合理。下面介绍几种主要方法：

1. 生产流程分析法

生产流程分析法，又称流程图法。生产流程又叫工艺流程或加工流程，是指在生产工艺中，从原料投入到成品产出，通过一定的设备按顺序连续地进行加工的过程。该种方法强调根据不同的流程，对每一阶段和环节，逐个进行调查分析，找出风险存在的原因。

2. 风险专家调查列举法

风险专家调查列举法，指由风险管理人员将该企业、单位可能面临的风险逐一列出，并根据不同的标准进行分类。专家所涉及的面应尽可能广泛些，有一定的代表性。一般的分类标准为：直接或间接，财务或非财务，政治性或经济性等。

3. 资产财务状况分析法

资产财务状况分析法，即按照企业的资产负债表及损益表、财产目录等的财务资料，风险管理人员经过实际的调查研究，对企业财务状况进行分析，发现其潜在风险。

4. 分解分析法

分解分析法指将一复杂的事物分解为多个比较简单的事物，将大系统分解为具体的组成要素，从中分析可能存在的风险及潜在损失的威胁。

风险的识别还有其他方法，诸如环境分析、保险调查、事故分析等。企业在识别风险时，应该交互使用各种方法。

项目三　经营风险处置对策

任务一　经营风险处置的原则

任务要求

了解经营风险处置的原则。

案例导入

《西安晚报》2008 年 9 月 7 日以《乡政府赊账吃垮小饭馆》为题,报道了西安市蓝田县九间房乡乡政府的干部 2004 年在乡镇一家小饭馆赊账吃饭,打下盖有公章的欠条 1.8 万余元,导致饭馆关门倒闭已有 4 年,店主张佐讨要欠款依然难以兑现的事情。

案例思考:若你是店主张佐,你会如何处置饭店的经营风险?

 相关知识

农业企业经营风险处置的原则主要有三个方面:

一、风险和报酬相均衡

有一些风险,如由于自然灾害、意外事故等原因所造成的风险,对农业企业来说,只有损失的机会而没有获利的可能,因此,农业企业应采取各种措施,加强防范,尽量规避这类风险;还有一些风险,如新产品开发的投资风险,既可能给农业企业带来损失,也可能给农业企业带来超额的回报,对此,农业企业既不应为了避免潜在的损失,而过于保守,一味地防范和规避风险,也不应不顾风险的大小,盲目地追求利润。通常,风险和报酬是同增的,即报酬越高,风险越大,报酬的增加是以风险的增加为代价的,而风险的增加会直接威胁农业企业的生存。因此,农业企业应该正确地判定风险的高低,采用各种手段控制风险,力求风险与报酬的均衡。

二、采用的方法与农业企业承受能力相适应

如果某些风险的发生是人们无法消除和防止的,且预计损失程度较轻,即使是最大的损失也可由农业企业自身来承担,而不会对农业企业的生产经营活动产生大的影响,这种风险农业企业可以自己来承受。如果风险事故发生后,对农业企业的经营活动产生很大影响,给农业企业造成巨大损失,甚至导致农业企业停产或破产,这种风险就不是农业企业本身的力量所能承受的,必须采取转移风险的方法来减轻农业企业的损失,如可采取向保险公司投保等方法来分散和减轻损失。在采用防止和规避措施时,要注意转移风险所需费用与转移风险所产生的收益之间的合理比例关系。

三、全面性和针对性相统一

面对发生的各种风险,不论农业企业是自身承担风险,还是转移风险,都需要选择最佳处置方案,使风险的处理能够收到应有的效果,使每一种风险都有对应的处理方案,而不遗漏对任一潜在风险的处理,即风险处理要力求全面。同时,对各种风险的处理还要有针对性,即对各种风险要进行具体的分析,有些风险发生的概率虽然很小,但一旦风险事件发生

了,就会产生较大的损失,后果非常严重;相反,有些风险发生的概率虽然较高,但每次发生后产生的损失程度却较轻。因此,农业企业应根据不同风险的性质和特点,采取不同的处理策略。此外,有些风险是人为因素所致,则可事先通过一些措施来加以避免。还有一些风险,可以通过加强对相关信息的分析和管理来加以防止。总之,对农业企业风险的处置,要在力求全面的基础上,讲求针对性。

任务二　经营风险处置对策

任务要求

能说出经营风险处置对策。

案例导入

据有关资料表明,农业企业经营风险中,自然风险占农业经营风险的25%左右,市场风险占40%,技术风险占10%,其余的占25%。

1982年,刘永好和三个哥哥(刘永言、刘永行、刘永美)走上了创业之路。作为白手起家的创业者,刘永好兄弟几人,在创业初期面临着资金困境、业务风险等一系列摆在企业面前的难题。但他们没有被困难吓倒,在没有前人经验可以借鉴的情况下,带领企业迎难而上,解决了一个又一个困难,度过了一次又一次低谷,最终成就了新希望集团的成功。目前新希望集团四大产业集群的格局已经清晰:农牧与食品、化工与资源、地产与基础设施、金融与投资。这四大产业集群使新希望集团拥有稳定的增长曲线、良好的现金流量、强大的资产储备,能够有效应对多种挑战。新希望集团董事长刘永好认为,采用规模化、现代化、信息化和有组织的运作模式,能够避免市场风险,分化价格震荡造成的恐慌,走进金融领域,减少金融危机的影响。

案例思考: 新希望集团是如何分散经营风险的?

相关知识

风险处置是针对不同风险的特点、成因、发生概率、损失规模而采取相应的对策,使风险损失减少至最低限度。其主要对策如下:

一、风险避免

风险避免即风险预防,是风险处置的首要对策。农业企业经营风险避免的主要措施有:

(1)加强农业基础设施建设,改善农业生产条件,增强企业抵御自然灾害的能力,以预防自然风险。

（2）增强企业经营的应变性，根据市场供求变化，适时调整企业的组织结构，生产适销对路的产品，以预防和减少市场风险。

（3）提高农业企业经营预测和决策的科学性，减少盲目性，以预防经营风险。

（4）强化安全生产意识，严格技术操作规程，以及各种责任制度，以预防和减少生产风险。

（5）建立和健全农业企业购销信息服务体系，完善经济合同制度，充分利用农产品期货贸易，沟通供销渠道，以避免和减少销售风险。

二、风险自留

风险自留是指企业以自身的财力承担风险损失。一般是将风险损失分期摊入产品成本；或者从风险报酬或企业经营利润中，提取风险基金，用于补偿风险损失。风险自留方法，通常适用于应付损失规模小的风险。如果风险损失规模过大，则企业自身财力难以承担。

三、风险分散

风险分散是指当风险无法避免时，采取措施减少风险规模，即将企业的风险损失分散给他人承担。农业企业经营风险分散的主要方式为：一是向保险公司投保，目前我国开办的农业保险主要险种有农产品保险、生猪保险、牲畜保险、奶牛保险、养鱼保险等，可以"千家万户保一家"；二是实行股份制经营，使众多的股东"利益均沾，风险共担"，从而将企业经营风险分散给股东承担；三是通过各类合同来实现风险转移，如租赁合同、服务合同、销售合同等。

四、风险组合

风险组合，是指将不是同时发生或不同强度的风险生产经营项目组合起来，以期相互依赖、相互弥补，增强企业整体的抗风险能力，从而减少企业风险损失。风险组合方式更多地适用于规模较大的企业。

一、单选题

1. 经营风险，是指由不确定因素导致经营者（　　）的可能性。
   A. 蒙受风险损失　　　　　　　　B. 获得风险报酬
   C. 蒙受风险损失和获得风险报酬　　D. 蒙受风险损失或获得风险报酬

2. 在风险管理实践中，企业经营风险损失通常是指（　　）。
   A. 损失的确定性　　　　　　　　B. 损失的现实性
   C. 损失的概率　　　　　　　　　D. 损失的必然性

3. 下列不属于经营风险特征的是（　　）。
   A. 客观性　　　B. 偶然性　　　C. 确定性　　　D. 必然性

4. 下列不属于风险对农业企业经营产生影响的是（　　）。
　　A. 增加了决策的难度　　　　　　B. 增加了营运成本
　　C. 增加了营运利润　　　　　　　D. 增加了潜在损失的可能
5. 下列不属于按风险的表现形式划分的是（　　）。
　　A. 技术风险　　　　　　　　　　B. 投资风险
　　C. 生产风险　　　　　　　　　　D. 销售风险
6. 投资风险、生产风险、销售风险所造成的经济损失，往往反映的是（　　）。
　　A. 静态风险　　B. 人事风险　　C. 财务风险　　D. 投资风险
7. 下列不属于农业企业经营风险处置原则的是（　　）。
　　A. 风险和报酬相均衡　　　　　　B. 风险损失最低
　　C. 全面性和针对性相统一　　　　D. 采用的方法与农业企业界承受能力相适应
8. 下列不属于风险处置主要对策的是（　　）。
　　A. 风险避免　　B. 风险自留　　C. 风险分散　　D. 风险分割
9. 下列不属于风险处置主要对策的是（　　）。
　　A. 风险避免　　B. 风险自留　　C. 风险集中　　D. 风险组合
10. 农业企业经营风险自留的主要方式是（　　）。
　　A. 向保险公司投保　　　　　　　B. 实行股份制经营
　　C. 通过各类合同来实现风险转移　D. 自身的财力承担风险损失

二、多选题

1. 在风险管理研究与实践中，企业经营风险损失通常是（　　）。
　　A. 损失的可能性　B. 潜在损失　　C. 确定的损失　D. 损失的概率
2. 按风险的成因划分，风险有（　　）。
　　A. 自然风险　　　B. 社会风险　　C. 经济风险　　D. 技术风险
3. 按风险可否投保划分，风险有（　　）。
　　A. 静态风险　　　B. 社会风险　　C. 动态风险　　D. 技术风险
4. 经营风险处置的原则有（　　）。
　　A. 风险和报酬相均衡　　　　　　B. 全面性和针对性相统一
　　C. 风险损失最低　　　　　　　　D. 采用的方法与农业企业界承受能力相适应

三、判断题

1. 风险损失的概率只可能在 0~1 之间波动。（　　）
2. 经营风险总是一成不变的，由于各种因素的影响，一些现在的风险可能会减少和消失，新的风险又会不断产生和扩展。（　　）
3. 风险总是危险和损失。（　　）
4. 农业企业经营风险是无法识别的，方法是有限的。（　　）
5. 认识投资风险、生产风险的差别，是风险估计和风险处理的重要前提。（　　）

四、名词解答

经营风险

五、填空题

1. 在风险管理研究与实践中，企业经营风险损失通常是_____、_____、

_____、_____、_____、_____。
   2. 经营风险的特征是_____、_____、_____、_____。
   3. 按风险的表现形式划分,风险有_____、_____、_____、_____、_____。
   4. 识别经营风险的方法有_____、_____、_____、_____。

六、综合题

分析农业企业存在哪些经营风险,分别举例说明,并提出规避和处置的对策。

学习情境八

农业企业经济合同签订与履行

农业企业经济合同是农业企业经营管理的一项很重要的内容,农业企业与外界的经济联系,一般都涉及合同。如向银行借款,要订立借贷合同;运输农产品,需订立运输合同;进行农业技术转让,需订立技术转让合同;双层经营的农户,要与集体订立土地承包合同等。任何一项经济业务,在双方洽谈成交后的第一项工作,往往便是签订合同。恰当地运用经济合同可以保障自己的合法权益,避免许多麻烦。

学习目标

了解农业企业经济合同的内涵;掌握农业企业经济合同签订与履行需注意的问题;知晓农业经济合同变更、转移与终止的方式。

项目一 农业企业经济合同的内涵

任务一 农业企业经济合同的含义

任务要求

能说出合同与农业企业经济合同的含义。

案例导入

河北省承德县为了切实增加农民收入,从根本上解决农产品销售难、经济收益低的问题,积极实施"合同农业",先由县乡村三级与外贸部门、市县种子公司、食用菌开发公司等单位合作,寻求国内外客户,签订玉米制种、食用菌培植等销售合同;然后,根据市场需求及合同内容,指导组织农民生产,实现农业生产与市场的对接,减少农民的种田风险。2009年,这个县"合同农业"面积大幅度增加,玉米制种达8万亩,蔬菜制种3 125亩,时差蔬菜播种面积5.46万亩,经济作物种植面积达2万亩,食用菌栽培量达165万多盘。

案例思考:河北省承德县积极实施"合同农业"的原因是什么?

相关知识

一、合同的涵义

合同是平等主体的自然人、法人、其他组织之间设立、变更、终止民事权利义务关系的协议。

理解合同的含义应把握以下几点：

（1）合同当事人的法律地位平等，一方不得将自己的意志强加给另一方。

（2）当事人依法享有自愿订立合同的权利,任何单位和个人不得非法干预。

（3）当事人应当遵循公平原则,确定各方的权利和义务。

（4）当事人行使权利、履行义务应当遵循诚实信用原则。

（5）当事人订立、履行合同,应当遵守法律、行政法规,尊重社会公德,不得扰乱社会经济秩序,损害社会公共利益。

（6）依法成立的合同,受法律保护,对当事人具有法律约束力,任何一方不得擅自变更或者解除合同。

二、农业企业经济合同的含义

农业企业经济合同,是指在农业企业经济活动中发生经济联系(承包关系、购销关系、产品分配关系)的双方(集体合作经济组织、国家农副产品收购部门、农户、个体经营户、专业承包户),为了一定的经济目的而达成的相互权利义务关系的协议。这种发生经济关系的双方或多方,为了正确处理相互之间的经济关系而达成的共同遵守的协议,通过文字所记载的各项条款,就是农业企业经济合同。农业企业经济合同中规定的合同当事人之间的权利义务关系与一般合同一样,是一种法律关系。

任务二　农业企业经济合同的形式

任务要求

能说出农业承包合同,农副产品购销合同,农副产品种植、养殖收购合同的含义。

案例导入

2012年3月15日,王德华及同村7人到盐城市某农资公司购买化肥,分别为氯化铵8袋,金额为人民币392元;尿素12袋,金额为人民币876元;美国二铵2袋,金额为人民币296元;俄罗斯钾肥4袋,金额为人民币208元;复合肥4袋,金额为人民币440元,总价款为人民币2 212元。王德华交付了货款,该农资公司给王德华出具了提货单。该农资公司实

行的是送货上门,当日下午,李铁军到王德华所在村送货,以王德华没交款为由,将王德华手中的提单要回,并拒绝付货。上述事实,有王德华、某农资公司的陈述,008702号随货票一张,证人李占海、王德华的证言佐证,经质证,予以确认。合法的买卖关系受法律保护,本案中王德华已交付了货款,某农资公司应履行给付化肥的义务,对于某农资公司指出提单上的章是误盖上的及王德华未交付货款的主张,因其未提供相应的证据来证明,故对某农资公司的主张不予确认。依据《中华人民共和国民事诉讼法》第五十八条、《中华人民共和国合同法》第八条、第一百三十五条之规定,判决:被告盐城市某农资公司于本判决发生法律效力后3日内给付原告王德华氯化铵8袋、尿素12袋、美国二铵2袋、俄罗斯钾肥4袋、复合肥4袋。案件受理费98元,其他诉讼费500元,由被告盐城市某农资公司负担。

案例思考: 提货单能成为合同吗?

 相关知识

农业企业经济合同主要包括农业承包合同,农副产品购销合同,农副产品种植、养殖收购合同等形式。

一、农业承包合同

(一)农业承包合同的定义

农业承包合同是指在实行农业家庭承包经营过程中,村民委员会、农业生产合作社等农业集体经济组织与其成员为了发包、承包集体所有的土地等生产资料以及依法确定给农户集体长期使用的国有自然资源,明确相互的权利义务关系而订立的协议。按承包项目可以把农业承包合同划分为耕地、果(茶、桑)园、林木、水面、草原、荒地、农业机械、水利设施等承包合同。农业承包合同签订后具有法律约束力,可以使农村承包经营户的合法权益受法律保护,订立合同双方是平等关系。

(二)农业承包合同与一般的租赁经济合同的区别

(1)双方的关系不同。租赁合同中,出租人对承租人的经营状况概不负责,租金则完全由出租人自享。而承包合同中承包人只是一个相对独立的商品生产者,承包金则由包括承包人在内的本经济组织全体成员共享。

(2)权利让与的程度不同。租赁合同中,出租人只对租金和财产的完整无损有要求,承租人有较充分的经营自主权;而承包合同中发包人不仅对承包物的使用方向、使用方式有要求,而且对于利用率和产生率都有要求,例如承包人不得荒芜土地、粗放经营等,承包人没有充分的经营自主权。

(3)经济关系不同。出租人和承租人的经济关系完全基于市场法则,而发包人与承包人双方的经济关系则取决于集体经济组织内部的积累制度和分配原则,带有福利性质。例如,在集体经济发达的地方,承包人可以免交承包金,有的甚至还可以从集体那里领到一笔补贴。

二、农副产品购销合同

（一）农副产品购销合同的定义

农副产品购销合同是指法人之间购销农副产品的协议，它属于特殊类型的买卖合同。

（二）农副产品购销合同的法律特征

（1）主体是具有法人资格的国营农场、农村社队、国家规定的农副产品收购单位、合作经济组织以及企业、事业单位。个体经营户和农村农民个人、重点户、专业户同法人签订农副产品购销合同，参照《农副产品购销合同条例》执行。

（2）标的物是包括农、林、牧、副、渔在内的各种农副产品。

（3）既可以是计划合同也可以是非计划合同。除统购、派购范围的农副产品须按国家下达的统购派购任务签订合同以外，属于议购的农副产品和统购派购任务后允许上市的农副产品，可以由双方自由协商签订合同。

（4）合同的内容只限于转让农副产品，而不涉及生产过程。

（5）合同形式主要是书面形式，即时清结的可用口头方式订立。

三、农副产品种植、养殖收购合同

农副产品种植、养殖收购合同是指农副产品加工企业和农副产品种植、养殖户为保障双方的合法权益，明确双方之间的权利义务关系而签订的协议。合同一般规定农副产品种植、养殖户作为农副产品加工企业的农副产品标准化生产基地，在农副产品加工企业的技术指导下，为农副产品加工企业种植、养殖农副产品，农副产品加工企业保证按约定的条件收购农副产品种植、养殖户按约生产的农产品。农副产品种植、养殖收购合同具有市场性、契约性、预期性和风险性。合同中规定的农副产品收购数量、质量和最低保护价，使双方享有相应的权利、义务和约束力，不能单方面毁约。因为合同是在农副产品种养前签订，是一种期货贸易。不过，合同履约前有一段生产过程，双方都可能碰上市场、自然和人为因素等影响，也有一定的风险性。但比起计划经济和传统农业先生产后找市场的做法，农副产品种植、养殖收购合同则为先找市场后生产，可谓市场经济的产物，是一种进步。

 知识拓展

订单农业又称合同农业或契约农业，是通过契约方式将农业生产与市场连接起来，即从事农业生产经营的农民在进行生产之前，先同相关的专门从事农副产品加工的龙头企业签订包括品种、质量、价格和交货日期等方面的订单，然后根据订单再确定种植的作物类别、品种和规模的一种农业经济类型。

任务三　农业企业经济合同的内容

掌握农业企业经济合同的条款。

玉米产销合同（样例）

甲方：盐城市多智生态农业公司

乙方：盐城市亭湖区南洋镇三洼村

为了使我地玉米生产实现社会化服务、标准化生产、产业化经营，从而促进农业增收，农民增收，企业产品优质，经甲、乙双方充分协商旨在共赢的基础上订立本合同，以便双方共同遵守。

一、种植品种：乙方种植玉米的品种，以盐城市农委植保站提供高产的玉米种为种子，单产达1 000公斤每亩。

二、种植技术与质量要求：乙方必须保证良种良法配套，必须接受甲方技术指导且按国家标准要求进行种植，乙方售给甲方的玉米质量达到国家标准。

三、肥料使用：甲方提供发酵过的鸡粪、沼液或者有机肥给乙方使用，其使用量占肥料使用量的30%，确保生产出的玉米优质高产。

四、收购方法及收购价格：乙方玉米收获后，甲方必须按国家规定的质量标准及时组织收购；收购价格以收购当日市场价格为基数，每公斤上浮0.02～0.04元。

五、收购方式、验收方法和货款结算：收购方式采取甲方定点收购和上门收购相结合，验收方法为当场由甲方人员按质量标准验收，货款结算为现金。

六、违约责任：甲方必须按照合同种植量敞开收购，如因甲方过错造成乙方的损失由甲方承担；乙方在同市、同质、同价条件下，必须将玉米全部出售给甲方而不得另行出售，否则按合同估的产量的总款赔付给甲方50%的违约金。

七、不可抗力：甲、乙双方由于不可抗力的因素无法履行合同，双方互不赔付，但都要提前通知对方。

八、其他约定，其未尽事宜双方协商解决。

本合同自双方签字之日起生效，有效期自　年　月　日至　年　月　日止。

本合同一式两份，甲乙双方各一份。

甲方签字（盖章）：

乙方签字（盖章）：

案例思考：该玉米产销合同是否完整？

 相关知识

一、合同的标题和签约双方基本情况

标题是合同的性质、内容、种类的具体体现。如"鲜蛋购销合同",表明该合同是买卖合同中鲜活农副产品买卖合同。切不可出现标题与合同内容不一致的现象。

当事人基本情况及合同签订地点居标题之下,正文之上。签订时间可在如上位置,也可置于合同文本双方法人代表签字的末尾。当事人是法人或其他组织的,写明该法人的名称和住所;当事人是自然人的,写明该自然人的名称、身份证号码和住所,同时写明双方在合同中的关系,如"买方"、"卖方"等。此项内容是确定当事人、确定合同权利和义务承担者的主要依据。

二、合同的条款

合同条款主要包括:

(1) 合同的标的。"标的"是合同当事人双方权利和义务共同所指的对象。如联产承包合同中的土地与产品、购销合同中的农副产品和物资、信贷合同中的货币等。

(2) 数量和质量。数量和质量是指合同"标的"的数量和质量。如购销合同中,不仅要写明产品和物资的种类,而且要写明数量、规格和等级。数量和质量要求,应力求详细、明确、具体。

(3) 价款或酬金。价款是取得实物的一方付给交货一方的代价,如购销合同中的产品价款、供电合同中的电费等。酬金是取得劳务服务的一方付给提供劳务、服务一方的报酬,如加工合同中的加工费、承运合同中的运输费等。

(4) 合同履行的期限、地点和方式。履行期限是指实现合同规定的权利和义务的时间范围。履行地点是指合同一方履行合同规定义务的具体地点,即提货地点或交货地点。履行方式是指以什么方式履行合同,如交货方式、服务方式、价款或酬金的结算方式等。

(5) 违约责任。又叫做经济责任,是指合同的任何一方在违反合同条款时应负的经济责任。为了保证合同的履行,当某一方因主观原因没有履行合同或没有按规定完全履行合同时,应向对方支付一定的违约金或赔偿金。合同中的违约责任应该是双方对等的,不能只对一方追究违约责任。

(6) 解决争议的方法。当事人可以通过和解或者调解解决合同争议。当事人不愿和解、调解或者和解、调解不成的,可以根据仲裁协议向仲裁机构申请仲裁。涉外合同的当事人可以根据仲裁协议向中国仲裁机构或者其他仲裁机构申请仲裁。当事人没有订立仲裁协议或者仲裁协议无效的,可以向人民法院起诉。当事人应当履行发生法律效力的判决、仲裁裁决、调解书;拒不履行的,对方可以请求人民法院执行。

三、尾部

在合同的尾部一般要包括以下内容:双方当事人签名、盖章;单位地址,电话号码,邮政

编码;银行开户名称,开户银行账号;鉴证或公证;等等。

四、附件

主要是对合同标的条款或有关条款的说明性材料及相关证明材料。合同附件是合同的共同组成部分,同样具有法律效力。

项目二　农业企业经济合同的签订与履行

任务一　农业企业经济合同签订

任务要求

说出要约与承诺的含义;掌握订立合同需注意的问题。

案例导入

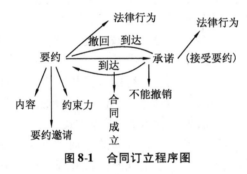

图 8-1　合同订立程序图

案例思考：订立合同需特别注意哪些问题?

相关知识

一、合同订立阶段的划分

合同的订立一般分为提议和接受提议、签订合同两个阶段。

（一）合同的提议阶段

1. 合同的提议

提议,又称要约,是当事人一方向另一方提出订立合同的提议。提议要明确,真实、具体地提出要约的内容,表明自己的意思和具体条件,以便让对方考虑是否应约。

2. 要约是一种法律行为

要约人在提议时必须注意以下三个问题：

（1）要约必须慎重。因为要约一旦被接受,就构成具有法律效力的行为,并产生相应的法律后果。

（2）要约应采取适当的形式。根据合同的内容、要求和条件可以采取口头的、书面的或电话、电报、广告、招标等形式。

（3）要约应有一个合理的期限。一般要约应提出具体的有效起止日期。要约到达受要约人时生效。

3. 要约撤回或撤销

要约在未被对方做出答复之前,可以撤回或撤销。撤回要约的通知应当在要约到达受要约人之前或者与要约同时到达受要约人。撤销要约的通知应当在受要约人发出承诺通知之前到达受要约人。

（1）有下列情形之一的,要约不得撤销：

① 要约人确定了承诺期限或者以其他形式明示要约不可撤销；

② 受要约人有理由认为要约是不可撤销的,并已经为履行合同做了准备工作。

（2）有下列情形之一的,要约失效：

① 拒绝要约的通知到达要约人；

② 要约人依法撤销要约；

③ 承诺期限届满,受要约人未做出承诺；

④ 受要约人对要约的内容做出实质性变更。

如果在要约的有效期内得到对方答复和承诺,合同就算成立,就构成具有法律约束力的行为,双方就要负法律责任。

（二）接受提议和签订合同阶段

接受提议,又叫应约或承诺。承诺是接受要约的一方,对要约人的提议表示完全同意和接受。承诺的内容与要约的内容通过协商,达到完全一致,并签订书面合同,经公证机关公证,合同就算正式成立。

在实际工作中,有代签合同的行为,这是一种委托行为。代签合同要求代签人具有委托者的委托书。委托书应有委托人的姓名、权限,有效期、委托日期,并由委托人签名和取得法律的承认,代签人才有代签合同的资格。

二、订立合同需注意的问题

1. 关于承诺的内容

承诺的内容应当与要约的内容一致。受要约人对要约的内容做出实质性变更的,为新要约。有关合同标的、数量、质量、价款或酬金、履行期限、履行地点和方式、违约责任和解决争议方法等的变更,是对要约内容的实质性变更。

2. 关于合同成立的时间

承诺生效时合同成立。承诺通知到达要约人时生效。承诺不需要通知的,根据交易习惯或者要约的要求做出承诺的行为时生效。采用数据电文形式订立合同的,承诺到达的时间须符合前述要约生效时间的有关要求。

当事人采用合同书形式订立合同的,自双方当事人签字或者盖章时合同成立。

当事人采用信件、数据电文等形式订立合同的,可以在合同成立之前要求签订确认书。签订确认书时合同成立。

法律、行政法规规定或者当事人约定采用书面形式订立合同的,当事人未采用书面形式但一方已经履行主要义务,对方接受的,该合同成立。

采用合同书形式订立合同,在签字或者盖章之前,当事人一方已经履行主要义务,对方接受的,该合同成立。

3. 关于格式条款合同

格式条款是当事人为了重复使用而预先拟定,并在订立合同时未与对方协商的条款。采用格式条款订立合同的,提供格式条款的一方应当遵循公平原则确定当事人之间的权利和义务,并采取合理的方式提请对方注意免除或者限制其责任的条款,按照对方的要求,对该条款予以说明。对格式条款有两种以上解释的,应当作出不利于提供格式条款一方的解释。格式条款和非格式条款不一致的,应当采用非格式条款。

4. 关于订立合同过程中的损害赔偿责任

当事人在订立合同过程中有违背诚实信用原则的情形,给对方造成损失的,应当承担损害赔偿责任。

5. 关于合同的效力

依法成立的合同,自成立时生效。当事人对合同的效力可以约定附加条件。

任务二　农业企业经济合同的履行

 任务要求

能说出农业企业经济合同履行的具体要求与注意的问题;知晓农业企业经济合同纠纷处理的方法。

案例导入

2012年7月,宁夏银川市郊区村民与银川市某加工厂签订了一项购销5 000个柳条包装筐的合同。合同规定,由村民按加工厂要求的规格供货,加工厂分期提货付款,第一批1 500个定于当年9月底供货,村民立即组织生产。但是加工厂在临近第一批提货日期时,却以他们加工的产品销路不好、企业准备转产为理由,通知村民解除合同,可这时村民已经编好了1 000多个柳条筐,村民要求加工厂赔偿,却遭到拒绝。 （资料来源：中国农业信息网）

案例思考：该合同纠纷产生的原因是什么？如何解决这个合同纠纷？

 相关知识

一、合同履行的具体要求

合同的履行是指签约双方根据合同所确认的各项条款,全面完成各自所承担义务的过程。履行合同主要有下列要求：

首先,要重合同,守信用。信誉是履行合同的关键,双方都要以诚相待,言而有信,认真履行合同规定的义务。

其次,要实际履行。合同的实际履行是指按合同规定的标的来履行合同,一般不能用别的东西来代替,也不能用折合金钱来补偿。

第三,要全面履行。合同的履行,可以分为全面履行、部分履行和完全不履行三种情况。全面履行,就是当事人双方按合同规定的内容,按质、按量、按时并以适当的形式全面承担自己的义务。不允许任何一方部分履行或完全不履行。

第四,要采取担保形式。为了保证合同的履行,根据合同法的规定,当事人双方可以约定采取担保这一法律形式。担保一般有三种形式：违约金、定金、保证人。

二、合同履行时要注意的问题

（1）合同生效后,当事人就质量、价款或酬金、履行地点等内容没有约定或者约定不明确的,可以协议补充；不能达成补充协议的,按照合同有关条款或者交易习惯确定。

（2）当事人就有关合同内容约定不明确,且不能达成协议或按合同有关条款或按交易习惯确定的,适用下列规定：

① 质量要求不明确的,按照国家标准、行业标准履行；没有国家标准、行业标准的,按照通常标准或者符合合同目的的特定标准履行。

② 价款或酬金不明确的,按照订立合同时履行地的市场价格履行；依法应当执行政府定价或者政府指导价的,按照规定履行。

③ 履行地点不明确,给付货币的,在接受货币一方所在地履行；交付不动产的,在不动产所在地履行；其他标的,在履行义务一方所在地履行。

④ 履行期限不明确的,债务人可以随时履行,债权人也可以随时要求履行,但应当给对

方必要的准备时间。

⑤ 履行方式不明确的,按照有利于实现合同目的的方式履行。

⑥ 履行费用的负担不明确的,由履行义务一方负担。

三、合同纠纷的处理

合同纠纷,是指合同当事人一方或双方有不履行或不适当地履行合同规定的义务,而引起双方争执的事实。处理合同的纠纷有如下方法:

(1) 协商。它是指当事人双方本着实事求是、互谅互让的精神,主动地协商解决合同纠纷的办法。

(2) 调解。它是指通过第三者的帮助、说服和教育工作求得合同纠纷解决的一种方法。充当调解人的第三者,可以是合同鉴证单位、主管部门和仲裁机关,也可以是当事人双方相互信任的个人或单位。调解人要查明事实,分清是非,维护真理,依法办事,秉公裁决,不能迁就和包庇任何一方。当调解达成协议后,应当形成书面材料,在调解人的参与下,签字盖章,使调解协议具有法律效力。

(3) 仲裁。它是把合同纠纷提交仲裁机构进行裁决的处理方法。合同纠纷的任何一方可以向合同仲裁机构提出申请,要求裁决。仲裁机关要保护当事人双方的平等权利,查清事实,秉公裁决。裁决书由三方(纠纷双方和仲裁机关)签字盖章,具有法律效力,双方应按裁决执行。

(4) 审理。它是指法院对起诉的合同纠纷进行审查和处理的过程。合同纠纷的当事人一方或双方可以向人民法院起诉,请求法院通过审判程序给予解决经济合同纠纷。人民法院依法受理合同纠纷,依法进行仲裁和判决,是合同具有法律约束力的具体体现。审理的判决一经作出,必须依法执行,以维护法律的严肃性和社会经济秩序。

项目三 农业企业经济合同的变更、转让和终止

任务一 农业企业经济合同变更

任务要求

能说出合同变更的涵义;知晓合同变更的原因;熟知合同变更的方式。

案例导入

1993 年 6 月,老杨与村委会签订了一份合同,承包了 15.7 亩湖田。合同约定:"承包期为连续使用,到村组调整之时,随组内调整。……上交额每亩 15 元/年,随国家公粮增减变

动。"此后上交额逐年增加。1998年,长江流域发生特大洪涝灾害,农业严重歉收,许多承包人将湖田大面积抛荒。次年老杨只在4亩左右的土地上种植了小麦,其余也抛荒了。当时村民小组长找到老杨的儿子说明其欠交费用的情况,其子认为老杨不宜继续承包。1999年底,村委会决定联系他人承包抛荒地。2000年1月20日,村委会与另一村民杨甲签订湖田承包合同,承包包括老杨的15.7亩在内的60亩土地。同日,杨甲又与邻村的杨乙签订了转包协议,将60亩地转包给杨乙经营。杨乙自当年起在承包地上栽种树木,与此同时老杨将田边的简易房屋卖给他人并伐掉所栽的树木后回到自己的老房子居住。2002年2月20日,老杨多次找村委会,想要回自己曾经承包的15.7亩湖田,都遭到拒绝。老杨遂向各级政府及相关部门反映情况,但均没有结果。2002年11月5日,无路可走的老杨一纸诉状将村委会告到法庭,诉称村委会违反合同约定不断增加承包费用,加之遭受1998年洪涝灾害,农田歉收,家庭确实困难,无力交清承包费。而村委会以欠费为由强行变更承包地,自己多次找有关部门反映情况,但未能得到解决。因此,请求人民法院依法确认村委会与杨乙签订的湖田承包协议书无效并恢复与自己的15.7亩湖田承包关系。

(资料来源:法律教育网,2012-01-09)

案例思考:村委会与老杨变更湖田承包合同有效吗?

 相关知识

一、合同变更的涵义

合同变更,是指当事人之间对原订合同的内容进行的修改、补充。合同解除,是指合同当事人提前终止合同的履行。

合同变更或解除,须经当事人双方协商解决,其程序与签订合同相似。首先由一方提出,另一方同意,经协商一致,达成书面协议,并报公证机关审查、备案。

二、农业企业经济合同变更的原因

合同依法签订后,双方当事人应严格守信,认真履行,任何一方都没有擅自修改、变更或解除合同关系的权利。只有在客观实际情况变化后,根据有关规定,并结合实践,当事人主要因下列原因可以变更合同:

1. 因不可抗力使合同不能履行而变更

因不可抗力致使合同约定的部分义务不能履行的,当事人可以变更合同。至于不可抗力造成全部义务不能履行,则应当解除合同,而不是变更合同。如果由于不可抗力发生导致当事人无法按照合同原内容履行是可以原谅的,如果不进行变更,不仅不能履行合同,而且会损害当事人利益。

不可抗力是指当事人在订立合同时不能预见,对其发生的后果不能避免并不可克服或者非人力所能控制的客观情况。我国法律对不可抗力事件的范围没有做出具体规定,一般包括下列两类:一类是由自然原因引起的,如各种水灾、火灾、地震、冰封等自然灾害;另一类是由社会原因引起的社会不测事件,如战争等。

当发生不可抗力时,可以由当事人一方提出变更合同的请求,例如要求减少交货数量、降低价款等,但不能单方面变更合同条款,必须双方协商,如果对方不同意变更,可要求法院或者仲裁机构变更。

2. 因情势变化致使合同履行显失公平而变更

情势是指当事人在订立合同时不能预见并且不能克服,致使履行合同将对一方当事人没有意义或者造成重大损害的客观情势。它既不包括不可抗力,又不包括商业风险,主要指国家经济政策(含指令性计划)和社会经济形势等。在客观情势变化的情况下,当事人能够履行合同,但履行明显不公平,此时应允许当事人变更合同。例如,农副产品加工企业根据国家订货任务而订立的合同,遇到国家订货任务调整,这就使得合同原内容失去了存在的依据,再继续履行会对当事人造成不必要的损害,此时,如果不允许当事人变更合同,则明显对当事人不公平。

3. 因当事人违约而变更合同

合同成立便具有了法律效力,当事人只有按照合同约定履行,才能实现各自目的,履行合同才有意义。如果当事人不按合同约定履行合同义务,不仅会损害对方当事人可得的合同利益,而且,因逾期履行往往使合同履行失去原来的意义,无过错的一方当事人有权请求变更合同。但是,该当事人也必须与对方协商一致变更合同,而不得单方变更合同,但严重违约时可以单方解除合同。如果双方都违约,双方可以通过协商变更合同。

4. 因订立时意思表示不真实而变更

《合同法》规定,下列意思表示不真实的合同可以变更:

(1)因重大误解而订立的合同;

(2)显失公平的合同;

(3)一方以欺诈手段订立的合同;

(4)一方以胁迫手段订立的合同;

(5)一方乘人之危订立的合同。

这些合同违反了《合同法》遵循的公平、诚实信用等基本原则,与受损的当事人的真实意思相违背,因此需要变更。

对于上述五种合同,受损的一方当事人可以撤销合同或者变更合同,如果选择变更,双方当事人可以协商变更有关内容,不愿协商或者协商不成的,可请求人民法院或者仲裁机构裁决。合同变更后,双方应当按新内容履行。

5. 因当事人自愿而变更合同

《合同法》第78条规定:当事人在不违反法律规定、不损害国家利益或者社会公共利益的前提下,经协商一致,可以变更合同。这一点充分体现了合同中的自由原则,体现了当事人的意志自由。在这种情况下变更合同,目的是使当事人的合同关系更能适应情况的变化,使生产经营活动更能符合实际需要,避免造成不必要的浪费或者损失。

三、农业企业经济合同变更的方式

引起变更合同的法律事实不同则变更合同所适用的方式也不同。变更合同的方式主要有以下两种:

1. 合意

合意的方式实质上就是成立新合同以取代旧合同,其程序也遵循合同订立时的要约承诺规则,变更后的合同内容也应符合合同的生效要件才能发生法律效力。根据《合同法》第 77 条和第 78 条的规定,协议变更合同还应特别注意把握如下几点:

(1) 当事人对合同变更内容约定不明确的,原合同继续有效;

(2) 如果法律、行政法规规定变更合同应当办理批准、登记等手续的,必须依照规定办理相关手续后变更合同才能发生法律效力。

2. 法院或仲裁机关的裁决

通过这种方式变更合同具体包括以下几种情形:

(1) 当情势变更时,当事人一方提出延期履行或部分履行的变更要求,但他并不享有单方变更合同的权利,必须由法院或仲裁机关裁决。情势变更对合同履行的影响可能是全部的或永久的,也可能是局部的或暂时的,为避免出现一方当事人以此为借口逃避合同拘束的情况,应由法院或仲裁机关从维护双方当事人利益的角度出发,根据一方当事人的请求并结合情势变更对合同履行影响的程度,作出相应的变更裁决。

(2) 因可归责于债务人的事由而致原合同没有履行,可以适用裁决的方式予以变更。

(3) 因重大误解或显失公平的合同,可裁决变更。《合同法》第 54 条规定,对于重大误解、显失公平和一方以欺诈、胁迫的手段或者乘人之危损害另一方利益的合同,当事人一方可向法院或仲裁机关提出变更的请求,由法院或仲裁机关依法作出变更的裁决。

任务二　农业企业经济合同转让

任务要求

掌握农业经济合同转让的涵义。

案例导入

案例同任务一中的任务引入案例,此处略。

案例思考: 杨甲又与邻村的杨乙签订的转包协议有效吗?

相关知识

转让农业经济合同后原有的合同内容不发生变化,只是享受权利或者承担义务的主体发生变更,即农业经济合同一方(转让方)将合同的权利、义务转让给第三人(受让方)。如果原农业经济合同订立时经过国家主管机关核准或者公证、鉴证,在转让时必须经原核准机关批准或者公证、鉴证,否则转让视为无效。根据合同的性质或者国家的法律政策有特别规定,禁止转让的合同不得转让。合同转让的程序和方式适用合同的一般规定,如果合同订立时采取书面形式的,合同转让时也应采取书面形式。

任务三　农业企业经济合同终止

任务要求

了解终止农业企业经济合同的情况。

案例导入

案例同任务一中任务引入案例，此处略。
案例思考：老杨的农业承包合同法院会支持吗？

相关知识

农业企业经济合同出现以下情况之一，即可终止：

1. 经济合同因履行而终止

合同完全履行之后，当事人之间的权利义务关系自然结束。为了避免纠纷，除了同时履行、即时清结的合同之外，其他合同均应当办理终止手续。

2. 经济合同因抵消而终止

合同双方当事人相互负有同种类的给付义务，用双方的两项合同义务相互抵消来终止合同关系。合同因抵消而终止必须同时满足所要抵消的合同双方当事人必须互为权利、义务人，双方负有的义务是同种类的，两项义务都已到了履行期，抵消不得与法律的规定或双方的约定相抵触。

3. 经济合同因提存而终止

这种终止是指合同中负有义务的一方，在义务到履行期限时，因对方的原因而无法履行或对方没有正当理由拒绝接受履行，将标的物交给有关单位，代替向权利一方的给付，义务人的义务即行解除，原来的合同终止。

4. 经济合同因双方达成一致意见而终止

合同双方当事人通过协商一致，订立新合同或通过协商一致终止合同。

5. 经济合同因混同而终止

混同是指合同双方混同为一人，无法分出权利人和义务人，合同即终止。

6. 经济合同因当事人死亡而终止

正常情况下，当事人死亡后可以由其继承人承担或转让他人，合同并不终止。但是，有严格人身性的合同关系，可随当事人死亡而终止，因为人身关系不能转让或继承。

7. 经济合同关系因约定的期限已满而终止

当合同的义务履行期或合同有效期已满时，无论义务是否履行，合同均告终止。

8. 经济合同因法院或仲裁机关判决与裁决而终止

当人民法院或仲裁机关处理合同纠纷时，对合同作出终止的判决和裁决，合同即告终止。

 学习测试题

一、单选题

1. 合同是平等主体之间设立、变更、终止民事权利义务关系的协议,下列不属于平等主体的是( )。

   A. 自然人　　B. 职能处室　　C. 法人　　D. 其他组织

2. 合同当事人的( )地位平等。

   A. 身份　　B. 法律　　C. 职务　　D. 其他

3. 合同( )是合同的性质、内容、种类的具体体现。

   A. 标题　　B. 条款　　C. 标的　　D. 违约责任

4. 下列不属于农业承包合同与一般租赁经济合同的显著区别的是( )。

   A. 双方的关系不同　　B. 权利让与的程序不同
   C. 法律平等不同　　D. 经济关系不同

5. 合同成立的时间为( )。

   A. 发出要约的时间　　B. 接受承诺的时间
   C. 订立合同的时间　　D. 合同盖章的时间

6. 合同的履行要采取担保形式,下列不属于担保形式的是( )。

   A. 违约金　　B. 定金　　C. 保证人　　D. 口头承诺

7. 履行合同时价款或酬金不明确的,按照订立合同时履行地的( )履行。

   A. 计划价格　　B. 指导价格　　C. 市场价格　　D. 协议价格

8. 合同纠纷,是指合同当事人一方或双方有不履行或不适当地履行合同规定的义务,而引起双方争执的事实。处理合同纠纷的首选方法是( )。

   A. 协商　　B. 调解　　C. 仲裁　　D. 审理

9. 《合同法》规定,下列意思表示不真实的合同可以变更的是( )。

   A. 显失公平的合同　　B. 当事人违约的合同
   C. 不可抗力的合同　　D. 当事人自愿的合同

10. 下列( )的农业经济合同是不可终止的。

    A. 合同因未履行　　B. 合同因抵消
    C. 合同因混同　　D. 合同因当事人死亡

二、多选题

1. 农业承包合同与一般的租赁经济合同有显著的区别,主要体现在( )。

   A. 双方的关系不同　　B. 权利让与的程度不同
   C. 经济关系不同　　D. 行政隶属关系不同

2. 下列属于合同的条款的内容是( )。

   A. 合同的标的　　B. 数量和质量
   C. 价款或酬金　　D. 违约责任

3. 合同的订立一般分为( )两个阶段。
   A. 提议　　　　　　　　　　B. 接受提议
   C. 提议和接受提议　　　　　D. 签订合同
4. 合同纠纷的处理方法是( )。
   A. 协商　　B. 调解　　C. 仲裁　　D. 审理
5. 变更农业经济合同的方式是( )。
   A. 合意　　　　　　　　　　B. 强制
   C. 法院裁决　　　　　　　　D. 仲裁机关的裁决

三、判断题

1. 当事人享有自愿订立合同的权利,任何单位和个人不得干预。（　）
2. 合同附件是合同的共同组成部分,不具有法律效力。（　）
3. 农副产品购销合同的内容不仅限于转让农副产品,还可涉及生产过程。（　）
4. 在实际工作中,有代签合同的行为,代签人可以是任何人。（　）
5. 在实际工作中,承诺的内容可以与要约不一致。（　）
6. 合同纠纷提交仲裁机构进行裁决,申请人收到书面通知,无正当理由拒不到庭或者未经仲裁庭同意中途退庭的,视为撤回仲裁申请。（　）
7. 仲裁是指法院对起诉的合同纠纷进行审查和处理的过程。（　）
8. 合同一旦签订,当事人双方不得变更。（　）
9. 农业经济合同转让后享受权利或者承担义务的主体发生变更,原有的合同内容也发生变化。（　）
10. 当人民法院或仲裁机关处理合同纠纷时,对合同作出终止的判决和裁决,合同即告终止。（　）

四、名词解答

农业企业经济合同

五、填空题

1. 合同是平等主体的_____、_____、_____之间设立、变更、终止民事权利义务关系的协议。
2. 农业经济合同主要包括_____、_____、_____等形式。
3. 农业经济合同由_____、_____、_____、_____构成。
4. 订立合同需注意的问题是_____、_____、_____、_____、_____。

六、综合题

1. 变更农业经济合同的原因有哪些?
2. 发生哪些情况可以终止合同?

学习情境九 农业企业要素管理

农业企业的要素是农业企业进行生产经营活动的重要基础,加强农业企业要素管理是农业企业经营管理不可或缺的内容。

> **学习目标**
>
> 知晓农业企业人力资源、土地资源、资金资源、物资与技术等管理。

项目一 农业企业人力资源管理

任务一 农业企业人力资源管理的概念

 任务要求

了解人力资源的定义与特征;能说出农业企业人力资源管理的定义。

 案例导入

富士康科技集团创立于 1974 年,是专业从事电脑、通讯、消费电子、数位内容、汽车零组件、通路等 6C 产业的高新科技企业。自 2010 年 1 月 23 日富士康员工"第一跳"起至 2012 年 6 月 12 日,富士康已发生 14 起跳楼事件,引起社会各界乃至全球的关注。

(资料来源:百科名片)

案例思考:用人力资源的特征分析富士康员工跳楼事件的原因。

 相关知识

一、人力资源的概念

人力资源是指一个企业所拥有的劳动力数量和质量。人力资源的数量为具有劳动能力的人口数量,其质量指经济活动人口具有的体质、文化知识和劳动技能水平。

人力资源基本方面包括体力和智力。如果从现实的应用形态来看,则包括体质、智力、知识和技能四个方面。具有劳动能力的人是指能独立参加社会劳动、推动整个经济和社会发展的人。所以,人力资源既包括劳动年龄内具有劳动能力的人口,也包括劳动年龄外参加社会劳动的人口。关于劳动年龄,我国《劳动法》规定招收员工一般要年满16周岁,员工退休年龄规定男性为60周岁(到60岁退休,不包括60岁),女性为55周岁(不包括55岁),所以我国劳动年龄区间应该为男性16~59岁,女性16~54岁。

二、人力资源特征

人力资源是一种特殊而又重要的资源,是各种生产力要素中最具有活力和弹性的部分,它具有以下基本特征:

(1)生物性。生物性是指与其他任何资源不同,人力资源属于人类自身所有,存在于人体之中是一种"活"的资源,与人的生理特征、基因遗传等密切相关,具有生物性。

(2)时代性。时代性是指人力资源的数量、质量以及人力资源素质的提高,具有时代性,即人力资源的形成受时代条件的制约。

(3)能动性。人力资源的能动性是指人力资源是体力与智力的结合,具有主观能动性,具有不断开发的潜力。

(4)两重性。两重性(双重性)是指人力资源既具有生产性,又有消费性。

(5)时效性。人力资源的时效性是指人力资源如果长期不用,就会荒废和退化。

(6)连续性。连续性是指人力资源是可以不断开发的资源,不仅人力资源的使用过程是开发的过程,培训、积累、创造过程也是开发的过程。

(7)再生性。人力资源是可再生资源,通过人口总体内各个个体的不断替换更新和劳动力的"消耗—生产—再消耗—再生产"的过程实现其再生。人力资源的再生性除受生物规律支配外,还受到人类自身意识、意志的支配,人类文明发展活动的影响,新技术革命的制约。

三、农业企业人力资源管理

农业企业人力资源管理是指根据农业企业发展战略的要求,有计划地对人力资源进行合理配置,通过对企业中员工的招聘、培训、使用、考核、激励、调整等一系列过程,调动员工的积极性,发挥员工的潜能,为企业创造价值,确保农业企业战略目标的实现。其主要工作涉及对工作人员的招聘、录用、选拔、任用、考核、奖惩、晋升、使用、培训、工资、福利、社会保险、劳动关系等方面。

农业企业人力资源是农业企业最宝贵的战略资源,充分认识和把握人力资源开发利用的基本规律,科学、合理地管理人力资源,是农业企业长期发展和竞争的需要。

任务二　农业企业人力资源管理的内容

任务要求

能说出人力资源管理主要工作内容。

案例导入

我国农业企业由于产业化、工业化起步晚,以及地处郊区,产品附加值不高等特点,农业企业人力资源管理存在以下问题:① 农业企业人员素质——两极分化严重。高管都有着绝佳的大企业的工作经验或者是高学历,不管是在理论方面还是在实践方面都有一定的造诣,但是基层的普通员工的素质水平一般都处于高中甚至以下的水平。② 农业企业生产一线员工流动性大。农业企业的一线员工多为农民工,他们多是看中待遇才工作,所以一般是哪里收入高就去哪里,流动性非常高;另外,部分农民工家中都还有土地,农忙季节到来的时候可能会由于要回家抢收等原因使得一线员工频繁流动,甚至会出现不给企业反应时间就突然走人的现象。③ 农业企业人才难觅。虽然国内农业类院校非常多,在校的学生也是数以万计,层次也达到了学士、硕士甚至博士,但是数目虽然庞大,农业企业却难以觅得合适的人才。究其根本,毕业生的知识结构根本不能适应企业的发展,大多数的农业类学校仍然采用狭隘的专业技术人员的培养模式,使得学生缺乏实践经验。④ 农业企业人力资源体系难以建立。由于行业原因,种植环节受自然因素影响极大,后期销售环节也有很大的波动,对于从业人员的绩效评估缺乏定量标准。这也是农业企业人力资源体系难以建立的重要原因之一。

案例思考:假如你是某农业企业人力资源部经理,谈谈如何建立农业企业人力资源体系。

相关知识

农业企业人力资源管理的内容主要有10个方面。

一、组织设计

企业组织是企业生产经营活动所需要的人力和物力在时间和空间上的安排。通过企业人力资源组织,选择符合企业生产经营特点的管理形式,将分散的个人结合成一个有分工、有协作、有等级、有层次的有机整体,形成一定体制,以保证企业生产经营任务的顺利完成。

二、岗位研究

通过对工作任务的分解,根据不同的工作内容设计不同的岗位,规定每个岗位应承担的职责和工作条件,合理安排领导者、管理者、操作者的岗位。通过岗位研究,还可以确定科学的工作方法和合理的时间消耗,以保证用最小的时间消耗生产出最多的实物产品和服务产品,保证劳动效率的提高。

三、劳动条件管理

劳动条件管理包括对劳动时间、劳动空间、劳动安全、劳动卫生和劳动疲劳等方面的管理。科学的劳动时间安排和合理的劳动空间布置,有利于劳动效率的提高。安全与保健工作关系到生产的终极目的性问题。为了保证员工的安全和健康,减少污染,减少工伤和死亡事故的发生,企业必须采取措施,开展相应的工作,创造、改善劳动条件和劳动环境,使员工安全、健康、愉快地从事生产劳动。

四、编制管理计划

编制人力资源管理计划,一方面保证人力资源管理活动与企业生产经营活动的战略方向和目标相一致;另一方面,保证人力资源管理活动的各个环节相互协调,避免相互冲突。人力资源的招聘计划是人力资源计划的主要部分。招聘计划就是对企业所需招聘人员的数量和质量方面所做出的事前安排。通过招聘计划的编制和后续选拔活动的进行,保证以一定数量和质量的劳动力,满足企业生产经营活动的现实需要。

五、招聘与使用员工

招聘是企业为补充所缺员工而进行的寻找和发现符合工作要求的申请者的活动,即从众多应聘者中择优挑选最适当者从事相应的工作。员工使用,是指人力资源管理部门按各岗位的任务要求,将招聘到的员工分配到企业的具体岗位上,给予员工不同的职位,赋予他们具体的职责、权利,使他们进入工作角色,开始为实现组织目标发挥作用。

六、培训员工

为了使企业现有人力资源适应企业未来发展的需要和满足员工进步的要求,需要组织员工的教育培训与智力潜能开发。通过各种方式和途径,有计划地加强对现有员工的培训与开发,不断提高他们的职业道德、文化知识和技术业务水平,使员工个人、群体和整个企业职工队伍的知识得以增加,能力得以提高,工作态度得以改善,工作绩效得以扩大,满足企业生产经营活动的发展需要。同时,还要根据员工个人的性格、气质、能力、兴趣、价值观等特点,结合组织的需要,为员工制订一个职业生涯发展的计划,并且不断地开发员工的潜能。

七、绩效评价

根据科学、合理的评价标准和评价体系,采用适当评价方法,对员工的工作绩效进行客观、准确、公正的评价,这是企业人力资源管理最重要的内容之一。通过对员工工作绩效的考核,及时进行信息反馈,奖优罚劣,是进一步提高和改善员工的工作绩效的重要途径。

八、报酬和奖励

根据员工的工作绩效的大小和优劣,企业给予员工不同的奖惩,这是企业人力资源管理最基本的工作。同时,企业人力资源管理工作还要重视员工福利的发放和劳动保险工作的开展。

九、关怀员工

对员工的关怀是现代人力资源管理的一项重要内容,它包括对员工的激励、奖惩、压力分析、心理咨询、交往的组织。现代企业员工的需求,不仅在于物质,还在于精神。他们不仅是经济人,而且还是社会人,因此除了要关心他们的物质待遇外,还要从心理上关心他们。

十、协调关系

劳动者与投资者的矛盾是企业最基本的矛盾。能否实现投资者与劳动者的双赢,关键是劳动关系能否协调。企业与员工签订劳动合同,形成契约关系,有利于保护劳动关系当事人双方的合法权益。管理者与员工就工资、福利、工作条件与环境、员工的安全与保健等问题进行谈判,是协调劳动关系的最佳途径。

项目二　农业企业土地资源管理

任务一　土地资源的概念

任务要求

能说出土地与土地资源的概念。

案例导入

两个欧洲人来到非洲的埃塞俄比亚,他们四处奔走测量,绘制地图。国王知道后,就派了一个向导帮助他们。欧洲人的测绘工作结束后,向导向国王报告说:"陛下,欧洲人把他们见到的一切都画在了地图上。他们到了尼罗河的发源地塔那湖,然后顺流而下,找到了金矿、银矿,把矿产、河流、森林都记了下来。"

国王对欧洲人的意图想了很久，决定接见他们两人。欧洲人来到皇宫后，国王亲自接见并宴请了他们，还赠送给他们贵重的礼物。最后，国王派了几个人送他们上船。临行时，送行的埃塞俄比亚人要两个欧洲人脱下鞋子，并仔细地抖了他们的鞋子，还刮了鞋底上的土，然后才把鞋子还给他们。

"你们这是什么意思？"两个欧洲人问。

"国王要我们祝你们一路平安，还要我们转告：你们来自遥远的强国，亲眼看到了我们美丽富饶的土地，她是世界上最美丽的地方，她的泥土是我们最为珍惜的。我们在泥土里下种，埋葬死者；我们干活累了，就在泥土上休息；我们在她的草地上放牧牲口；你们翻山越岭，穿森林过草地，所走过的路都是我们的脚在泥土上踩出来的。埃塞俄比亚的泥土是我们的父母、亲兄妹。我们款待了你们，赠给你们贵重的礼物，但是泥土是我们最珍贵最神圣的东西，我们决不能给你们，一点都不能给！"

无独有偶，我们中国也有一个很著名的关于土地的故事：春秋五霸之一的晋文公重耳，未登基之前，由于遭到其弟夷吾的追杀，只好到处流浪。有一天，他和随从多人来到一家农户门前，因为粮食已吃完，只好向这户农家讨一些饭食。那个农夫满口答应，哪晓得端出来的却是一盘泥土。面对农夫的戏弄，重耳不禁大怒，原想一拳挥过去的，他的随从狐偃马上阻止，对他说："主公，这盘泥土代表土地，这不正表示你即将要登基称王了吗？是一个吉兆啊！"

重耳一听，不但立刻平息了怒气，还恭恭敬敬地将这一盘泥土收好带在身边。不久，重耳得到秦王的帮助，果真回国做了晋文公。

一中一西两个关于土地的故事，形似而质异。埃塞俄比亚国王珍惜土地，既是对国家主权的捍卫，更包含了对土地的感恩之情；而春秋五霸之一的重耳逃难中对土地的"虔诚"，说到底是对权力和地位的顶礼膜拜！其核心是占有和索取。两则故事比照着看，真让人感慨万千。

（资料来源：《宿迁晚报》2009-12-23）

案例思考：你能说出土地与土地资源的区别吗？

 相关知识

一、土地的定义

土地是地球陆地表面由地貌、土壤、岩石、水文、气候和植被等要素组成的自然历史综合体，它包括人类过去和现在的活动结果。理解土地的定义需把握几个要点：

（1）土地是综合体。组成土地的各要素，在一定的时间和空间内，相互联系、相互作用、相互依存而组成具有一定结构和功能的有机整体。土地的性质和用途取决于全部构成要素的综合作用，而不取决于任何一个单独的要素。

（2）土地是自然的产物。土地是自然的产物，不是人类劳动的产物，但人类活动可以引起土地有关组成要素的性质变化，从而影响土地的性质和用途的变化。

（3）土地是地球表面的一部分，是具有固定位置的空间客体。土地的水平范围一般包括陆地、内陆水域和海岸滩涂。土地的垂直范围取决于土地利用的空间范围。若从农业考虑，是土壤母质层到植被冠层。若从工矿土地利用出发，则是地下岩石层到建筑物的顶部。

(4)土地是地球表面的陆地部分。海洋和陆地是地球表面的两大组成部分,陆地是凸出于海洋平面上的部分,包括内陆水域、滩涂和岛屿。将土地限定在陆地范围,符合人们的一般认识和劳动习惯。

(5)土地包括人类过去和现在的活动结果。人类活动可以改变土地的质量,提高土地的生产能力和经济产出能力,也能够造成土地退化。人类活动促进或者延缓了土地和环境的演化过程。

二、土地资源

土地资源是指已经被人类所利用和在可预见的未来能被人类利用的土地。土地资源既包括自然范畴,即土地的自然属性,也包括经济范畴,即土地的社会属性,是人类的生产资料和劳动对象。

土地资源指目前或可预见到的将来可供农、林、牧业或其他各业利用的土地,是人类生存的基本资料和劳动对象,具有质和量两个内容。在其利用过程中,可能需要采取不同类别和不同程度的改造措施。土地资源具有一定的时空性,即在不同地区和不同历史时期的技术经济条件下,所包含的内容可能不一致。如大面积沼泽因渍水难以治理,在小农经济的历史时期,不适宜农业利用,不能视为农业土地资源。但在已具备治理和开发技术条件的今天,即为农业土地资源。由此,有的学者认为土地资源包括土地的自然属性和经济属性两个方面。

土地资源是在目前的社会经济技术条件下可以被人类利用的土地,是一个由地形、气候、土壤、植被、岩石和水文等因素组成的自然综合体,也是人类过去和现在生产劳动的产物。因此,土地资源既具有自然属性,也具有社会属性,是"财富之母"。

知识拓展

请上网查询:土地和土壤是一回事吗?

任务二 土地资源的特征

任务要求

了解土地资源的自然特征与经济特征。

案例导入

中国国土辽阔,土地资源总量丰富,而且土地利用类型齐全,这为中国因地制宜全面发展农、林、牧、副、渔业生产提供了有利条件;但是中国人均土地资源占有量小,而且各类土地所占的比例不尽合理,主要是耕地、林地少,难利用土地多,后备土地资源不足,特别是人与耕地的矛盾尤为突出。

1. 绝对数量大，人均占有量少。中国土地面积 144 亿亩。其中，耕地约 20 亿亩，约占全国总面积的 13.9%；林地 18.7 亿亩，占 12.98%；草地 43 亿亩，占 29.9%；城市、工矿、交通用地 12 亿亩，占 8.3%；内陆水域 4.3 亿亩，占 2.9%；宜农宜林荒地约 19.3 亿亩，占 13.4%。中国耕地面积居世界第 4 位，林地居第 8 位，草地居第 2 位，但人均占有量很低。世界人均耕地 0.37 公顷，中国人均仅 0.1 公顷；人均草地世界平均为 0.76 公顷，中国为 0.35 公顷。发达国家 1 公顷耕地负担 1.8 人，发展中国家负担 4 人，中国则需负担 8 人，其压力之大可见一斑。尽管中国已解决了世界 1/5 人口的温饱问题，但也应注意到，中国非农业用地逐年增加，人均耕地将逐年减少，土地的人口压力将愈来愈大。

2. 类型多样，区域差异显著。中国地跨赤道带、热带、亚热带、暖温带、温带和寒温带，其中亚热带、暖温带、温带合计约占全国土地面积的 71.7%，温度条件比较优越。从东到西又可分为湿润地区（占土地面积 32.2%）、半湿润地区（占 17.8%）、半干旱地区（占 19.2%）、干旱地区（占 30.8%）。又由于地形条件复杂，山地、高原、丘陵、盆地、平原等各类地形交错分布，形成了复杂多样的土地资源类型，区域差异明显，为综合发展农、林、牧、副、渔业生产提供了有利的条件。

3. 难以开发利用和质量不高的土地比例较大。中国有相当一部分土地是难以开发利用的。在全国国土总面积中，沙漠占 7.4%，戈壁占 5.9%，石质裸岩占 4.8%，冰川与永久积雪占 0.5%，加上居民点、道路占用的 8.3%，全国不能供农林牧业利用的土地占全国土地面积的 26.9%。

4. 此外，还有一部分土地质量较差。在现有耕地中，涝洼地占 4.0%，盐碱地占 6.7%，水土流失地占 6.7%，红壤低产地占 12%，次生潜育性水稻土为 6.7%，各类低产地合计 5.4 亿亩。从草场资源看，年降水量在 250mm 以下的荒漠、半荒漠草场有 9 亿亩，分布在青藏高原的高寒草场约有 20 亿亩，草质差、产草量低，约需 60~70 亩，甚至 100 亩草地才能养 1 只羊，利用价值低。全国单位面积森林蓄积量每公顷只有 79m³，为世界平均 110m³ 的 71.8%。

中国针对加强土地资源的管理和保护出台了《土地管理法》《草原法》《森林法》等相关法律。

案例思考：如何有效利用我国的土地资源？

 相关知识

一、土地资源的自然特征

土地资源的自然特征是指不以人的意志为转移的自然属性。土地资源的自然特征有：

（1）土地的不可替代性。地表上绝对找不出两块完全相同的土地。其原因在于土地位置的固定性及自然、人文环境条件的差异性。即使是位于同一位置相互毗邻的两块土地，由于地形、植被及风景等因素的影响，也不可能完全相互替代。

（2）土地面积的有限性。土地不能像其他物品一样可以从工厂里不断制造出来。由于受到地球表面陆地部分的空间限制，土地的面积是有限的。列宁曾指出："土地有限是一个普遍现象。"人类可以围湖或填海造地,但这只是对地球表层土地形态的改变。从总体看,人类只能改变土地的形态,改善或改良土地的生产性能,但不能增加土地的总量。所以,人类必须充分、合理地利用全部土地,不断提高集约化经营程度。在不合理利用的情况下,土地将出现退化,甚至无法利用,从而使可利用的土地面积减少。

（3）土地位置的固定性。土地位置的固定性,亦称不可移动性,是土地区别于其他各种资源或商品的重要标志。我们可以把可移动的商品如汽车、食品、服装以及可移动的资源如人力、矿产等,由产地或过剩地区运送到供给相对稀缺或需求相对旺盛因而售价较高的地区,但我们还无法把土地如此移动。

（4）土地质量的差异性。土地的特性和质量特征,是土地各构成要素(地质、地貌、气候、水文、土壤、植被等)相互联系、相互作用、相互制约的总体效应和综合反映。地理位置不同,地表的气候、水热对比条件不一样,地质、地貌对其具有再分配的功能,使得地表的土壤、植被类型也随之发生变化,因而造成土地的巨大自然差异性。这种差异性不仅存在于一个国家或一个地区的范围之内,即使在一个基层生产单位内也同样存在着。土地的空间差异性,要求人们因地制宜地合理利用各类土地资源,确定土地利用的合理结构与方式,以取得土地利用的最佳综合效益。

（5）土地永续利用的相对性。土地利用永续性有两层含义:作为自然的产物,它与地球共存亡,具有永不消失性;作为人类的活动场所和生产资料,可以永续利用。但土地的这种永续利用是相对的,只有在利用中维持了土地的功能,才能实现永续利用。

二、土地资源的经济特征

土地资源的经济特征是以土地的自然特征为基础的,综合起来有以下几个方面:

（1）土地资源供给的稀缺性。不仅指土地总量的有限性,还包括不同地区、不同用途土地数量的有限性,从而出现供求矛盾,导致一系列的经济问题。

（2）土地利用方式的相对分散性。由于土地位置的固定性,对于土地只能就地分别加以利用,因而土地利用的方式是相对分散的。这一特性,要求人们利用土地时,要进行区位选择,并注意搞好地区间的交通运输联系,以提高土地利用的综合治理效益。

（3）土地利用方向变更的困难性。土地有多种用途,土地一经投入某项用途后,欲改变其利用方向,一般是比较困难的。这一特性,要求人们在确定土地利用方向时一定要详细勘察,做好周密的规划。

（4）土地报酬递减的可能性。由于"土地报酬递减规律"的存在。在既定条件下,土地的使用超过一定的限度,便产生报酬递减的现象。这一特性,要求人们在对土地增加投入时,必须寻找投入的适合度。

（5）土地利用后果的社会性。由于土地是一个自然综合治理整体,其利用的结果,不仅影响本地区内的自然生态环境和经济效益,而且可能影响到邻近区域甚至整个国家和社会的生态环境和经济效益,产生巨大的社会效果。这一特性,要求任何土地使用主体都要以社会身份来管理、利用土地资源。

任务三　农业企业土地资源管理的原则

任务要求

理解农业企业土地资源管理的原则。

案例导入

威廉.配第在历史上第一次提到：土地是财富之母，劳动是财富之父，赋税是国家之命脉。仅仅"土地是财富之母"这个科学的论断，就足以影响1640年以来的世界经济思想史。没有土地，农民就要失业，工厂无处开工，军队无处训练，人民无处安身。可以说任何一项经济活动都离不开一定的土地，任何一个产品的价值中都包含了土地价值的转移，因此，土地是有价值和价格的。当然，如果没有劳动，这些价值也是无法分期转移到产品中去的，所以配第又强调：劳动是财富之父！因此，人们更加重视土地资源的管理。

案例思考：为什么要重视土地资源的管理？

相关知识

我国农业企业土地资源管理的原则主要有以下四个方面：

一、维护社会主义土地公有制

维护社会主义土地公有制即维护土地的全民所有制和劳动群众集体所有制不受侵犯。在土地所有权或使用权变更时，必须遵循国家法规。国家为了公共利益或建设的需要，可以依法对集体所有的土地实行征用，但必须严格按照《土地管理法》，办理征用手续，并给予被征地的单位适当的经济补偿。被征地单位应当服从国家需要，不得阻挠。国家建设使用国有荒山、荒地，以及其他单位使用国有土地的，应按照国家建设征用土地的程序和审批权限，经批准后才能划拨。土地使用权有偿出让或转让，也应按照有关法规办理。

二、坚持农业用地优先

土地在企业各生产部门分配和调整时，要把质量最好的土地优先用于农业、优先保证农业生产所需要的土地数量和质量。农业生产与工业不同，土地是农业生产不可缺少的最基本的生产资料，农业生产的发展在最大程度上为土地的数量和质量所制约，发展农业生产要有一定面积质量优良的土地作为基础。特别是在我国，人口多，耕地少，坚持农业优先用地的原则更有必要。

三、坚持节约用地

由于土地面积有限,我国人地矛盾十分突出,节约用地的原则更有其特殊重要性。为此,国家建设和城乡建设必须节约使用土地,严格遵照国家规定的审批权限和程序履行征地审批手续,严防多征、早征,以免浪费土地。农村居民住宅建设,乡(镇)村企业建设等也都应严格执行审批手续,制定乡(镇)建设用地控制指标,严格控制用地面积。

四、坚持合理用地

合理利用、改良土地是提高土地生产力,改善土地生态环境的关键。为此,从宏观方面说,国家要对土地加强统一规划管理,严禁盲目地毁林毁草和陡坡开荒。同时,要调整工业的不合理布局,综合利用"三废",进行化害为利的技术治理,做到经济效益、社会效益和生态效益的统一。从生产单位来说,要采取有效措施,调动农民合理利用、保护、改良土地的积极性,增加对土地的投入,加强对土地的科学利用,避免掠夺经营,防止土地资源退化。

任务四　农业企业土地资源管理的内容

任务要求

能说出农业企业土地资源管理的内容;会根据有关资料测算土地承包费。

案例导入

2011年1月至2012年7月,湖北省枣阳市开发区管委会在未办理土地征收、农用地转用和供地审批手续的情况下,以召开会议、下发文件等形式,同意枣阳市正天插秧机有限公司征收、占用土地并实施厂房等设施建设。正天公司实际占地100.85亩(耕地93.81亩),建成厂房等设施,建筑总面积24 845平方米,用地符合土地利用总体规划。

(资料来源:观点地产网,2013年6月21日)

案例思考: 枣阳市开发区管委会的批地决定是否合法?

相关知识

农业企业土地资源管理,主要包含以下内容:

一、土地承包管理

土地承包管理是指对公有土地的发包方与承包方之间就土地所有权和经营权进行规

范调控的行为。不经过具有相应权限的政府有关部门批准,承包方不得出卖、私自转作宅基地和其他非农业用地。土地承包管理主要应做好的工作是:按照国家有关法规确定土地承包期限;按照规定进行土地投资补偿;土地转包和调整;土地承包合同的管理;等等。

二、土地数量、质量的管理

土地数量与质量的管理又称土地统计管理,是按照规定的土地分类标准和技术规程,对各类土地进行登记、统计和评价。

(一)农业土地分类

在农业企业中,土地按其经济用途可分为:

(1)农业用地。指直接适用于农业生产的土地,包括耕地、园地、林地、牧地、养殖水面及可垦荒地等。

(2)工矿用地。指工矿企业占用的土地。

(3)建筑用地。指用于修建固定性建筑设施的用地,包括修建温室、仓库、畜舍的占地,即生产性建筑用地;修建住宅、医院、学校文化娱乐场所的占地,即非生产性建筑用地。

(4)交通用地。包括铁路、公路、农村道路、机场、护路林等的用地。

(5)水域。指用于人工养殖的水域,包括河流、湖泊、水库、坑塘、苇地、沟渠、滩涂等。

(二)农用土地登记

农用土地登记指农业企业对土地数量、质量、权属状况及其变动所进行的系统记载。

(1)土地档案。指农业企业在对其所拥有土地进行全面清查、测量的基础上,对土地及土地利用情况进行分类逐块登记归档。主要记载土地状况、作物种植情况、土地改良措施等。

(2)土地台账。是指系统地整理和积累土地资料及其变动的账簿。建立土地台账,是把土地登记和土地档案中间断的零散的资料系统化、条理化,形成完整的统计资料,为土地资源的利用与管理提供可靠的依据。土地台账一般可设立土地面积台账、耕地面积台账和耕地利用台账等。

(三)土地质量的经济评价

由于土地质量具有综合性与动态性特点,因此,农业企业在对土地质量进行经济评价时应考虑的影响因素有:

(1)地理位置。在市场规律的作用下,土地作为提供商品的资源,服从距离递减规律,即土地收益随其位置距市场或城市中心较远以及交通便利程度较差而递减。

(2)自然肥力。土地自然肥力愈高,土地的经济价值愈大;反之,则愈小。土地自然肥力制约着土地的现实与潜在的生产能力。

(3)市场供给。一个农业企业所拥有的土地数量是有限的,位置是固定的,随着企业的发展,对土地的需求量也不断增长,土地的经济价值随之提高。土地自然供给是无弹性的,但土地的经济供给是有弹性的,受土地价格因素的影响。

（四）土地质量的衡量标准

土地质量的衡量标准主要是土地生产率，主要指标有：单位土地面积总产值，单位土地面积总收入，单位土地面积产投比，以及土地级差收入。

（1）单位土地面积总产值 = 总产值 ÷ 土地利用总面积
（2）单位土地面积总收入 = 总收入 ÷ 土地利用总面积
（3）单位土地面积产投比 = 总产值 ÷ 物化劳动消耗
（4）土地级差收入 = 全部纯收入 – 最低社会必要劳动纯收入

三、土地权属管理

土地权属管理又称土地所有权和经营权管理。依法管理使土地所有权和经营权不受侵犯是土地权属管理的重要内容。

（一）土地经营权的获得

我国农业生产经营者主要以承包、租赁、股份经营或转包等形式，获得土地资源的经营。

（二）土地经营权的变更

我国农业生产经营者的土地经营权的变更主要表现为土地转包和转让。

转让和转包是农村土地承包经营权流转的两种形式。主要有以下区别：

（1）转让土地承包经营权时，受让对象可以是本集体经济组织的成员，也可以是本集体经济组织以外的农户；而转包土地承包经营权时，受转包方只能是本集体经济组织的成员。

（2）转让土地承包经营权时，承包方与发包方的土地承包关系即行终止，转让方也不再享有土地承包经营权；而转包土地承包经营权时，转包方与原发包方的承包关系没有发生变化，转包方也不失去土地承包经营权。

（3）转让土地承包经营权时，事先应经发包方书面同意；而转包土地承包经营权时，不须发包方同意。

（4）转让土地承包经营权时，转让方必须有稳定的非农职业或者有稳定的收入来源；而转包土地承包经营权时没有此要求。

（5）转让土地承包经营权时，一般应办理土地承包经营权变更登记；而转包土地承包经营权时只需将转包合同报送发包方备案就可以。

（三）土地承包费的确定

1. 土地等级评定的方法及其步骤

土地等级评定就是在综合考察、分析土地自然特征和经济特征的基础上，按照土地质量的自然标准和经济标准，把土地分为若干等级。衡量土地质量高低的主要指标是土地的生产率，其主要影响因素有土地的肥沃性、土地的适应性、土地的经济性。

以农用土地等级评价为例：

第一步：计算各被评价单元的投入、产出额。计算时应选择最适宜种植的同类品种，以其连续三年的平均产量、平均投入额为依据,以不变价格计算每公顷收入或产值。

第二步:计算各土地评价单元的分数。将最优土地的指标值(每公顷收入或产值、产投比、级差收入等)定为 100 分,然后按照下列公式计算各土地评价单元的得分。

土地等级分数 = 某等级土地的经济指标绝对值 ÷ 最优等级土地的经济指标绝对值 × 100%

第三步:确定土地等级标准,为各土地单元拟定等级。一般分为三等九级,如表 9-1 所示。

表 9-1　土地分等定级标准表　　　　　　　　　　　单位:分

土地等级	分等标准	土地级别	分级标准
一等级	81~100	一等一级	96~100
		一等二级	91~95
		一等三级	81~90
二等级	51~80	二等一级	71~80
		二等二级	61~70
		二等三级	51~60
三等级	<50	三等一级	41~50
		三等二级	20~40
		三等三级	<20

第四步:确定每等土地的平均分数。

每等土地的平均分数 = Σ各土地评价单元所得分数 × 各土地评价单元在某等土地面积中所占的比重 ÷ Σ各土地评价单元在某等土地面积中所占的比重

第五步:确定各等级土地的相对系数,以说明各等土地在经济价值上相差的倍数。

各等级土地的相对系数 = 某等土地的平均分数 ÷ 劣等土地的平均分数

2. 土地承包费的计算

某农场,若小麦在三等地上种植,其亩均纯收入为 50 元,该农场油菜亩均纯收入为 120 元,棉花亩均纯收入为 200 元,试计算确定该农场各种作物在各等地上种植的土地承包费。(在该地区各等级土地的相对系数为:三等地相对系数 = 1;二等地相对系数 = 1.84;一等地相对系数 = 2.31。)

第一步:计算各等地的级差地租 I。

根据土地等级参数确定各等级地的级差收益。以常年种植,且亩均纯收入较低作物为标准,即以小麦为标准作物,可得各等地的级差地租 I 如表 9-2 所示。

表 9-2　各等地的级差地租 I

地等级	级差收入	级差地租 I
三等地	1×50=50(元/亩)	50-50=0
二等地	1.84×50=92(元/亩)	92-50=42(元/亩)
一等地	2.31×50=115.5(元/亩)	115.5-50=65.2(元/亩)

第二步：计算各种作物的比较级差地租。
比较级差地租 =（比较作物亩均纯收入 - 标准作物亩均纯收入）× 比较比例系数
比较比例系数 = 比较作物亩均纯收入 ÷ 标准作物亩均纯收入
标准作物亩均纯收入 =（115.2×2.31+92×1.84+50×1）÷（2.31+1.84+1）= 94.4（元/亩）

则可得三种作物的比较级差地租,如表9-3所示。

表9-3　三种作物的比较级差地租

作物种类	比较比例系数	比较级差地租
小麦	94.4÷94.4=1	(94.4-94.4)×1=0
油菜	120÷94.4=1.27	(120-94.4)×1.27=32.5（元/亩）
棉花	200÷94.4=2.12	(200-94.4)×2.12=228.8（元/亩）

第三步：各种作物在各等地的承包费。

由第一、第二步的计算分析,可得出三块地种植三种不同作物的土地承包费,如表9-4所示。

表9-4　土地承包费计算分析表

作物种类	绝对地租	比较级差地租	级差地租Ⅰ			土地承包费		
			一等地	二等地	三等地	一等地	二等地	三等地
小麦	0	0	65.2	42	0	65.2	42.0	0
油菜	0	32.5	65.2	42	0	97.7	74.8	32.5
棉花	0	228.8	65.2	42	0	294.0	270.8	228.8

四、土地利用管理

土地利用管理又称土地利用监督,是根据农村经济建设的需要,按照土地的特点和农业生态平衡的原理制定的土地利用、土地保护和土地改良的措施和规划,并检查、监督其实施情况,以指导农业生产经营单位合理利用土地。

任务五　农业企业土地资源的合理利用

任务要求

能说出农业企业土地资源合理利用的原则;知晓农业企业土地资源开发利用的途径。

案例导入

国务院前总理温家宝在十届全国人大五次会议上作政府工作报告时曾强调,节约集约用地,不仅关系当前经济社会发展,而且关系国家长远利益和民族生存根基。在土地问题上,我们绝不能犯不可改正的历史性错误,遗祸子孙后代。一定要守住全国耕地不少于18亿亩这条红线。坚决实行最严格的土地管理制度。

一要认真执行土地利用总体规划和年度计划。坚决控制建设占地规模,加强耕地特别是基本农田保护,禁止擅自将农用地转为建设用地。认真落实新修订的禁止类和限制类项目用地的规定,特别要禁止别墅类房地产开发、高尔夫球场、党政机关和国有企事业单位新建培训中心等项目用地。二要抓紧完善和严格执行节约集约用地标准,包括农村集体建设用地和宅基地,都要控制增量,盘活存量,提高土地利用效率和集约化程度。三要切实控制工业用地,坚决执行工业用地出让最低价标准。四要落实建设用地税费政策,规范土地出让收支管理,切实执行国有土地使用权出让收支全额纳入地方预算的规定。五要严格土地管理责任制,落实土地督察制度,对各类土地违法违规案件都要严肃查处。 (来源于新华网)

案例思考: 我国为何要实行最严格的土地管理制度?

相关知识

一、农业企业土地资源的合理利用原则

1. 节约用地原则

土地配置要贯彻节约用地的原则,禁止乱占滥用耕地,同时要控制和压缩占用其他农业用地。

2. 因地制宜原则

这是合理开发利用土地的基本原则。地域分异规律决定了不同土地有其不同的生产率。这就要求因地制宜地确定各类土地的利用方向,并配置生产项目;按各生产部门对土地的不同需求和利用方式规划用地,以使地尽其用。

3. 用养结合原则

农业生产是物质循环和能量转化的投入产出过程,应维护农业的生态平衡。

4. 经济有效原则

土地利用是一种经济活动,经济活动就要求取得最大化的经济效益。因此,在生产经营活动中,要根据当地的具体情况,选择合理的农业生产项目和经营方案,因势利导,方能取得理想的经济效益,获得最佳的土地利用效果。

5. 生态效益原则

土地资源利用单以经济效益确定土地资源利用方向往往会有片面性,还必须注意生态平衡,要根据土地生态系统能量转化和物质循环的规律进行科学、合理的开发,使土地生态系统各部分的功能处于相互适应、相互协调的平衡状态,使土地能够永续利用。

二、农业企业土地资源开发利用的途径

1. 扩大农业用地范围,提高土地资源的利用率

土地资源的利用率是反映土地利用程度的重要指标,它是一个农业企业已利用的土地

面积占土地总面积的比例。在不影响水土保持,不破坏生态环境的原则下,应尽量开发土地资源,提高土地资源的利用率。具体的方法有:一是对荒地、荒山、荒坡、草原、水面、滩涂等的开发,使之逐步变为耕地、林地、牧草地、渔业用地、副业用地等农用地;二是建立节约型的集约化农业体系,提高现有土地的利用率。

2. 实行集约化经营,提高农业土地资源的生产率

农业土地生产率是指在一定时期内(通常为一年),单位土地面积生产的农产品数量或产值。单位土地面积上生产的农产品越多,农业的土地生产率越高。要提高农业土地生产率,必须不断改善农业生产条件,实行精耕细作,集约经营,提高土壤肥力,把已经用于农业生产的土地资源利用好。

项目三　农业企业资金资源管理

任务一　农业企业经营资金的类型

任务要求

能说出农业企业的经营资金的类型。

案例导入

小明是某职业学校电子商务专业学生,毕业后在一家电子商务企业打工3年,他辞职后用自己打工积蓄下来的5万元钱在县城租一间100平方米门面房,开一家网店经营地方土特产品,先期投入房租费5 000元,买10台电脑并安装接通宽带30 000元,招聘10名工作人员,月人均工资1 500元,办理了营业执照,开始经营。一年下来网店经营额达50万元,扣除所有费用,自己银行账户增加了5万元现金。

案例思考:试描述小明开网店过程中经营资金的类型。

相关知识

就一个企业而言,企业资金是指用于从事企业生产经营活动和其他投资活动的资产的货币表现。一定数额的资金,代表着一定数量的资产价值。

农业企业的经营资金,按不同的标准,可作以下分类;

1. 按资金来源的不同,可分为自有资金和借入资金

自有资金,是指企业为进行生产经营活动所经常持有,可以自行支配使用并无须偿还的那部分资金。

借入资金是指企业依法筹集的、依约使用并按期偿还的资金。银行借款是借入资金的

主体。

2. 按资金存在的形态,可分为货币形态的资金和实物形态的资金
3. 按资金在再生产过程中所处的阶段,可分为生产领域的资金和流通领域的资金
4. 按资金的价值转移方式,可分为固定资金和流动资金

不同类型的资金在使用和管理上有不同的要求,在企业经营管理中必须区别对待,分类管理。企业经营资金运动图如图 9-1 所示。

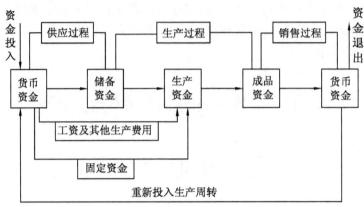

图 9-1　企业经营资金运动图

任务二　固定资金的管理

任务要求

能说出固定资产应同时具备的两个条件;知晓固定资产的计价标准;学会固定资产的折旧方法。

案例导入

小明开网店经营地方土特产品,先期投入 3 万元买 10 台电脑并安装接通宽带,该设备预计使用 5 年,预计净残值 500 元。

案例思考:请帮小明计提历年固定资产折旧费,并选出计提固定资产折旧的最优方案。

相关知识

一、固定资金

固定资金,是指垫支在主要劳动资料上的资金,其实物形态表现为房屋及建筑物、机器设备、运输设备、工具器具等。农业企业生产能力的大小通常是由固定资产的多少,以及它的技术状况和先进程度所决定的。在实际生产经营活动中,作为固定资产的劳动资料,一

般应同时具备两个条件,一是使用年限长;二是单位价值在规定的价值以上。凡是不同时具备这两个条件的劳动资料,均作为低值易耗品,列入流动资产,以便进行分类管理。

在生产经营过程中,固定资金的周转具有以下特点:

(1) 循环周期长。固定资产在生产经营中能较长时间地使用,逐渐损耗,其价值分次转移到产品成本和费用中去,不改变其实物形态。

(2) 一次性投资,分次收回。固定资产的投资是一次性进行的,而在使用过程中损耗的价值则以提取折旧费的方式分次收回。

(3) 价值补偿和实物更新可以分离。固定资产的价值补偿,是通过提取折旧费而逐步完成的;固定资产实物更新,则是在其物质寿命或技术寿命、经济寿命终结时,利用平时积累的资金来实现。

二、固定资产分类

固定资产种类较多,为了加强管理,必须为固定资产进行合理分类。

1. 按固定资产的经济用途可分为经营性固定资产、非经营性固定资产

这种分类,有助于研究固定资产的构成,确定固定资产的需求量以及根据固定资产的性质分别进行管理。

2. 按固定资产使用情况可分为使用中的固定资产、未使用的固定资产、不需用的固定资产

这种分类,有利于正确计算固定资产的折旧和固定资产占用费,挖掘固定资产的潜力,达到物尽其用。

3. 按产权归属可分为自有固定资产、接受投资固定资产、租入固定资产

这种分类可以反映和监督固定资产的来源情况,正确计提固定资产折旧。

三、固定资产的计价

固定资产的计价是指以货币形式,对固定资产进行计量。合理计价是核算固定资产和计提折旧的依据,通常采用三种计价标准:

(1) 原始价值,简称原值,指企业在购置或建造某项固定资产时所实际支出的货币总额。它综合反映了企业拥有固定资产的价值总量。具体包括购价或造价、运杂费、安装费等。按原始价值计价,力求准确地反映企业固定资产的原始价值。

(2) 折余价值,又称净值,指固定资产原值减去固定资产累计折旧后的余额,它反映固定资产的现有价值。通过固定资产的原值和净值的比较,可以考察固定资产的新旧程度。

(3) 重置价值,指按当前的生产技术条件和市场情况,重新购进或生产该项固定资产的全部支出。一般是在企业获得无法查明原始价值的固定资产时,采取重置完全价值作为计价标准。

四、固定资产折旧

(一) 固定资产折旧

固定资产折旧是指固定资产在使用过程中因磨损而转移到产品成本中去的那部分价值。通过折旧提留的那部分资金称为折旧基金,它是企业自有资金的重要来源。加强固定资产折旧的管理可以正确地计算产品成本、费用和利润,有利于固定资产及时更新,有利于掌握固定资金的增减变化和实际占用情况,有利于企业根据科学技术的发展情况,确定适当提高折旧率的时机,以缩短折旧年限,加快企业技术装备的更新速度。

(二) 固定资产折旧的计算方法

1. 平均年限法

平均年限法即直线法,这是按固定资产使用年限平均分摊折旧额的一种折旧提取方法。其计算公式为:

固定资产折旧额 =(原始价值 — 残值 + 清理费)/使用年限

2. 工作量法

工作量法即按固定资产从投产使用到报废期间预计能完成的工作量计算折旧。计算公式如下:

单位工作量折旧额 =(固定资产原值 – 预计残值 + 清理费用)÷ 预计使用期间全部工作量

某项固定资产年折旧额 = 该项固定资产年工作量 × 单位工作量折旧额

现行财务制度规定,净残值一般按固定资产原值的3%~5%确定。

3. 加速折旧法

加速折旧法即指加速固定资产计提折旧的方法。它包括双倍余额递减法、年数总和法等。采用加速折旧法,可以使用固定资产在使用前期多提折旧,在后期少提折旧,整个折旧期的折旧费呈逐年递减趋势,从而可以使固定资产的原始成本能在有效使用期内尽早摊入成本。适当地采用加速折旧法是当前经济发展的一种客观需要。

(1) 双倍余额递减法。采用这种方法提取折旧额,在开始阶段较多,以后逐年递减。计算方法是:将直线折旧法(使用年限折旧法)所确定的折旧率加倍(即乘以2)作为年折旧率,以上年的折余价值为计提折旧的基础,两者相乘即为一种客观需要。

例:某项固定资产使用年限为5年,原值为20 000元,折旧率为20%,假设其残值和清理费用相抵。现按双倍余额递减法,则每年折旧率应为20% × 2 = 40%。其历年折旧情况如表9-5所示。

表9-5 某固定资产历年折旧情况表   单位:元

	折旧率	年折旧额	折余价值
第一年	40%	20 000 × 40% = 8 000	12 000
第二年	40%	12 000 × 40% = 4 800	7 200

续表

	折旧率	年折旧额	折余价值
第三年	40%	7 200×40%＝2 800	4 320
第四年	40%	4 320×40%＝1 780	2 160
第五年	40%	2 592×40%＝1 036.8	2 160

采用双倍余额递减法计提固定资产折旧,一般应在固定资产使用寿命到期前两年内,将固定资产账面净值扣除预计净残值后的净值平均摊销。

(2)年数总和法。其计算方法是:以年数之和为分母,以固定资产尚可使用的年数为分子,求得各年的折旧率;然后用固定资产折旧总额乘其折旧率,即为各年的固定资产折旧额。

例:某一机器设备原值为 70 000 元,使用年限为 5 年,其年数之和为 5＋4＋3＋2＋1＝15,预计残值为 11 000 元,清理费用为 1 000 元,则其折旧总额为:70 000－11 000＋1 000＝60 000 元,则年折旧额应为:

60 000×5／15＝20 000(元)
60 000×4／15＝16 000(元)
60 000×3／15＝12 000(元)
60 000×2／15＝8 000(元)
60 000×1／15＝4 000(元)

(三) 固定资产的无形磨损

固定资产磨损分为有形磨损(物质磨损)和无形磨损(精神磨损)两种。

1. 有形磨损

有形磨损是指固定资产在生产过程中,由于使用和自然力的影响而引起的使用价值与价值的损失。减少这种磨损的主要措施是提高固定资产的利用率,有计划地做好固定资产的维修保养工作。

2. 无形磨损

无形磨损是指机械设备等固定资产,由于科学技术的进步和社会劳动生产率的提高而引起的贬值。具体有两种情况:一是由于社会劳动生产率的提高,使性能和结构相同的机器设备的再生产费用和价格降低,而引起的原有固定资产发生贬值;二是由于技术进步出现新的效率更高的技术设备,使原有的机械设备提前退出使用而带来的价值损耗。固定资产的无形磨损是在商品生产条件下,因科学技术的不断进步而发生的一种必然的经济现象。

农业企业的首要问题是建立和健全补偿固定资产有形磨损的折旧制度。同时,为了适应科技日益发展的新趋势,一些技术装备程度较高的农业企业,也必须考虑由于新的先进技术装备的应用推广,而使原有的机器设备提前报废所发生的无形磨损这一因素,适当地提高折旧率,以保证固定资产必要的提前更新。

任务三　流动资金的管理

任务要求

能说出流动资金概念、特点及其分类;知晓流动资金的管理与评价。

案例导入

一游人到小镇一旅馆,拿1 000元给店主让其挑了个房间。他上楼时,店主拿1 000元给屠户支付了欠的肉钱;屠夫去猪农那还了猪钱;猪农还了饲料款;饲料商去旅馆去还了房钱;这1 000元又到了店主手里。这时游客下楼说房间不合适,拿钱走了,但刚才这几个人的债务都还清了。

案例思考：流动资金的神奇之处在哪里?

相关知识

一、流动资金

(一)流动资金的含义

流动资金是指垫支在劳动对象上的资金和用于支付劳动报酬及其他费用的资金。它只在一个生产周期内发生作用,其价值在生产过程中一次性全部转移到产品成品中去,并随着产品的销售,从销售收入中得到补偿。

农业企业的流动资金由储备资金、成品资金、货币资金等组成。储备资金是指为进行生产而储备的各种材料和物质所占用的资金;生产资金是指在生产过程中占用的资金;成品资金是指已经入库的产品所占用的资金;货币资金是指现有的银行存款和现金。

(二)流动资金的特点

1. 流动性

流动性指流动资金在企业生产经营过程中,沿着供应、生产、销售三个阶段的固定次序,不断地由一种形态转化为另一种形态,从一个阶段过渡到另一个阶段,依次继起,循环往复。

2. 并存性

并存性指在企业的再生产过程中,流动资金总是同时以各种不同的形态,并列地存在于周转运动的每个阶段。即在时间上是继起的(连续的),在空间上是并存的。

3. 波动性

波动性指企业流动资金在各个时期的占用量都不是固定不变的,它随着供、产、销条件的变化和经营的好坏而波动,时多时少,时高时低。

4. 增值性

增值性指流动资金在循环周转中,可以得到自身耗费的补偿,并实现一定的增值。在利润率一定的条件下,资金周转越快,增值就越多。

流动性,表明流动资金周转中的动态规律性;并存性,是从流动资金的动态与静态的联系,说明资金各组成部分的内在联系;波动性,反映了流动资金在周转过程中占用数量的变化规律;增值性,综合反映了企业供、产、销活动和各项管理工作的质量和效率。所以,加强流动资金的管理具有重要意义。

二、流动资产

(一) 流动资产的概念

作为流动资金的实物形态,流动资产是指可以在一年或超过一年的一个营业期内变换成现金或运用的资产。

(二) 流动资产的分类

1. 按流动资产在生产经营过程中所执行的职能,可以分为生产性流动资产和流通性流动资产

生产性流动资产又可分为储备资金和生产资金。

流通性流动资产又可分为产品资金、结算资金和货币资金。

储备资金表现为原材料、辅助材料、燃料、包装物、修理用备件、低值易耗品、外购半成品和委托加工材料;生产资金表现为在产品、自制半成品和待摊费用。

产品资金表现为产成品和外购商品;结算资金表现为应收账款、其他应收款和预付账款;货币资金表现为现金、银行存款、有价证券和其他货币资金。

2. 按其在生产经营过程中变现能力的不同,可分为存货资产和速动资产

存货资产,是指企业在生产经营过程中为销售、生产而耗用所储备的资产。包括:储备的原材料、低值易耗品等;在生产过程中的在产品、半成品及中间产品;待销售的商品、产成品。与这三部分相对应的资金形态,称为储备资金、生产资金和成品资金。

速动资产,是指生产经营过程中能迅速变现的资产,包括:货币资产如现金银行存款、银行汇票、银行本票等;各种应收款、预付款和待摊费用等;企业利用闲置资金进行的短期投资,如购买各种能随时变现的有价证券等。与这三部分相对应的资金形态称为货币资金、结算资金和短期投资。

三、流动资金的日常管理

流动资金的日常管理主要是做好日常的调度、平衡和控制工作,并按照统一领导、分级管理相结合的原则,提高流动资金的利用效果。其主要内容如下:

（一）货币资产

货币资产指持有的货币资金和将以固定或可确定金额的货币收取资产，包括现金、应收账款和应收票据以及准备持有至到期的债券投资。

货币资产的管理主要是对现金和银行存款的管理。

1. 现金管理

现金管理就是对现金的收、付、存等各环节进行的管理。企业持有现金的动机有三：一是支付动机，即为了满足日常支付的需要；二是预防动机，即为了应付未来事件的需要；三是投机动机，即为了在股票等证券市场从事投机活动以获取收益。企业持有现金过少，会影响企业的支付能力和信誉形象，影响资金周转；企业持有现金过多，则会增大财务风险，降低企业的收益。所以，现金管理的目的在于保证生产经营所需现金的同时，节约使用资金，并合理地从暂时闲置的现金中获得更多的利息收入。现金管理的基本内容，包括规定现金的使用范围、库存限额和建立严格的内部控制制度。

2. 银行存款管理

银行存款管理主要表现为如何保持银行存款的合理水平，以使企业既能将多余货币资金投入有较高回报的其他投资方向，又能在企业急需资金时，获得足够的资金。为此，企业应加速货款回收，严格控制支出，力求做到货币资金的流入与流出同步。

（二）债权资产

债权资产是指债权人在销售过程中所形成的未来收取款项的凭单，具体包括应收款项和应收票据。

1. 应收账款管理

应收账款是指企业销售产品、商品和提供劳务等，应向购货客户或接受劳务的客户收取的款项和代垫的运杂费，它是企业采取信用销售而形成的债权性资产，是企业流动资产的重要组成部分。应收账款管理是指在赊销业务中，从授信方（销售商）将货物或服务提供给受信方（购买商），债权成立开始，到款项实际收回或作为坏账处理结束，授信企业采用系统的方法和科学的手段，对应收账款回收全过程所进行的管理。其目的是保证足额、及时收回应收账款，降低和避免信用风险。应收账款管理是信用管理的重要组成部分，它属于企业后期信用管理范畴。

2. 应收票据管理

应收票据一般包括期票和汇票。期票是指债务人向债权人签发的，在约定日期无条件支付一定金额的债务凭证。汇票是指由债权人签发（或由付款人自己签发），由付款人按约定付款期限，向持票人或第三者无条件支付一定款项的凭证。企业为了弥补无法收回应收账款而发生的坏账损失，应建立和健全坏账准备金制度等。

四、流动资金的利用效果

（一）考核流动资金利用效果的指标

1. 流动资金周转率

企业的流动资金从货币资金形态开始,经过储备资金形态(购入原材料等)、生产资金形态(原材料等投入生产)、成品资金形态(加工生产完毕成为产品),最后,又回复到货币资金形态(产品销售变成货币)。这种周而复始的循环运动,叫做流动资金周转。流动资金周转率反映流动资金的周转速度,主要用两种方法表示。

（1）流动资金周转次数。

流动资金周转次数 = 销售收入总额/流动资金平均占用额

周转次数越多,说明流动资金周转得越快。

（2）流动资金周转天数。

流动资金周转天数 = 360 天/一年周转次数

周转天数越少,说明流动资金周转得越快。

2. 流动资金产值率

流动资金产值率常用每百元流动资金所提供的产值来表示。计算公式如下：

百元流动资金提供的产量 = 年总产量 ÷ 年流动资金平均占用额 × 100

流动资金产值率反映资金占用同生产成果的关系。每百元流动资金所提供的产值越多,说明流动资金的利用效果越好。

3. 流动资金利润率

流动资金利用率常用每百元流动资金所实现的利润来表示。计算公式如下：

百元流动资金实现的利润 = 年利润总额 ÷ 年流动资金平均占用额 × 100

流动资金利润率具有很强的综合性,流动资金周转越快,每百元流动资金所实现的利润越多,说明流动资金的效果越好。

（二）提高流动资金利用效果的途径

提高流动资金利用效果的途径主要有：
（1）合理确定企业生产结构,提高产品的数量和质量,增加收入；
（2）改进生产技术和组织管理,尽可能缩短生产周期；
（3）科学制定各种物资消耗定额,节约生产开支,减少在产品资金占用；
（4）改善生产资料供应和产品销售工作,缩短资金在流通领域的时间；
（5）加强贷款的计划性,合理使用信贷资金,避免资金积压和增加不必要的利息支出；
（6）及时办理结算、收回欠款,降低结算资金占用额等。

任务四　无形资产的管理

任务要求

能说出无形资产的概念；了解无形资产的分类。

案例导入

开网店的朋友都知道，淘宝上买卖商品后买卖双方可以互评，评分分好评、中评、差评，天知道这样的评分对卖家而言是多么的重要。

小王的店是卖床上用品的，2012年的冬天出奇得冷，但也正因为如此小王店铺的电热毯卖得出奇得好，电热毯经常脱销。

有一次，小王有一款电热毯只剩一条了，还是存货，2007年的。当客户来询问时，小王如实地说了，客户说你为什么要告诉我是最后一条了呢，你不告诉我我也不知道，你这样会吓走客人的。小王说，我靠的是诚信，如果客户担心电热毯有质量问题而不买，我也无悔，我还是那句话，我这边所有的电热毯都是承诺一年内可换的。结果，这位客户买走了那条电热毯。他说，有你这句话，即使这电热毯有质量问题我也认了。

其实，小王的淘宝店开了才三个月不到，但已经快三钻了，这靠的都是诚信。诚信是一个公司或是一个网店的无形资产，即使是不赚钱，也要维护好店铺的信誉！

案例思考： 诚信为何也是无形资产？

相关知识

一、无形资产的特点

无形资产是指企业为生产商品、提供劳务、出租给他人或者为管理目的而持有的、没有实物形态的非货币性长期资产。包括专利权、非专利技术、商标权、著作权、土地使用权、商誉等。无形资产具有以下特点：

（1）无形资产不具有实物形态。无形资产不具有独立的物质实体，其价值体现为某种权利或获得超额利润的能力。比如：土地使用权、商誉等。它没有实物形态，却能够为企业带来经济利益，或使企业获取超额收益。

（2）无形资产属于非货币性长期资产。无形资产属于长期资产，主要是因为其能在超过企业的一个经营周期内为企业创造经济利益。

（3）无形资产是为企业使用而非出售的资产。企业持有无形资产的目的不是为了出售而是为了生产经营，即利用无形资产来生产商品、提供劳务、出租给他人或为企业经营管理服务。比如：软件公司开发用于对外销售的计算机软件，对于购买方而言属于无形资产，而对于开发商而言却是存货。

(4)无形资产在创造经济利益方面存在较大的不确定性。无形资产必须与企业的其他资产(包括足够的人力资源、高素质的管理队伍、相关的硬件设备、相关的原材料等)相结合,才能为企业创造经济利益。此外,无形资产创造经济利益的能力还较多地受外界因素的影响,比如相关新技术更新换代的速度、利用无形资产所生产产品的市场接受程度等。无形资产的未来收益很大,可以在多个经营周期内为企业提供经济效益,但也难以确切地计量其投资收回,具有不确定性。这种不确定性和风险性是无形资产评估复杂化的重要原因。

二、无形资产的分类

为了加强对无形资产的管理,应对无形资产进行科学的分类。无形资产可按不同的标准划分不同的类型。

(1)按有无法律保护分,无形资产分为:法定无形资产,如商标权、专利权、土地使用权和著作权等;收益性无形资产,如专有技术、商誉、经营秘密等。

(2)按获取方式分,无形资产分为:自创或自有无形资产,如自创的专利、非专利技术、自身拥有的商誉等;外购的无形资产,如外购的专利权、商标权等。

(3)按是否可确指分,无形资产分为:可确指无形资产,即凡具有专门名称,可单独取得、转让或出售的无形资产,如专利权、专用技术等;不可确指无形资产,即不可特别辨识,不可单独取得,离开企业就不复存在的无形资产,如商誉。

(4)按是否有固定有效期分,无形资产分为:可撤销无形资产,即有规定摊销期限的无形资产,如专利权、专营权、非专利技术等;不可撤销无形资产,即没有规定摊销期限的无形资产,如商标权、商誉等。

 知识拓展

无形资产营造战略

无形资产具有多方面的作用,在生产领域可以促进技术进步,提高劳动生产率,减少消耗,降低成本,提高产品质量;在流通领域可以提高产品信誉,开拓市场,促进销售,增强竞争能力。实践证明,借助无形资产盘活有形资产存量,正日益成为诸多成功企业优化资产重组,实施资源整合,谋取竞争优势的有效机制。驰名的商标、品牌,崇高的信誉、形象不是天生的,更不可能靠他人恩赐,而必须完全靠企业自身的努力。

1. 专利战略

专利战略是指企业面对激烈变化、严峻挑战的环境,主动地利用专利制度提供的法律保护及其种种便利条件有效地保护自己,并充分利用专利情报信息,研究分析竞争对手状况,推进专利技术开发,控制独占市场,以及为取得专利竞争优势,为求得长期生存和不断发展而进行的总体性谋划。在这一方面,海尔集团堪为成功的典范。"海尔"最早只是一家濒临倒闭的集体所有制小厂,无形资产近乎于零。为了绝处逢生,"海尔"确立了"专利战略":一旦发现某项具有市场前景的技术,便迅速组织开发、申请注册保护;然后,通过产品载体推向市场,在市场上立足驰名;借此,"海尔"滚动壮大,随后聚合更大的力量,进一步进行技术与专利开发、品牌产品生产,建立销售与保护的密集网络。从而海尔集团成为世界级的高信誉的企业集团,"海尔"的形象更为其积累了巨大的无形资产价值。海尔集团的成功给了我们一个重要启示:在企业发展过程中,必须牢固确立一种知识创新观念和专利保护意识,并将这种观念和意识,纳入企业整体的战略发展与管理政策之中。

2. 质量信誉战略

无形资产的营造靠的是质量信誉,要求企业必须在质量信誉上进行不懈的积累、升值。波音公司董事长威尔森一针见血地指出:"从长远看,无论在哪个市场上,唯一经久的价值标准是质量本身,质量是产品的生命,质量是品牌的物质基础,质量是企业形象的保证。"在经济全球化的今天,我国农业企业面临更为严峻的挑战,只有真正地实施质量信誉战略,强化质量竞争意识,实现与国际惯例接轨,按照国际质量认证标准,组织生产经营,使产品不断推陈出新,赢得通行世界市场的"绿卡",才能使企业立于不败之地。

3. 名牌战略

企业名牌战略是以创名牌、保名牌为核心,带动整个企业向持续、稳定、健康方向发展的战略。企业要增强竞争力,实现可持续发展,必须大力实施名牌战略。如美国的"可口可乐",初始阶段仅仅是产品的品牌名称,随后演进为名牌商标,直到世界驰名的企业名称:Coca-Cola。这一演化的重大意义不言而喻。可口可乐公司的一位经理人员甚至宣称:即便可口可乐公司所有的有形资产一夜间全部化为了灰烬,只要剩下 Coca-Cola 几个英文字母,其价值就有数百亿美元,可以东山再起。

项目四　农业企业物资管理

任务一　物资管理的概念

任务要求

能说出物资管理的概念及作用。

案例导入

很多企业发现,生产物资的积压使企业承担了巨额的仓储费用,而且无限量地购买物资使企业的资金周转日益艰难,超额的物资储备让众多企业背上了沉重的"包袱"。而现代企业的物资储备管理模式正是解决这些问题的良策,因为它是以调整企业库存结构、盘活超储(积压)物资、加快资金周转、减少储备资金占用为主线的一种模式。

案例思考:企业物资储备,是越多越好,还是越少越好?

 相关知识

一、农业企业物资管理

农业企业物资管理是指农业企业生产经营过程中的物资采购、供应、保管、使用和核算等一系列工作的总称，可以概括为供应、保管、使用三个方面。它主要包括物资消耗定额的制订、物资储备定额的制订、物资采购、仓库管理等工作。

二、农业企业物资管理的作用

物资管理是企业生产经营的重要组成部分。合理利用农业企业的物资是降低产品成本、加速资金周转、实行增产节约、提高经济效益的重要途径。物资管理是农业企业管理的一项重要内容。

 知识拓展

请上网查询并回答：为什么日本要囤积中国的稀土？

任务二　物资消耗定额

 任务要求

能说出物资消耗定额的定义；知晓影响物资消耗定额的因素；学会制定物资消耗定额的方法。

 案例导入

一个锤子，由铁榔头和一个檀木木柄装配而成，檀木木柄净尺寸为 30mm×250mm，由 435mm 的圆木加工而成，平均每个木柄下料切削损耗 5mm、长度方向切削损耗 5mm、外圆切削损耗 2.5mm、夹头损耗 30mm、平均残料损耗 10mm。铁榔头由 50 的 A4 钢材切成坯料经锻压加工而成。加工好的铁榔头净重 1 000g，锻压加工损耗 200g，柄孔成型加工损耗 200g、下料损耗 200g，夹头损耗为 0，残料损耗为 0。求这种锤子的物资消耗定额。

案例思考：计算出制造一个锤子的材料消耗定额。如果需要加工 1 000 个锤子，需要采购多少物料？

 相关知识

一、物资消耗定额

物资消耗定额是指在一定的生产技术和组织条件下,生产单位产品或者完成单位工作量的物资消耗数量标准。它是编制物资供应计划、组织物资采购、合理使用物资的依据。

二、影响物资消耗定额的因素

影响物资消耗定额的因素很多,即使是同一产品、同种设备,在不同的企业和地区,其消耗定额也往往不同。一般有以下几个方面:

(1) 企业员工素质。指企业员工的业务技术水平、劳动熟练程度和劳动态度等。
(2) 生产技术条件。指生产装备和技术水平等。
(3) 自然环境条件。指气候、季节等条件对物资消耗定额的影响等。
(4) 物资质量状况。指物资的质量、规格、型号是否与其生产需要相适应等。
(5) 企业管理水平。指企业管理人员素质、生产工艺流程的划分、作业质量的监控手段等,对物资消耗定额的影响。

三、制定物资消耗定额的方法

科学的物资消耗定额,应具备技术上的先进性和经济上的合理性。所谓技术上的先进性,是指物资消耗定额符合产品先进技术规范要求,有利于提高产品的数量和质量;所谓经济上的合理性,是指该定额能够提高物资的利用率和企业经营效益。

制定物资消耗定额的方法通常有以下三种:

(1) 经验估计法。这是根据长期的生产经验确定物资消耗定额的一种方法。
(2) 统计分析法。这是根据以往某种物资实际消耗量的记载资料,计算出先进的平均水平,并按照变化了的情况,确定物资消耗定额的一种方法。
(3) 技术计算法。这是在一定的生产技术和组织条件下,按照农艺、工艺的要求,通过分析、设计、测定和计算,来确定物资消耗定额的一种方法。

以上方法,各有其优缺点,在实际工作中应根据具体情况来选用。

农业企业的物资消耗定额,通常是按主要材料、辅助材料、燃料、动力、工具和零配件等分类制定的。

任务三 物资储备定额

任务要求

能说出物资储备定额的定义；会进行物资储备定额的制定与控制。

案例导入

企业某种物资全年需用 14 400 件，采购用 10 天时间，途中运输用 25 天时间，港口到仓库整理与准备用 5 天时间，最长不能超过 50 天时间。

案例思考：计算该企业某种物资经常储备定额是多少？保险储备定额是多少？并确定最高储备量和最低储备量。

相关知识

一、物资储备定额

物资储备定额是指在一定的生产技术和组织条件下，为保证生产的正常进行，所必需的、经济合理的物资储备数量标准。物资储备定额是正确组织物资供应、合理控制物资库存量的基础，也是核定流动资金、确定仓库面积、储存设备的数量和配备仓库管理人员的依据。按其在生产中的作用，有经常储备定额、保险储备定额和季节性储备定额之分。

二、物资储备定额的制定

（一）经常储备定额的制定

经常储备定额的制定是指在两批物资供应间隔期内，为满足正常生产需要而确定的物资储备量。计算公式为：

经常储备定额＝平均日耗量×供应间隔日数

供应间隔日数＝供应或采购日数＋在途日数＋整理与准备日数

（二）保险储备定额的制定

保险储备定额是为了预防物资供应误期、品种规格不符合要求和发生严重的自然灾害等原因，影响正常生产而确定的物资储备量。计算公式为：

保险储备定额＝保险储备日数×平均日耗量

由于保险储备是在供应过程出现意外时才使用的，事先很难准确核定保险储备日数，因此，一般是通过统计资料，求得平均误期日数和临时订货所需日数等方法，确定保险储备日数。

（三）季节性储备定额的制定

季节性储备定额是为适应物资消耗和供应的季节性而确定的物资储备量。计算公式为：

季节性储备定额 = 季节性储备日数 × 平均日耗量

三、物资储备量的控制

每种物资储备定额都有其最高储备量和最低储备量。以上三种储备定额之和或前两种之和，即为物资最高储备量，超过最高储备量的部分就是超储物资，应立即处理，减少积压，避免浪费。保险储备定额是物资储备的最低限额，当物资储备低于此限额时，企业应立即组织采购，以免缺料停产。正常情况下，经常性消耗物资的储备量总是在最高限额和最低限额之间变动。随着企业生产经营活动和物资订货采购工作的不断进行，物资的储备量始终处于一个动态的变化过程中，其变化趋势呈锯齿形变化。

任务四　物资采购管理

任务要求

学会编制物资供应计划；知晓物资订货决策。

案例导入

某贸易公司每年以每单位 30 元的价格采购 6 000 个单位的某产品，处理订单和组织送货要 125 元的费用，每个单位存储成本为 6 元。

案例思考：计算该贸易公司对该产品的订货最佳量。

相关知识

物资采购管理是企业物资管理的重点内容之一，它是企业实现生产经营目标的前提。合理的采购可以节约资金，降低费用，减少库存，间接地增加企业的效益。

物资采购管理主要是对企业的采购活动如何配合其生产活动，以最低的成本，及时购进能够满足企业所需要的一定数量和质量的物资而采取的方法和措施。对于企业来讲，物资采购批量大，可以减少采购次数，节省采购费用，但会造成库存物资的积压，占用过多的流动资金，增加库存费用；反之，采购次数多，采购的批量小，可采购费用却增加了。因此，必须合理地确定经济采购批量，也就是采购费用与库存费用之和最小时的采购批量。

一、物资供应计划

物资供应计划,是计划期内企业对各种物资所需数量和供应量,及其平衡的一种安排。通常用"物资平衡表"(如表9-6)和"物资采购供应计划表"(如表9-7)来反映。

表9-6　物资平衡表

序号	物资种类	规格	计量单位	需要量				供应量				平衡量		备注
				生产	基建	期末库存	合计	期初库存	自产	采购	合计	余(+)	缺(-)	

表9-7　物资采购供应计划表

序号	物资名称	规格质量	计量单位	数量	单价	金额	各季度需要量				备注
							1	2	3	4	

在物资供应计划所列的各项指标中,最重要的是"需求量"的预算。物资需求量的测算可用两种方式:

(1)直接计算法。也称定额计算法,它是直接根据物资消耗定额和生产任务,计算物资需要量的一种方法。计算公式为:

某种物资需要量 = 计划产量 × 物资消耗定额 × (1 + 物资损耗率)

(2)间接计算法。这是以企业历史的实际物资消耗水平为依据,考虑到计划期物资消耗的变动影响因素,利用一定的比例或者系数,对上期物资实际消耗进行修正,以确定计划期物资需要量的一种方法。计算公式为:

某种物资需要量 = 上期物资实际耗用量 × 计划期产品产量 ÷ 上期产品产量 × (1 - 计划期物资消耗降低率)

二、物资订货决策

物资订货决策,又称库存决策,常用的是经济订货批量。所谓经济订购批量,就是采购费用与库存费用之和最小时的采购批量。影响经济定购批量的主要因素有:

1. 维持成本

它是指在采购、订货过程中发生的除物资价款以外的全部成本。包括采购人员的差旅费、通信费,物资的搬运、验收入库以及有关跟踪订单系统的成本费用。

2. 订货成本

订货成本是指从发出订单到收到存货整个过程中所付出的成本。如订单处理成本(包括办公成本和文书成本)、运输费、保险费以及装卸费等。

3. 总成本

即物资的采购成本与保管成本之和。基本公式是：

经济订购批量 = Squat(2 × 年订货量 × 平均一次订货准备所发生成本 ÷ 每件存货的年储存成本)

注：Squat( )函数表示开平方根。

任务五 物资仓库管理

任务要求

了解物资仓库管理的内容。

案例导入

有一家公司，准备淘汰一批落后的设备。董事会决定：这些设备不能扔，找个地方放起来。于是专门为这批设备修建了一间仓库。这时董事会中有人说："防火防盗不是小事，得找个看门人。"于是找了个看门人看管仓库。

这时问题出现了：看门人没有约束，玩忽职守怎么办？于是又派了两个人过去，成立了计划部，一个人负责下达任务，一个人负责制订计划。

董事会中有人说："我们必须随时了解工作的绩效。"于是又派了两个人过去，成立了监督部，一个人负责绩效考核，一个人负责写总结报告。董事会中又有人说："不能搞平均主义，收入应拉开差距。"全体董事都认为这是对的，于是又派了两个人过去，成立了财务部，一个人负责计算工时，一个人负责发放工资。

接着问题又出现了：管理没有层次，出了岔子谁负责？于是又派了四个人过去，成立了管理部，一个人负责计划部工作，一个人负责监督部工作，一个人负责财务部工作，一个总经理，管理部总经理对董事会负责。

年终时，董事会一致认为：去年仓库的管理成本为35万元，这个数字太大了，一周内必须想出解决办法。于是，一周之后，看门人被解雇了。

案例思考：这个故事给你的启示是什么？

相关知识

一、仓库管理的主要内容

仓库管理主要是指对企业库存物资的验收、储存、保管、发放、盘点、核算等一系列工作。

1. 物资验收入库

物资验收入库主要包括入库物资的数量、品种、规格、质量、单价、金额与单据是否相符。数量不符不收，质量不合格不收，凭证不全不收，手续不齐不收。当票物完全相符后，方可入库、登账、立卡。

2. 物资保管

要根据入库物资的物理性能、化学成分、体积大小、包装方式等不同情况,合理摆放,做到不短缺、不损坏、不变质变形、不混乱,井井有条,便于发放、盘点、检查,充分利用仓库面积和空间,且账、物、卡三者相符。

3. 物资发放

通常采用经常盘点和定期盘点两种方式。经常盘点是由仓库管理人员结合日常工作,对账、卡、物所进行的核对和检查。定期清仓盘点是指间隔一定时间(季末、年末),组织有关专业人员(仓库管理人员、财务人员、企业主管等),对库存物资的全面检查和清点。

4. 仓库物资核算

除在财务科设立物资总账外,仓库要设立物资明细账,随时记载入库与出库物资的流水情况以及盘点清查后的账务处理情况。

二、物资 ABC 分类法

ABC 分类法是近年来企业仓库管理工作推广使用比较多的方法。它适用于库存物资种类繁多,并且各种物资的耗用数量、价值大小、资金占用情况差异很大的企业。

ABC 分类法的基本原理就是根据库存物资的价值大小、耗用量的多少、资金占用的情况,把各类物资划分为 A、B、C 三类,按其重要程度,有区别地加以管理和控制。正所谓"关键的少数,次要的多数"。仓库管理引进 ABC 分类法可以使物资管理工作做到保证重点,统筹兼顾。

一般来说,A 类物资品种只占全部库存物资的 10%~20%,而资金的占用却占全部储备资金类的 70%~80%;B 类物资品种占 20% 左右,资金占用 20% 左右;C 类物资品种占 60%~70%,而资金仅占全部资金的 10%~20%。由于 A 类物资品种少、占用资金多,在管理上要实行重点控制;B 类物资实行一般管理和控制;C 类物资品种多,占用资金量小,采取简便的方法进行管理。

项目五　农业企业技术管理

任务一　技术管理的含义

任务要求

了解技术管理的含义。

案例导入

2011 年,经袁隆平指导的"Y 两优 2 号"百亩超级杂交稻试验田平均亩产 926.6 公斤,创中国大面积水稻亩产最高纪录。此前,由袁隆平领衔的科研团队,先后在 1999 年、2005 年,成功攻克超级杂交稻大面积亩产 700 公斤、800 公斤两大世界难关,使中国杂交水稻超高产研究保持世界领先地位。此次突破不仅可以使中国的粮食保障更为稳固,同时,投入相同土地资源取得更大的亩产,意味着中国可以节约大量耕地,用以种植其他有着较大供需缺口的作物。

案例思考:袁隆平水稻超产的秘诀是什么?

相关知识

一、技术管理的含义

技术管理通常是指在技术行业当中所做的管理工作,管理者一般具有较高的技术水平,同时带领着自己所管理的团队完成某项技术任务。

企业技术管理就是依据科学技术工作规律,对企业的科学研究和全部技术活动进行的计划、协调、控制和激励等方面的管理工作。企业技术管理是整个企业管理系统的一个子系统,是对企业的技术开发、产品开发、技术改造、技术合作以及技术转让等进行计划、组织、指挥、协调和控制等一系列管理活动的总称。

二、技术管理的目的

技术管理的目的,是按照科学技术工作的规律性,建立科学的工作程序,有计划地、合理地利用企业技术力量和资源,把最新的科技成果尽快地转化为现实的生产力,以推动企业技术进步和经济效益的实现。

任务二 现代农业高新技术

任务要求

了解现代农业高新技术。

案例导入

买一盒种在盆里的韭菜回家,想吃时就割一把,购买这样的蔬菜是不是更新鲜呢?这就是"活体蔬菜"。吃营养液长大,不打农药。

"活体蔬菜"是指消费者既可以在市场内自行挑选,也可以连盆带箱一起购买的活着的新鲜蔬菜。这样的蔬菜不仅可以采摘食用,也可以当作盆栽来观赏。市民如果将"活体蔬菜"买回家,就可以做到现吃现摘。

案例思考:"活体蔬菜"的出现说明了什么问题?

 相关知识

一、现代农业科技的发展趋势

现代农业科技是现代农业发展的强大动力。21世纪农业科技发展的基本趋势是农业科技向深度和广度发展。未来农业科技将在探索动、植物和微生物生命活动奥秘,挖掘增产潜力方面取得重大突破,从而使优质、高产、高效目标达到一个新的水平。

现代农业科技在形成自己的完整体系的同时,与其他众多门类的自然科学、社会科学不断渗透、交融,形成许多新的科技交叉点,从而大大推动农业科技的发展。

生物技术等高新技术的研究不断深化,尤其是基因工程的快速发展,大大提高了现代农业科技的发展水平。

农业科学技术与经济及管理科学结合更加紧密,使人们能够更好地认识农业自然规律和经济规律,进而促进农业发展战略决策的科学化和企业管理的现代化。

二、现代农业高新技术

农业高新技术,是农业高技术和农业新技术的统称。农业高技术,是指其基本原理及概念主要建立在农业最新科学成就和当今农业科技发展最高水平基础上的、处于发展前沿的农业科学技术。农业新技术,是相对原有的传统技术和旧技术而言,是在现代科学发展过程中对原有技术进行创新、发展、替代而产生的农业科学技术。农业高新技术有着丰富的内涵。从较高层次上概括及技术构成的内容看,可以将农业高新技术分为三大类,即现代生物技术、现代工程高新技术和现代管理高新技术。具体来讲,农业高新技术至少应包括下列几个领域:

(1) 农业生物技术。它是定向地、有目的地进行农业生物遗传改良和创制的一门高新技术,包括基因技术、细胞技术、酶技术和发酵技术等。应用这一技术可以不断为农业生产提供新品种、新方法、新资源。如细胞工程技术中的试管苗快繁和茎尖培养脱毒技术,是利用植物的任何一部分的细胞所具有的全能性,经人工培养、处理,均可发育成一个完整个体的技术。因为茎尖分生组织,不含或少含病毒,分裂快,可大量生产汰除病毒的试管苗,已应用于生产实践。突出的如香蕉、柑桔、草莓、西瓜、甘薯、马铃薯脱毒试管已大规模推广,取得显著效益。

(2) 农业信息技术。信息技术在农业上的应用主要包括农业决策支持系统研制与开发,虚拟农业研究,农业信息网络化技术,农业资源管理与动态监测专家系统研制,专业实用技术信息系统及专家系统(作物种植、动物养殖、生产决策支持系统)的研制,全国共享的农业经济、资源、科技信息网络等。农业信息技术已被广泛应用于动植物生长管理自动化、病虫害诊断和预测预报、农场管理决策以及日常事务处理等。

(3) 核农业技术,或农业辐射技术。它是农业高新技术的一个重要领域,不仅为农作物品种改良和资源创制了一个强有力的技术手段,也为农副产品的延贮、保鲜开辟了一条新的有效途径;同时又为解决一些重大农业技术问题提供了新方法。如20世纪80年代中

期我国开创的离子束辐射诱变育种及转基因技术,成为植物遗传改良的有效方法。农产品辐射延贮、保鲜是继热处理、脱水、冷冻化防等传统保藏法之后的一项新技术,它既节约能源,又避免化学残留、污染。

(4)设施农业技术。主要指工厂化种植和养殖、计算机农业控制等现代技术设施所装备的专业化生产技术。棚膜栽培、节能日光温室、无土栽培等均属设施农业。它特别适宜于蔬菜、园艺作物的生产和繁殖,能大幅度地提高水、土、热、气的利用率,经济、社会、生态效益明显。

(5)多色农业技术。包括绿、蓝和白色农业技术。绿色农业技术主要是指生态农业技术和可持续发展技术,也就是利用现代化科学技术知识,从调整和优化农业结构入手,充分利用资源,实现高效的物质能量循环和深层次的加工与转化,保持环境、生态与经济的协调发展。蓝色农业主要指水产品和水体农业。白色农业主要是指食用微生物产业、食用菌的生产和加工。由于其具有较高的营养价值、保健价值和商品价值,使其作为一类综合的技术群在农业高新技术领域中占有重要的位置。

(6)移植、常规技术组装配套。工业和国防等其他行业高新技术向农业的移植,以及各种常规农业技术融合、交叉、渗透,或者组装与高效地配置,组成一个有机复合技术群,从而达到整体大于个别之和的效果。这种综合,就是创造。综合技术群的作用,对农业高新技术的丰富与发展产生重要的影响。

任务三　农业企业技术管理的内容

任务要求

了解农业企业技术管理的内容。

案例导入

金融危机也让美国企业陷入困境,企业的倒闭潮引发社会的失业潮,国内企业是否也可到美国去抄底人才市场?松山湖海归博士陈友斌,在近三个月内跑了三趟美国,根据自己企业的需求,挖到了一些专注人才,并观察和思考了东莞美国引进人才的可行性和注意点。

案例思考:农业企业技术管理中人才引进的重要性。

相关知识

农业企业技术管理的内容具体包括技术开发、技术引进、技术推广、技术改造与技术创新等环节。

一、技术开发

技术开发是指把研究所得到的发现或一般科学知识应用于产品和工艺上的技术活动。企业技术开发的对象主要有：产品的开发、设备与工具的开发、生产工艺的开发、能源与原材料的开发、改善环境的技术开发等。不同的企业可根据不同的情况选择技术开发的重点。

二、技术引进

技术引进是指企业为提高生产能力、技术水平和管理水平，通过各种途径，从外部引进先进的技术，以促进企业的发展。引进技术的内容主要有以下几个方面：

（1）引进工艺、制造技术，包括引进产品设计、工艺流程、材料配方、制造图纸、工艺检测方法和维修保养等技术知识和资料以及聘请专家指导、委托培训人员等技术服务。

（2）引进技术的同时，还要购买必要的成套设备、关键设备、检测手段等。

（3）通过引进先进的经营管理方法，充分发挥所引进技术的作用，做到引进技术知识和引进经营管理知识并举。

（4）通过广泛的技术交流、合作以及学术交流活动、技术展览等，引进新的学术思想和科学技术知识。

（5）引进人才。人才的引进可以根本上消除本国、本单位与国外、其他企业在技术方面的差距。

三、技术推广

农业企业技术推广是指通过推广实验、示范、培训及咨询服务等方式，把农业技术应用于农业生产的产前、产中、产后全过程的活动。

四、技术改造

技术改造是指企业为了提高经济效益和产品质量、促进产品升级换代等目的，采用先进的、适用的新技术、新工艺、新设备、新材料等对现有设施、生产工艺条件进行的改造。

五、技术创新

技术创新是指改进现有或创造新的产品、生产过程或服务方式的技术活动。重大的技术创新会导致社会经济系统的根本性转变。

 学习测试题

一、单选题

1. 人力资源是指一个农业企业所拥有的劳动力（　　）。
   A. 数量　　　　B. 质量　　　　C. 数量或质量　　　D. 数量和质量
2. 我国《劳动法》规定招收员工一般要年满（　　）周岁。
   A. 15　　　　B. 16　　　　C. 17　　　　D. 18
3. 在管理内容上，人力资源管理（　　）。
   A. 以事为中心　　　　　　　　B. 以企业为中心
   C. 以人为中心　　　　　　　　D. 以社会为中心
4. 设置岗位的基本原则是（　　）。
   A. 因人设岗　　　　　　　　B. 因事设岗
   C. 按领导意愿设岗　　　　　D. 因企业结构设岗
5. 按照岗位数目和每个岗位应配备的人数来计算劳动力的需要量的方法称为（　　）。
   A. 设备定员　　B. 岗位定员　　C. 效率定员　　D. 按比例定员
6. 按照一个中等劳动力所负担的耕地面积或一个饲养员所应饲养的生猪头数，确定各类劳动力的需要量称为（　　）。
   A. 设备定员　　B. 岗位定员　　C. 效率定员　　D. 按比例定员
7. 土地是地球陆地表面由地貌、土壤、岩石、水文、气候和植被等要素组成的（　　）。
   A. 自然综合体　　　　　　　　B. 历史综合体
   C. 综合体　　　　　　　　　　D. 自然历史综合体
8. 土地资源是指已经被人类（　　）的土地。
   A. 所利用　　　　　　　　　　B. 没有利用
   C. 可预见未来能利用　　　　　D. 所利用和可预见的未来能被人类利用
9. 土地资源具有（　　）的属性。
   A. 自然属性　　　　　　　　B. 社会属性
   C. 自然属性或社会属性　　　D. 自然属性和社会属性
10. 土地资源的自然特征是指（　　）为转移的自然属性。
    A. 以人的意志　　　　　　　B. 不以人的意志
    C. 以国家的意志　　　　　　D. 以企业的意志
11. 土地（　　）的属性，要求人们在对土地增加投入时，必须寻找投入的适合度。
    A. 土地利用后果的社会性　　　B. 土地报酬递减的可能性
    C. 土地利用方式的相对分散性　D. 土地资源供给的稀缺性
12. 土地承包管理是指对公有土地的发包方与承包方之间就（　　）进行规范调控的行为。
    A. 土地所有权和经营权　　　　B. 土地所有权和使用权
    C. 土地经营权和使用权　　　　D. 土地所有权和占有权
13. 土地统计管理是对土地（　　）管理。
    A. 数量　　　　　　　　　　B. 质量

C. 数量或质量　　　　　　　　D. 数量与质量

14. 农业企业在对土地质量进行经济评价时不应考虑的影响因素是（　　）。
   A. 地理位置　　B. 自然肥力　　C. 市场供给　　D. 市场需求

15. "全部纯收入 – 最低社会必要劳动纯收入"是衡量土地质量的（　　）指标。
   A. 单位土地面积总产值　　　　B. 单位土地面积总收入
   C. 单位土地面积产投比　　　　D. 土地级差收入

16. 土地权属管理又称（　　）管理。
   A. 土地所有权和经营权　　　　B. 土地所有权
   C. 土地经营权　　　　　　　　D. 土地所有权和使用权

17. 企业将经营资金分为自有资金和借入资金两大类,是按（　　）来划分的。
   A. 资金来源　　　　　　　　　B. 资金存在的形态
   C. 资金在再生产过程中所处的阶段　　D. 资金的价值转移方式

18. 企业将经营资金分为货币形态的资金和实物形态的资金两大类,是按（　　）来划分的。
   A. 资金来源　　　　　　　　　B. 资金存在的形态
   C. 资金在再生产过程中所处的阶段　　D. 资金的价值转移方式

19. 企业将经营资金分为生产领域的资金和流通领域的资金两大类,是按（　　）来划分的。
   A. 资金来源　　　　　　　　　B. 资金存在的形态
   C. 资金在再生产过程中所处的阶段　　D. 资金的价值转移方式

20. 企业将经营资金分为固定资金和流动资金两大类,是按（　　）来划分的。
   A. 资金来源　　　　　　　　　B. 资金存在的形态
   C. 资金在再生产过程中所处的阶段　　D. 资金的价值转移方式

21. 固定资金,是垫支在主要（　　）上的资金,其实物形态表现为房屋及建筑物、机器设备、运输设备、工具器具等。
   A. 劳动资料　　　　　　　　　B. 生活资料
   C. 生产资料　　　　　　　　　D. 固定资料

22. 在实际生产经营活动中,作为固定资产的劳动资料,一般应具备的条件是（　　）。
   A. 使用年限长
   B. 使用年限长或单位价值在规定的价值以上
   C. 单位价值在规定的价值以上
   D. 使用年限长和单位价值在规定的价值以上

23. 固定资产的计价是指以（　　）形式,对固定资产进行计量。
   A. 实物　　B. 货币　　C. 折旧　　D. 费用

24. 固定资产原值减去固定资产累计折旧后的余额是（　　）。
   A. 实物　　B. 货币　　C. 折旧　　D. 费用

25. 流动资金,是指垫支在（　　）上的资金和用于支付劳动报酬及其他费用的资金。
   A. 作业对象　　　　　　　　　B. 生活对象
   C. 生产对象　　　　　　　　　D. 劳动对象

26. 农业企业的流动资金是由( )等组成的。
    A. 储备资金　　　　　　　　　B. 成品资金
    C. 货币资金　　　　　　　　　D. 储备资金、成品资金、货币资金
27. 为进行生产而储备的各种材料和物质所占用的资金是( )。
    A. 储备资金　　B. 成品资金　　C. 生产资金　　D. 货币资金
28. 反映流动资金在周转过程中占用数量的变化规律属于流动资金的( )特点。
    A. 流动性　　　B. 并存性　　　C. 波动性　　　D. 增值性
29. 货币资产是流动资产中流动性最强、获利能力( )的资产。
    A. 强　　　　　B. 较强　　　　C. 弱　　　　　D. 较弱
30. 对顾客进行信用评估,常用的方法是( )评估法。
    A. 3C　　　　　B. 4C　　　　　C. 5C　　　　　D. 6C
31. 无形资产是指企业能够长期使用,但不具备( )形态的资产。
    A. 货币　　　　B. 实物　　　　C. 劳动　　　　D. 技术
32. 收益性无形资产是( )。
    A. 商标权　　　　　　　　　　B. 土地使用权
    C. 经营秘密　　　　　　　　　D. 著作权
33. 物资管理是农业企业管理的一项( )内容。
    A. 基础　　　　B. 重要　　　　C. 关键　　　　D. 保障
34. 根据以往某种物资实际消耗量的记载资料,计算出先进的平均水平,并按照变化了的情况,确定物资消耗定额的一种方法是( )。
    A. 经验估计法　　　　　　　　B. 统计分析法
    C. 技术计算法　　　　　　　　D. 先进先出法
35. ( )的制定是指在两批物资供应间隔期内,为满足正常生产需要而确定的物资储备量。
    A. 经常储备定额　　　　　　　B. 保险储备定额
    C. 季节性储备定额　　　　　　D. 月度储备定额
36. 保险储备定额是物资储备的( )。
    A. 最低限额　　B. 最高限额　　C. 一般限额　　D. 标准限额
37. 经济订购批量,就是采购费用与库存费用之和( )时的采购批量。
    A. 最小　　　　B. 最大　　　　C. 平均　　　　D. 实际值
38. 一般来说,( )品种只占全部库存物资的10%~20%,而资金的占用却占全部储备资金类的70%~80%。
    A. A类物资　　B. B类物资　　C. C类物资　　D. D类物资
39. 物资ABC分类法,A类物资品种少、占用资金多,在管理上要实行( )。
    A. 重点控制　　　　　　　　　B. 非重点控制
    C. 一般控制　　　　　　　　　D. 简便控制
40. 农业高新技术,是( )的统称。
    A. 农业高技术　　　　　　　　B. 农业新技术
    C. 农业高技术或农业新技术　　D. 农业高技术和农业新技术

二、多选题

1. 人力资源的基本特征是( )。
   A. 生物性　　　B. 时代性　　　C. 能动性　　　D. 两重性
2. 劳动力利用计划包括( )的内容。
   A. 劳动力资源　　　　　　　　B. 劳动力需要量
   C. 工作量　　　　　　　　　　D. 投放结构
3. 土地资源具有( )属性。
   A. 土地的自然　　　　　　　　B. 政治属性
   C. 社会属性　　　　　　　　　D. 阶级属性
4. 土地资源的经济特征有( )。
   A. 土地资源供给的稀缺性　　　B. 土地报酬递减的可能性
   C. 土地利用后果的社会性　　　D. 土地利用方式的相对集中性
5. 按资金存在的形态,资金可分为( )。
   A. 货币资金　　B. 生产资金　　C. 实物资金　　D. 流通资金
6. 固定资金的特点是( )。
   A. 循环周期长　　　　　　　　B. 一次性投资,分次收回
   C. 价值补偿和实物更新可以分离　D. 价值补偿和实物更新不分离
7. 固定资产磨损分为( )两种。
   A. 有形磨损　　B. 技术磨损　　C. 无形磨损　　D. 人为磨损
8. 流动资金的特点是( )。
   A. 流动性　　　B. 并存性　　　C. 波动性　　　D. 增值性
9. 无形资产营造战略包括( )。
   A. 专利战略　　B. 质量信誉战略　C. 质量战略　　D. 名牌战略
10. 农业高新技术,是( )的统称。
    A. 传统技术　　B. 农业高技术　　C. 农业新技术　D. 生物新技术

三、判断题

1. 人力资源具有两重性特征是指人力资源既具有生产性,又具有消费性。　( )
2. 企业与员工是通过签订劳动合同的方式,形成劳动关系的。　　　　　　( )
3. 绩效评价是进一步提高和改善员工的工作绩效的重要途径。　　　　　　( )
4. 劳动力利用计划包括劳动力资源和劳动力需要量与投放结构两方面的内容。( )
5. 土地资源既具有自然属性,也具有社会属性,是"财富之母"。　　　　　( )
6. 土地资源的特征是可以随人的意志改变的,因此企业可改变土地的用途。( )
7. 江苏沿海滩涂每年都增加陆地面积,因此,土地的面积是可以扩大的。　( )
8. 转让和转包是农村土地承包经营权流转的两种形式,它们之间没有区别。( )
9. 实行集约化经营,可提高土地资源的利用率。　　　　　　　　　　　　( )
10. 企业资金是指用于从事企业生产经营活动和其他投资活动的资产的货币表现。
    　　　　　　　　　　　　　　　　　　　　　　　　　　　　　　　　( )
11. 一定数额的资金,代表着一定数量的资产价值。　　　　　　　　　　　( )
12. 无形磨损是指机械设备等固定资产,由于科学技术的进步和社会劳动生产率的提

高而引起的贬值。   (   )
  13. 流动资金,它只在一个生产周期内发生作用,其价值在生产过程中分次全部转移到产品成品中去,并随着产品的销售,从销售收入中得到补偿。   (   )
  14. 流动资金在循环周转中,可以得到自身耗费的补偿,并实现一定的增值。 (   )
  15. 无形资产的未来收益很大,其投资收回具有确定性。   (   )
  16. 无形资产不需要与特定的企业或特定的有形资产联为一体,就能实现其价值。
                                                        (   )
  17. 名牌有三层含义,即名牌产品、名牌商标和名牌商号。   (   )
  18. 物资储备量超过最高储备量时,应立即处理,减少积压,避免浪费。   (   )
  19. 物资订货决策,又称库存决策,常用的是经济订货批量。   (   )
  20. 对于农业企业,技术管理的内容具体包括技术开发、技术引进、技术推广、技术改造与技术创新等环节。   (   )

四、名词解答
  1. 农业企业人力资源管理
  2. 土地资源

五、填空题
  1. 人力资源管理的主要工作内容是_____、_____、_____、_____、_____、_____、_____、_____、_____。
  2. 土地资源的自然特征有_____、_____、_____、_____。
  3. 土地资源管理的内容有_____、_____、_____、_____。
  4. 农业企业土地资源的合理利用原则有_____、_____、_____、_____、_____。
  5. 合理计价是核算固定资产和计提折旧的依据,通常采用_____、_____、_____三种计价标准。
  6. 固定资产折旧的计算方法有_____、_____、_____。
  7. 考核流动资金利用效果的指标有_____、_____、_____。
  8. 无形资产的特点有_____、_____、_____。
  9. 制定物资消耗定额的方法有_____、_____、_____。
  10. 物资储备定额的制定包括_____、_____、_____。
  11 仓库管理的主要内容有_____、_____、_____。
  12. 现代农业高新技术主要指_____、_____、_____、_____、_____。

六、计算题
  某项固定资产使用年限为5年,原值为20 000元,折旧率为20%,假设其残值和清理费用相抵。按直线折旧法得其折旧率为20%,现按双倍余额递减法,则其历年折旧是多少?

七、综合题
  简述我国土地资源管理的原则。

学习情境十 农业企业生产组织与管理

现代农业企业是建立在分工协作的基础上的,为了完成生产经营计划,企业必须科学地进行生产组织。确立主导项目,进行生产项目组合,开发绿色产品,对各种生产资源和生产过程的不同阶段、环节、工序作出有序的安排,使其在时间上、空间上平衡衔接,构建一个协调、高效的整体系统,取得最佳的经济效益。

学习目标

了解农业企业生产项目开发;熟悉种植业、养殖业生产组织与管理;知晓农产品加工业生产与管理。

项目一 农业企业生产项目开发

任务一 农业企业生产的基本特性

任务要求

能说出农业企业生产的基本特性。

案例导入

比较两幅生产场景图

图 10-1 工业企业生产图

图 10-2 农业企业生产图

案例思考: 与工业企业生产相比较,农业企业生产有哪些特性?

相关知识

一、农业企业生产的含义

农业企业生产,是以有生命的动植物、微生物为对象,根据其生长发育规律配置资源,生产加工人类所需要的农副产品的过程。因此,市场化农业的生产管理不仅要遵循自然规律,还必须坚持市场导向,即农业企业生产项目的开发要符合市场对农产品数量、品种和质量的需求。

二、农业企业生产的基本特性

与工业企业生产相比较,农业企业生产有以下特性:

(1) 生产环境资源的约束性。农业生产的对象主要是有生命的生物体,每一种农作物和畜禽品种均有自己最适宜的生长发育环境条件。农业生产表现出很强的环境资源约束性。农业生产过程实际上就是不断增加投入或合理配置,改进限制因子,提高农畜产品产量和质量的过程。

(2) 生产对象的独特性。这种独特性不仅表现为农作物种类不同,生产发育规律各异,对环境条件要求不同;而且表现为同类农作物品种繁多,其生长发育阶段不同,对环境条件的要求相差很大。

(3) 生产管理的依附性。这是指劳动者必须根据生产对象的生长发育规律和不同生长发育阶段的特点,分别采取各种相应措施,精心管理,才能使生产过程得以顺利进行。

(4) 生产劳动的季节性。这是指劳动时间比较集中但不连续,劳动需求量不但不均衡,且因生产对象和生长发育阶段的不同,对劳动技能和劳动工具的需求也各不相同。

(5) 劳动成果的最终性。这是指农业劳动者的劳动数量和质量的高低集中体现在最终劳动成果上,即农畜产品产出是否高产、优质、高效。

任务二 农业企业经营项目选择

任务要求

能说出农业企业经营项目的分类;学会主导项目选择的方法。

案例导入

中国经营网曾经进行过一次调查,结果发现:98%的经营失败是因为没有选准合适的项目。此外,该调查还显示:80%的经营者在创业前期都感到确定经营项目"十分头疼"、

"很难选择";在经营失败的案例中,有60%的人觉得是"经营项目不对头"或"经营项目选择失误",而在成功经营的人群中,70%的人都认为是"良好的经营项目成就事业"。

由此看来,经营成功与否,经营项目的选择显得举足轻重,因此在选择农业经营项目时一定要慎之又慎,千万小心,不可随随便便。

案例思考:农业企业经营项目选择的方法有哪些?

一、农业企业经营项目的分类

农业企业经营项目按照各经营项目在农业企业中的地位和作用可分为三类:

(1)主导项目:是指占用农业企业土地、劳动力等生产资料较多,在企业销售收入和利润中占绝对比重,并主要体现企业经营方向的项目。

(2)补充项目:是指为了保证主导项目的正常进行,充分利用企业当地的自然和经济资源或主导项目的副产品的项目。

(3)辅助项目:是指不直接生产产品,仅仅为主导项目和补充项目提供必要的生产经营条件和服务的项目。

二、主导项目选择的方法

农业企业主导项目选择一般依据以下两个原则:一是比较利益原则;二是机会成本原则。

主导项目应是满足社会(市场)需求,能有效地利用本企业资源优势,经济效益最佳的经营项目,并且应尽可能地符合经营风险较小、经营灵活性较大的要求。一个农业企业通常有一个主导项目,大型企业也可有2~3个。其选择方法与步骤如下:

1. 资源优势与市场需求耦合分析

资源优势分析,是选择主导项目的基本依据,因为只有最有效地利用本企业资源优势,才能产出质优、成本低的产品。据此画出资源优势产品圈,找出本企业最适合生产的产品是哪些。

市场需求分析,是通过市场调查,预测需求变化,据此画出市场需求产品圈,找出本企业畅销产品是哪些。

资源优势产品圈与市场需求优势产品圈

相重合处就是主导项目的选择空间(如图10-3)。资源优势产品而非市场需求产品,或

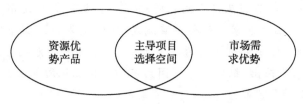

图10-3 主导项目选择空间示意图

者市场需求产品而非资源优势产品,都不应成为本企业的主导项目。

2. 项目经济效益分析

在界定主导项目的选择空间后,还需运用经济效益分析法加以择优。通常是在估算项目的投资额、经营成本、经营收益的基础上,计算投资报酬率、投资回收期等指标,选出投资报酬率高、投资回收期短的项目作为主导项目。对于投资与经营期限较长的项目,必须计算资金时间价值,借助于净现值、内部收益率指标进行评价,选出净现值大、内部收益率高的项目作为主导项目。

3. 项目风险性分析

依据决策者掌握信息的程度,对备选项目进行不确定型或风险型决策分析和风险强度分析。

4. 项目灵敏度分析

影响项目选择的因素比较多,分析影响因素的灵敏度,就是在其他因素不变时,预测某一因素变动幅度对主导项目决策方案盈亏值的影响程度,用以测定该项目的抗风险能力。

5. 项目灵活性分析

项目灵活性是指一种经营项目占用的资源转移到另一经营项目的灵活度。灵活度大,意味着占用的资源易于由亏损项目转移到盈利项目,由效益低的项目转移到效益高的项目,实现资源的合理配置和产品结构调整,适应市场变化。项目灵活性分析主要从时间灵活性、设备灵活性、产品灵活性等多方面进行分析。

任务三　农业企业绿色食品开发

任务要求

能说出绿色食品相关概念,识别其标志;了解开发绿色食品的意义;知晓绿色食品生产操作规程;熟悉绿色食品开发模式。

案例导入

辽东半岛有一家大型果汁加工企业,斥资上亿元从国外进口了一整套先进生产设备。但是投产五年来,一直没有申请到绿色食品的标志。究其原因,就在于其产品所需的基本原料——水果无法达到绿色食品的生产要求。根据农业部要求,绿色食品不仅对加工环节有严格的卫生要求,还对其原料生产中的肥料、农药(兽药)、饲料使用以及水、土壤质量等都有明确规定。有关方面对这家企业初步监测发现,他们果园土壤中农药、重金属严重超标,果品中还存在着药、肥残留超标问题。由此看来,即使设备再先进,如果不对水果基地进行"绿色改造",也很难榨出"绿色果汁",因为农药和化肥施用量在水果生产中的失控,早已经让果汁失去了"绿色"根基。

案例思考:该果汁加工企业应如何改进才能达到绿色食品的要求?

相关知识

一、绿色食品相关概念

（一）无公害食品

1. 无公害食品的概念

无公害食品指的是无污染、无毒害、安全优质的食品，在国外称无污染食品、生态食品、自然食品。无公害食品生产地环境清洁，按规定的技术操作规程生产，将有害物质控制在规定的标准内，并通过部门授权审定批准，可以使用无公害食品标志。

图10-4　无公害产品标志

2. 中国无公害食品的标志

如图10-4，中国无公害食品标志是由麦穗、对勾和无公害农产品字样组成，麦穗代表农产品，对勾表示合格，金色寓意成熟和丰收，绿色象征环保和安全。

3. 无公害食品的指标

在目前现实的自然环境和技术条件下，要生产出完全不受到有害物质污染的商品蔬菜是很难的。通俗地说，无公害蔬菜应达到"优质、卫生"。"优质"指的是品质好、外观美、Vc和可溶性糖含量高、符合商品营养要求。"卫生"指的是3个不超标，即农药残留不超标，不含禁用的剧毒农药，其他农药残留不超过标准允许量；硝酸盐含量不超标，一般控制在432ppm以下；工业三废和病原菌微生物等对商品蔬菜造成的有害物质含量不超标。如表10-1为无公害食品梨的卫生指标。

表10-1　无公害食品梨的卫生指标

序号	项　　目	指标（mg/kg）
1	多菌灵（cerbendazin）	≤0.5
2	毒死蜱（chorpyrtfos）	≤1
3	辛硫磷（phoxla）	≤0.05
4	氯氟氰菊酯（cyhalothrin）	≤0.2
5	溴氰菊酯（deltamcthrin）	≤0.1
6	氯氰菊酯（cypermethrin）	≤2
7	铅（以Pb计）	≤0.2
8	镉（以Cd计）	≤0.03
9	汞（以Hg计）	≤0.01
10	砷（以As计）	≤0.5

（二）绿色食品

1. 绿色食品的概念

绿色食品是指在无污染的生态环境中种植及全过程标准化生产或加工的农产品，严格控制其有毒有害物质含量，使之符合国家健康安全食品标准，并经专门机构认定，许可使用绿色食品标志的食品。

2. 中国绿色食品的标志

绿色食品（Green food）标志由特定的图形来表示（如图10-5）。绿色食品标志图形由三部分构成：上方的太阳、下方的叶片和中间的蓓蕾，象征自然生态。标志图形为正圆形，意为保护、安全。颜色为绿色，象征着生命、农业、环保。AA级绿色食品标志与字体为绿色，底色为白色；A级绿色食品标志与字体为白色，

图10-5　绿色食品的标志

底色为绿色。整个图形描绘了一幅明媚阳光照耀下的和谐生机,告诉人们绿色食品是出自纯净、良好生态环境的安全、无污染食品,能给人们带来蓬勃的生命力。绿色食品标志还提醒人们要保护环境和防止污染,通过改善人与环境的关系,创造自然界新的和谐。

3. 绿色食品标准

(1) 产品或产品原料的产地必须符合绿色食品的生态环境标准。

(2) 农作物种植、畜禽饲养、水产养殖及食品加工必须符合绿色食品的生产操作规程。

(3) 产品必须符合绿色食品的质量和卫生标准。

(4) 产品的标签必须符合中国农业部制定的《绿色食品标志设计标准手册》中的有关规定。

(三) 有机食品

1. 有机食品的概念

有机食品,也叫生态或生物食品等。有机食品是目前国际上对无污染天然食品比较统一的提法。有机食品通常来自于有机农业生产体系,根据国际有机农业生产要求和相应的标准生产加工的。所以,这里所说的"有机"不是化学上的概念——分子中含碳元素,而是指采取一种有机的耕作和加工方式。有机食品是指按照这种方式生产和加工的,产品符合国际或国家有机食品要求和标准,并通过国家有机食品认证机构认证的一切农副产品及其加工品,包括粮食、红枣、菌类、蔬菜、水果、奶制品、禽畜产品、蜂蜜、水产品、调料等。

2. 中国有机产品的标志

中国有机产品标志的图案主要由三部分组成,即外围的圆形、中间的种子图形及其周围的环形线条。如图10-6所示。

图10-6 中国有机产品标志

标志外围的圆形形似地球,象征和谐、安全,圆形中的"中国有机产品"字样为中英文结合方式。既表示中国有机产品与世界同行,也有利于国内外消费者识别。标志中间类似于种子的图形代表生命萌发之际的勃勃生机,象征了有机产品是从种子开始的全过程认证,同时昭示出有机产品就如同刚刚萌发的种子,正在中国大地上茁壮成长。

种子图形周围圆润自如的线条象征环形道路,与种子图形合并构成汉字"中",体现出有机产品植根中国,有机之路越走越宽广。同时,处于平面的环形又是英文字母"C"的变体,种子形状也是"O"的变形,意为"China Organic"。绿色代表环保、健康,表示有机产品给人类的生态环境带来完美与协调。橘红色代表旺盛的生命力,表示有机产品对可持续发展的作用。2012年3月1日起,有机产品加唯一编号标志,旧标志无效。

二、开发绿色食品的意义

随着我国工农业的飞速发展,人民生活已由温饱型向小康型过渡,物质需求由数量向质量转化,自身健康保护意识增强,要求无公害、无污染、安全、营养丰富的优质食品日益迫切。但是,由于工业大量排放废水、废气、废渣,农业生产大量使用化肥、农药、燃油机具,致使大气、土壤、水资源以及整个生态环境遭受污染的范围及程度日趋严重,导致食物生产过程中随时有被污染的可能,食物中有毒、有害物质不断增加积累,直接影响着人们的身体健康。这种现状不仅是我国,也是当今世界普遍存在的亟待解决的重大"公害"问题。农业部于1990年推出绿色食品开发工程,开发生产无公害、无污染、安全营养的绿色食品,不仅有利于维护人民健康、增强人民体质,而且能促进全民提高环境保护意识,积极有效地控制与解决日趋严重的"公害",创造更加优良美好的生存环境。开发绿色食品的意义主要有:

(1) 绿色食品是未来食品发展的方向。随着城乡居民生活水平的提高,追求安全、环保、健康的绿色食品就成了一种现实的需要。许多成功的企业凭借开发绿色食品而效益大增,竞争实力不断增强。如伊利奶粉,倡导绿色食品、绿色技术、健康营养、安全卫生,铸就辉煌。有关研究表明,95%的使用绿色食品标志的企业,其经济效益明显增长。

(2) 开发绿色食品是农民增收的重大举措。绿色食品从根本上提升了农产品的内在品质,符合人们的消费观念,有利于实现生态效益、社会效益和经济效益的统一,是实现农业增产、农民增收的有效手段。

(3) 开发绿色食品是提高企业市场竞争力的根本。我国加入WTO以后,贸易壁垒在被拆除的同时,绿色技术壁垒却在被不断地加高。传统农业企业是实行粗放经营,追求产品数量,以产定销的封闭管理,导致产品质量差,价格低下,缺乏市场竞争力。现代农业企业则是倡导绿色产品经营理念,实行集约经营,注重产品质量,以销定产的开放式管理,以高产、优质、高效的产品赢得更大的市场份额,具有较强的市场竞争力。经济全球化的今天,我国大多数农业企业应走"劳动密集型 + 绿色食品 + 价格优势"的道路,逐步地提高其市场竞争力,并与国际接轨。

(4) 开发绿色食品有广阔的国际市场前景。

三、绿色食品生产操作规程

生产绿色食品必须严格按照绿色食品生产操作规程进行。我国绿色食品生产操作标准,包括农药、肥料、食品添加剂使用准则,以及根据这些准则,按照华南、华中、华东、西南、华北、东北、西北等七个气候区域制定的每一类产品的生产操作规程。绿色食品生产操作规程包括农产品种植、畜禽饲养、水产养殖和食品加工等操作规程。

(一) 种植业生产的操作规程

种植业生产的操作规程即指农作物的整地播种、施肥、浇水、喷药及收获五个生产环节中必须遵守的规定。其主要内容是:

(1) 植保方面,农药、除草剂的使用在种类、剂量、时间、残留量方面都必须符合《生产绿色食品的农药使用准则》。

(2) 作物栽培方面,化学合成的肥料和化学合成的生长调节剂的使用必须符合《生产绿色食品的肥料使用准则》。有机肥的施用量必须达到保护或增加土壤有机质含量的程度。

(3) 品种选育方面,尽可能选育适应当地土壤和气候条件,并对病虫草害有较强的抵抗力的高品质优良品种。

(4) 耕作制度方面,尽可能采用生态学原理,保持物种的多样性,减少或避免化学物质的投入。

（二）畜牧业生产的操作规程

畜牧业生产的操作规程即指在畜禽选种、饲养、防治疫病等环节的具体操作规定。其主要内容是：

（1）选择饲养适应当地生长条件抗逆性强的优良品种。

（2）主要饲料来源于无公害区域内的草场、农区、绿色食品饲料种植地和绿色食品加工产品的副产品。

（3）饲料添加剂的使用必须符合《生产绿色食品的饲料添加剂使用准则》，畜禽房舍消毒及畜禽疫病防治用药，必须符合《生产绿色食品的兽药使用准则》。

（4）采用生态防病及其他无公害技术。

（三）水产业生产的操作规程

水产业生产的操作规程即养殖用水必须达到绿色食品要求的水质标准、环境标准，鱼虾等水生物的饲料，其固体成分应主要来源于无公害的生产区域。其主要内容是：

（1）养殖用水必须达到绿色食品要求的水质标准。

（2）选择饲养适应当地生长条件的抗逆性强的优良品种。

（3）鲜活饵料和人工配合饲料应来源于无公害生产区域。

（4）人工配合饲料的添加剂使用必须符合《生产绿色食品的饲料添加剂使用准则》。

（5）疫病防治用药必须符合《生产绿色食品的水产养殖用药使用准则》。

（6）采用生态防病及其他无公害技术。

（四）食品加工品生产的操作规程

食品加工品生产的操作规程即食品加工过程中，不能使用国家明令禁用的色素、防腐剂、品质改良剂等；允许使用的要严格控制用量，禁用糖精及人工合成添加剂；食品生产加工过程、包装材料的选用、产品流通过程等，都要具备安全无污染条件。其主要内容是：

（1）加工区环境卫生必须达到绿色食品生产要求。

（2）加工用水必须符合绿色食品加工用水水质标准。

（3）加工原料主要来源于绿色食品产地。

（4）加工所用的设备及产品消耗材料的选用，都要具备安全无污染条件。

（5）在食品加工过程中，食品添加剂的使用必须符合《生产绿色食品的食品添加剂使用准则》

四、绿色食品开发模式

农业企业要树立"保护环境、安全消费、可持续发展"的经营理念，创建"以技术标准为基础、以质量认证为形式、以标志管理为手段"的管理模式，不断地开发和生产绿色食品。

1. 绿色＋特色（特殊种类、特别产地）

由于产地的农产品生产历史久远，生态条件不同，已形成某种技术优势，产品特色突出，深受消费者喜爱，开发绿色食品可得事半功倍之效。

2. 绿色＋优质(食用品质、加工品质)

对于没有传统名牌农产品的地区,可以利用良好的生态自然环境,因地制宜地开发优良品种,以质量取胜。

3. 绿色＋低成本＋高效益

将绿色食品开发与降低成本结合起来,也是一条行之有效的发展途径。

4. 绿色＋著名品牌

利用品牌效应提升绿色食品的知名度和美誉度。

项目二 种植业生产组织与管理

任务一 种植业生产的特点

任务要求

了解种植业生产的特点。

案例导入

广东增城市丝苗,相传是明代有位高僧,把云游四方时搜集到的各种优质稻谷播种于增城县朱村白水寨楼云寺的梯田里,并采用人工杂交方法,培育出的一种优良稻谷。因其谷粒苗修,米泛丝光,世人称之为丝苗。丝苗稻米生产包括田间的稻谷生产和工厂的碾米,要经过晒种、选种、浸种催芽、秧田准备、播种、育秧、整地、插秧、施肥、除草、防病、治虫、灌水排水、收割、脱粒、干燥、碾米等过程。

案例思考：增城市丝苗稻米生产的特点是什么?

相关知识

种植业与其他的产业部门相比有以下独有的生产特点:

一、土地是种植业生产的基础

土地是种植业生产中不可替代的重要生产资料。土地是农作物生长的基地,是进行光合作用的空间条件,农作物生长需要根植于土壤并从土壤中不断吸取养分和水分,土壤肥力高低直接决定着作物产量。因此,种植业生产首先应考虑的重要因素是土地资源的数量与质量;其次应充分合理地利用土地资源,不断提高土壤肥力。这样才能保证作物的高产稳产,也才能保证投资于种植业的效益。

二、种植业生产的对象是有生命的植物

人们种植农作物就是利用作物的生理机能,通过自然力把光、热、水、无机盐、二氧化碳合成为蛋白质、淀粉、糖、氨基酸等有机物质,把太阳辐射能转化为化学能。因此,植物生长发育对自然环境有较强的依赖性,植物有机体要求一定的光、热、水、土、气等自然环境条件,只有满足这些条件,作物才能生长。种植业对自然因素有较大的依赖性,自然环境条件的好坏决定着农作物的产量大小。目前,不能完全摆脱自然灾害的袭击,农作物生产经营仍具有较大的风险,农业企业经营管理时必须充分考虑到这一点。

三、种植业生产有较强的季节性

种植业生产忙闲不均,农忙时很多农活不能及时做完,农闲时农活很少,劳动力、农机具无活可干等。这种季节性的原因是由于种植业作物的生产时间和劳动时间不一致。作物的生产时间是由其本身的生产发育规律决定的,它是持续不间断进行的,而人们的劳动时间是按照农艺要求在规定时间进行的,这就造成农业生产劳动的季节性。这一特点要求将不同季节的作物搭配种植和积极发展多种经营以克服因季节性而造成的劳动用工的不均衡性,以充分合理地利用劳动力。

四、种植业生产布局有明显的地域性

由于各地区自然环境条件的差异性和农作物对自然环境要求的特定性,客观产生了农业生产布局上的地域性。根据发展种植业的条件、种植制度、作物结构、生产布局和商品化程度以及种植业生产的方向、措施,按照区内相似性与区间差异性,并保持一定行政区界完整性的原则,中国农作物种植业区域划分为 10 个一级区和 31 个二级区。其中一级区分别为:东北大豆、春麦、玉米、甜菜区;北部高原小杂粮、甜菜区;黄淮海棉、麦、油、烟、果区;长江中下游稻、棉、油、桑、茶区;南方丘陵双季稻、茶、柑橘区;华南双季稻、热带作物、甘蔗区;川陕盆地稻、玉米、薯类、柑橘、桑区;云贵高原稻、玉米、烟草区;西北绿洲麦、棉、甜菜、葡萄区;青藏高原青稞、小麦、甜菜区。

五、种植业有较强的周期性

种植业生产周期较长,一般短则半年,长则 1~2 年,有的甚至更长。生产周期长短对企业的经营管理必然产生相关的影响,因此农业企业在作物种植的管理上必然考虑种植作物的生产周期,以合理安排企业的资源。

任务二　种植业生产计划编制

任务要求

能编制种植业生产计划。

案例导入

"8月19日,买化肥开支860元;11月10日,翻田整地,栽种油菜;11月26日,卖晚谷收入17 900元;12月8日,参加镇工会和劳动保障所组织的种养技术培训流动现场会……"这是从临川区罗湖镇墩上村农民王春斌写的"种田日记"中摘录出来的几条信息。

王春斌是该镇一名种田能手,2007年他从村里租来20多亩农田耕作,从那时起,他就养成了睡前写"种田日记"的习惯。王老汉介绍他的成功经验。"我这个'种田日记',在农业种植方面可帮了大忙了,既避免了盲目生产,又可以合理使用土地,以最小的投入来换取最大的经济效益。这些年来,我还拿出5亩多田实施辣椒套种,西瓜—水稻—油菜等作物轮番耕作,经济效益都比较好,每亩一年赚个2 000元没问题!"

近年来,在罗湖镇像王春斌这样记"种田日记"的农民越来越多,他们一改过去只凭经验种田的老习惯,白天种地,晚上写日记。他们把所种作物的名称、播种日期、栽培技术要点、产量、成本和市场行情等都记在日记本上,根据市场需求进行综合分析,从而决定来年"种什么",使得人力、物力、地力得到最大限度使用。许多农民还和邻近乡村的农民相互交流"种田经","种田日记"已成为该镇农民致富的好帮手。(资料来源:抚州日报 2009-12-11)

案例思考: 根据王老汉的"种田日记",你能帮他编制一份种植业生产计划吗?

相关知识

种植业生产计划是种植业企业生产经营计划的主要组成部分,包括农作物的种植计划、耕作历、阶段作业计划等。

一、作物种植计划

作物种植计划主要是安排种植作物的类别、播种面积、单产、总产量等相关内容(如表10-2)。

表10-2　　年作物种植计划

作物类别	上年实际			本年计划			计划比去年实际增加		
	面积	单产	总产	面积	单产	总产	面积	单产	总产
小麦									
玉米									
……									
合计									

确定种植计划,首先应掌握本农场(农户)的土地面积及其构成情况,土地的自然环境、质量、灌溉条件及其他情况。其次确定种植面积。这要根据市场需求供给趋势预测和作物轮作倒茬的要求等因素综合考虑来决定。在面积确定的基础上,再根据土地状况、生产条件、技术水平以及物资的保障程度,并结合往年产量,确定单产和总产水平。

通过种植物的计划表,可以编制劳动力、土地、农机具利用的计划和肥料、水、农药需要量计划,还可制订相应的作物产品的销售计划。通常情况下,在制订作物种植计划时,需要落实到每块田地,规定各块土地的前期种什么、后期种什么,以便合理安排及利用土地资源。在确定单位面积产量时,一定要考虑土地、作物的稀缺性,考虑到计划年度内的自然气候状况、生产资料投入状况、农业技术措施改进状况,只有这样才能制订出合理有效的生产计划。一般情况下,本年度的计划产量都会高于上年的产量。

一、作物的耕作历

耕作历是按农事季节的先后顺序进行编制的,分为春耕春播计划、夏收夏种计划、秋收秋种计划、冬季农业基本建设计划和冬季作物管理计划等。通常是以农事季节作为横表目,以各种作物作为纵表目,列出各项作物的作业在什么农事季节进行,这样方便全面检查各期作物的作业是否按时完成。耕作历要求根据各种作物的生长发育规律和技术措施计划,结合当地自然条件编制而成(如表10-3)。

表10-3 农作物的耕作历

作物名称	播种面积	立春	雨水	惊蛰	……	小寒	大寒
水稻							
小麦							
大豆							

二、阶段作业计划

阶段作业计划是耕作历的具体化,一年分春耕春播、夏收夏种夏管、秋收秋种、冬季管理等阶段。为了全面及时完成任务,必须制订阶段作业计划。阶段作业计划可以用网络分析技术编制,也可以用一般的横道图编制。网络图是用箭线和节点将某项工作的流程表示出来的图形。根据绘图表达方法的不同,分为双代号表示法(以箭线表示工作)和单代号表示法(以节点表示工作);根据表达的逻辑关系和时间参数肯定与否,又可分为肯定型和非肯定型两大类;根据计划目标的多少,可分为单目标网络模型和多目标网络模型。横道图又叫甘特图,它是以图示的方式通过活动列表和时间刻度形象地表示出任何特定项目的活动顺序与持续时间。

任务三　种植业生产过程组织与管理

任务要求

了解种植业生产过程中组织的原则；知晓种植业生产过程管理的内容。

案例导入

《孟子·梁惠王上》："不违农时，谷不可胜食也。"战国时期，孟子去见梁惠王，梁惠王问孟子自己如何尽力治国，百姓遭灾时是如何尽力救济，为什么人口没有增加。孟子认为只是考虑如何去救灾，没有考虑到如何不违农时去发展农业生产，应该尽快抓紧时间促进生产，让人们过上温饱生活。

案例思考：孟子的话体现了种植业组织生产过程中的哪个原则？

相关知识

种植业以农作物为主要生产对象，以农田为基本生产资料，它的生产过程是作物生长发育和人类劳动消耗相结合进行的，而且种植业生产季节性强，周期较长，一般要经过整地、播种、田间管理和收获等作业过程。在各个阶段中，作业的内容不相同，所需要的劳动力和生产资料也不同。为了提高劳动生产率和劳动效率，就要合理组织农作物的生产过程，按自然规律与经济规律办事。合理组织生产过程，就是要按照农业的技术要求，在严格的农时期限内，保质、保量地完成各项作业，并力争做到高产、优质、低耗，以取得较好的技术经济效果。

一、种植业生产过程中组织的原则

农作物生产过程是由许多相互联系的劳动过程和自然过程结合而成的。劳动过程是指人们的劳作过程，自然过程是指借助于自然的作用，劳动对象所发生的物理、化学、生物的变化过程。种植业在组织生产过程上应遵循以下几条原则：

1. 准时生产原则

即要做到不误农时和不违农时，不误农时就是农作物什么时候进行什么样的作业都有严格的时间要求，该种不种或该收不收，延误农时，就会降低产量；不违农时就是不要错过作业的最有利的时机，即做到适时整地、适时管理和适时收获。一定要按照生产计划组织生产，按时完成各项作业任务。

2. 比例生产原则

由于各种农作物的生产周期不一致，有的是夏收作物，有的是秋收作物，同一作物有的早熟，有的晚熟，因此，组织生产时要把不同作物按比例配合，这样有利于缓和生产的季节性矛盾。

3. 农艺操作标准化原则

对每项农活都要制定作业操作标准,按作业标准进行操作。这有利于保证作业质量,提高工效,增加产量。

4. 安全生产原则

随着农业现代化的发展,采用大量的化学农药和农业机械,经常会出现农药中毒和机电伤亡事故,因此,组织农业生产时一定要强调安全生产第一,杜绝伤亡事故的发生。

二、种植业生产过程的管理

对于种植业生产还需要加强对生产过程各阶段的组织管理工作,以便提高经济效益。每种农作物的生产过程基本上都离不开耕地、播种、田间管理和收获等几个主要生产阶段。不同的生产阶段,需要管理的内容也不尽相同。

(一) 耕地工作的组织

耕地是种植业的一项基础工作。合理组织耕地工作的要求是:
(1) 严格按照农事季节适时进行耕地和平整土地工作;
(2) 严格按照土地耕地与平整的技术要求,保证耕地质量;
(3) 浅耕还是免耕,因地(地块的坡度和水土流失情况)制宜;
(4) 深耕还是浅耕,因作物制宜;
(5) 尽可能地覆盖地边、地角和消除漏耕等。

(二) 播种工作的组织

播种是一项时间性很强的工作。播种工作要遵守以下技术要求:
(1) 适时播种;
(2) 按规定的播种定量和播种密度播种;
(3) 按规定的播种深度播种;
(4) 按规定的株行距播种,播行要直,行距要匀,不漏播和重播;
(5) 移栽作物要按规定的移植期移栽,要求苗全苗壮。

(三) 田间管理工作的组织

田间管理的工作较多,包括间苗、定苗、整枝打杈、中耕、除草、施肥、灌水、喷药等。各项作业的技术操作要求不同,必须严格按照各项农艺的操作规程和规定操作。其基本要求是:及时作业、保证质量和正确运用农业技术有计划地促进或控制作物生长。

(四) 收获工作的组织

收获工作时间紧,作业量大,一定要加强人力、畜力和机械设备的组织管理,尽可能地利用机器代替人畜力作业。在农作物收获时,一定要深入田间察看农作物的成熟程度,哪一块先收,哪一块后收,准备好收获农作物的放置场地,并且收获期间注意天气变化状况。这都有利于在短期内高效率地完成收获任务。

项目三　养殖业生产组织与管理

任务一　养殖业生产

 任务要求

能说出什么是养殖业生产,养殖业的类型与特点。

 案例导入

一天,小明妈妈让小明到超市买某一些农业类商品,她告诉小明:某农业类商品涉及领域特别宽广,有天上飞的,地上跑的,水里游的,大到牛羊等"庞然大物",小到蚂蚁昆虫……

案例思考:你知道小明妈妈说的是哪些类型的农业类商品吗?

 相关知识

一、养殖业生产

养殖业生产是指家畜、家禽饲养业和渔业生产,主要提供肉、蛋、奶及水产品,为轻工业提供毛、皮等原料,为外贸提供出口物。养殖业的发展对改善人们的食物构成,提高人民的生活质量,具有重要意义。

二、养殖业类型

根据生产对象的饲料特点和动物性产品的消费特性,可将养殖企业划分为四大类型:

第一类,以牲畜为生产对象。包括养牛、马、猪、羊、兔等,这类企业的产品主要是肉、皮、毛、乳等。

第二类,以禽类动物为生产对象。包括养鸡、鸭、鹅、火鸡、鹌鹑等,这类企业的主要产品是肉、蛋、毛等。

第三类,以水中动物为生产对象。包括养鱼、虾、贝类、蟹、水生藻类、贝养珍珠等。这类企业的主要产品是水生动物的肉、寄生物和植物叶等。

第四类,以虫类动物为生产对象。包括养蜂、蚕、蚯蚓、蝎等。这类企业的主要产品是虫类的蜜、丝、皮、全身等,还有重要的制药原料等。

由于养殖业包括的内容繁多,本项目主要以养殖畜、禽、鱼类动物的企业为例,介绍养殖类生产企业的管理方法。

三、养殖业生产的特点

1. 养殖业生产对象是有生命的动物

养殖业的自然再生产和经济再生产交织在一起的基本特点,要求企业不但要按自然规律组织生产活动,同时,还要求按照经济规律进行生产管理,以取得良好的经济效益和生态效益。

2. 养殖业生产的转化性

养殖业将植物能转化为动物能。饲料在生产成本中占有很大的比重,养殖业生产管理的主要任务之一,是提高饲料(或饵料)转化率。

3. 养殖业生产的周期长

养殖业生产周期一般较长,在整个生产周期中要投入大量的劳动力和资本,只有在生产周期结束时才能获得收入,实现资本的回收。从生产时间分析,比如奶牛泌乳有高产期、低产期和干乳期;蛋鸡有产卵期和歇卵期;等等。因此,在生产中要求选用优良品种,采用科学饲养管理,延长生产时间,缩短生产周期,提高畜禽的产品率。

4. 养殖业生产的双重性

养殖业生产的双重性指的是作为繁殖用的母畜、种畜、奶畜是劳动手段和生产资料,而作为肉畜、肉禽则又是劳动产品和消费资料。养殖业生产,它既要满足社会对生活消费品需要,又要保证企业自身再生产的需要,因而,具有双重性特点。

5. 养殖业生产的可移动性

养殖业生产的可移动性指的是畜禽可以进行密集饲养、异地育肥。运用这个特点,可以克服环境等因素的不利影响,创造适合于养殖业生产的良好的外部环境,以保证养殖业生产过程的顺利进行。

四、养殖业的生产任务

养殖业生产任务是根据市场需要,结合资源环境和经济技术条件,确定合理的生产结构;采用科学的养殖方式,以发展家畜、家禽、水产品养殖与培育稀有经济动物并重,生产更多更好的畜禽及水产品,以满足社会的多样化需求。主要包括:

1. 确定生产结构

养殖企业应根据国家经济发展战略目标、市场需求状况和企业自身的资源条件,坚持"以一业(一品)为主,多种经营"的经营方针,因地制宜地确定畜禽生产结构。有丰富的饲草资源地区,可以多发展牛、羊等食草畜,适应发展生猪和家禽;在广大农区,以养猪、鸡等家禽为主,有条件的可兼养牛、羊等,以充分利用农业精饲料和秸秆粗饲料等多种资源,降低生产成本。

2. 建立饲料基地

饲料是养殖业发展的物质基础。发展养殖业,提高畜禽产品和水产品产量和质量,其基本条件是建立相对稳定的饲料基地,保证畜禽正常的生长发育,解决"吃饱"的问题;同时,要发展饲料加工业,生产各种配合饲料和添加剂,提高饲料质量,满足各种畜禽、鱼虾等各个生长期的多种营养需求,解决"吃好"的问题。

3. 提供优质产品

动物品种的优劣,关系到植物饲料的转化率和产品的生产率。因此,养殖业生产的重要任务之一,就是要不断引进和培育优良品种,实施标准化生产,提高畜禽产品和水产品的内在品质,为社会提供更多的优质产品。

任务二　畜牧业生产计划编制

任务要求

会编制畜牧业生产计划。

案例导入

2005年,一直在外地做生意的老高回到了家乡。有一天,高老汉遇到了同乡萧先林,他对55岁的萧先林说:"老萧啊!村后一块山地多好啊!还有一口天然泉水。不如我们两个老头合作在山上养鸡吧!你懂些中草药,负责为鸡提供中草药饲料,我负责出资、养鸡和打销路。"两位老人一拍即合,当两人把这个主意向村支书和村委会主任一提,他们也都很支持,给高老汉提供了各种方便。

在荒山野岭办养鸡场,没有路可不行。高老汉每天天刚亮就起床,拿着柴刀和锄头开辟山路。村里人见了,笑话他说:"高大爷,不要那么拼命了,享享儿女的福吧!"高老汉却乐呵呵地说:"我身子硬朗,不干点活可不舒服!"高老汉起早贪黑苦干了一个月,还真开辟出了一条两公里的山路,搭起了两个能容2000多只鸡的鸡棚,并拉通了电灯,接来了山泉水,先后投资了16万元,终于把养鸡场办起来了,高老汉还特地从宁波请来专业师傅负责技术指导。

养鸡场办起来,高老汉过起了和小鸡们"同居"的生活,把小鸡的三餐饮食照顾得很周到。他给小鸡们喝具有清热、解毒、开胃功效的中草药药汤,喂一些本地产的玉米和糯米。高老汉还给自己养的鸡取了个好听的名字——百草玉米鸡。见过养鸡场里高老汉的人都会说:高老汉与这些鸡们同玩同住,就差同吃了。

高老汉在山上养的这些鸡,价廉物美,可畅销了。高老汉还准备将"百草玉米鸡"注册。"那时,我的鸡就有名气和品牌了!"高老汉笑着说。　　　　（资料来源:中国养殖网 2008-02-01）

案例思考:高老汉应如何安排肉用仔鸡的生产计划?

相关知识

一、家畜生产计划

家畜生产计划主要包括畜群交配分娩计划、畜群周转计划、畜产品产量计划和饲料供应计划等。

（一）畜群分娩计划

畜群交配分娩计划，即表明在计划年度内牲畜交配、分娩的头数，它是组织畜群生产的依据之一。畜群生产可采用季节性交配和陆续性交配分娩，这两种类型各有利弊。季节性交配分娩可选择最适宜季节，尽量避开严寒酷暑，保证较高的受胎率和成活率，但存在着人力、设备利用的不充分。陆续性交配分娩，是成年乳畜均衡地在各个月分娩，时间分布较均匀，可全年均衡提供产品，但严寒酷暑对乳畜产仔的影响很难避开，同时也存在人力和设备投入与规模相适应的问题。编制畜群交配分娩计划，要根据市场需求规律与本场自然气候条件、生产资源状况加以确定。

以猪群交配分娩计划为例说明。根据养猪场的年度生产任务、采用的分娩方式、现有基本母猪和检定母猪的年初头数、上一年最后四个月已交配母猪的头数和交配时间等情况编制猪群交配分娩计划（如表10-4）。

表10-4 猪群交配分娩计划

交配				分娩							
						出生胎数			出生仔猪数		
年度	月份	基本母猪	检定母猪	合计	年度	月份	基本母猪	检定母猪	合计	基本母猪	检定母猪	合计
上一年	9					1						
	10					2						
	11					3						
	12					4						
本年计划	1					5						
	2					6						
	3					7						
	4					8						
	5					9						
	6					10						
	7					11						
	8					12						
	9					合计						
	10					说明						
	11											
	12											
合计												

（二）畜群周转计划

畜群在一定时期内，由于出生、成长、购入、销出、淘汰、死亡等原因，经常发生数量上的增减变动。以养猪为例，编制现代化养猪场猪群周转计划（如表10-5）。

表 10-5　猪群周转计划

组别	计划年初数	周转月份												增加			减少			计划年末头数
		1	2	3	4	5	6	7	8	9	10	11	12	繁殖	转入	其他	出售	转出	死亡	
合计																				
种公猪																				
基本母猪																				
仔猪:																				
1月龄																				
2月龄																				
后备猪:																				
3月龄																				
4月龄																				
5月龄																				
6月龄																				
7月龄																				
8月龄																				
9月龄																				
出售育肥猪																				
淘汰育肥猪																				
1月																				
2月																				
3月																				
总计																				

(三) 畜产品产量计划

畜产品产量计划可根据生产任务的不同,制订家畜产肉计划、产奶计划等。以家畜产肉计划为例(如表 10-6)。

表 10-6　产肉计划

种类＼产肉量	1	2	3	4	5	6	7	8	9	10	11	12	全年
一、牛屠宰头数(头)													
平均活重(kg)													
出肉率(%)													
产肉量(kg)													
二、猪屠宰头数(头)													
平均活重(kg)													
出肉率(%)													
产肉量(kg)													

(四) 饲料供应计划

饲料供应计划,是按一定时间和饲养头数来制订的。饲料需要量,一般可分为按年计算和按月计算两种。按年计算饲料需要量,可根据家畜在群年平均头数的年需要量计算。按月计算饲料需要量时,可根据畜群周转计划中各畜月平均头数,乘上各月饲料定额计算。如表 10-7 所示。

表 10-7　饲料供应计划

猪群分组	在群平均头数	1 号料		2 号料		普通饲料	
		定额/kg/头	总量/kg	定额/kg/头	总量/kg	定额/kg/头	总量/kg
种公猪							
基本母猪							
鉴定母猪							
仔猪							
后备猪							
育肥猪							
淘汰猪							
合计							

二、家禽生产计划

以专业化养鸡场为例,其生产计划一般包括:雏鸡孵化计划、鸡群周转计划、产品生产计划和作业生产记录与收支月报记录。

(一) 雏鸡孵化计划

编制孵化计划的目的在于保证后备蛋鸡、育肥肉用鸡和出售鸡雏的需要。孵化计划应根据孵化设备的生产能力及种蛋生产产量和市场对雏鸡需求的预测来制订。主要内容包括：孵化时期、种蛋来源和孵出鸡雏数（如表 10-8）。

表 10-8 雏鸡孵化计划

项 目		顺记号	月 份											
			1	2	3	4	5	6	7	8	9	10	11	12
种蛋	数量（个）	(1)												
	合格率（%）	(2)												
入孵	种蛋（个）	(3)												
	头照检出（个）	(4)												
	二照检出（个）	(5)												
	毛蛋检出（个）	(6)												
出雏	合计（只）	(7)												
	孵化率（%）	(8)												
	成活率（%）	(9)												

注：(1) 表中 (1)×(2)=(3)

(2) 表中 (3)-(4)-(5)-(6)=(7)

(3) 种蛋合格率（%）=（成种蛋总数-破壳数-畸形数）/种蛋总数×100%；

(4) 孵化率（%）=出雏总数/入孵的种蛋总数×100%；

(5) 雏鸡成活率（%）=成活总数/出雏总数×100%。

(二) 鸡群周转计划

在自繁自养、综合经营的养鸡场，鸡群由种公鸡、种母鸡、产蛋母鸡、后备鸡、肉用鸡、幼雏鸡、成年淘汰鸡等构成，养鸡过程如图 10-7 所示。

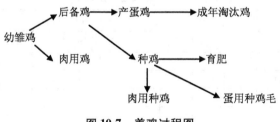

图 10-7 养鸡过程图

由于鸡生长迅速，鸡群周转计划一般按月编制，如表 10-9 所示。

表 10-9　鸡群周转计划

组别	计划年初数	1	2	3	4	5	6	7	8	9	10	11	12	计划年末数
种公鸡														
淘汰种公鸡														
产蛋种鸡														
淘汰产蛋鸡														
成活雏鸡														
5~8周龄后备鸡														
9~12周龄后备鸡														
13~16周龄后备鸡														
17~20周龄后备鸡														
5~8周龄育肥幼鸡														
9~12周龄肉用鸡														
育肥成鸡														
购入种鸡														
合计														

注：(1) 月平均饲养产蛋鸡只数 =（月初数 + 月末数）/2；

(2) 产蛋率(%) = 当月产蛋量/当天饲养鸡数 ×100%；

(3) 月计划产蛋总数 = 月平均饲养产蛋鸡只数 × 平均日产蛋数 ×30；

(4) 破损率一般不超过5%。

（三）产品生产计划

生产计划是鸡场全年生产任务的具体安排。其内容包括：饲养鸡的品种、数量和各项指标，以及所需劳力、饲料品种与数量、年内预期经济指标及种蛋、种雏、商品鸡、商品蛋的预期数量等。

如养鸡场的产蛋计划，可根据各月平均饲养的产蛋母鸡数及其产蛋率，计算出各月的产蛋数量。饲养多个品种的养鸡场按不同品种分别制订各月的产蛋计划，然后汇总为全部的产蛋计划（如表10-10）。

表 10-10　养鸡场产蛋计划

项目	1	2	3	4	5	6	7	8	9	10	11	12
产蛋母鸡月初只数												
月平均饲养产蛋母鸡只数												
产蛋率(%)												
产蛋总数(个)												
总产量(公斤)												
种蛋数(个)												
食用蛋数(个)												
破损率(%)												
破损蛋数(个)												

(四)作业生产记录与收支月报记录

养鸡场年度计划的完成,在于严密地组织生产过程和各项作业,经常核算收支状况等工作的质量。为此必须做好作业生产记录和收支月报记录。养鸡场在年度生产任务中,对每一品种的鸡都预定出产蛋率、饲养日增重、肉鸡育成活重和饲养消费等生产指标,并用作业记录同上述所定指标进行比较,发现问题,分析原因,作出决策。如决定鸡群的选留、淘汰和更换、扩大、缩小,还是保持现有生产规模,或改善相关技术,或改变操作方式等。养鸡场作业生产记录主要有:育雏记录、肉鸡记录、蛋鸡记录、饲料消耗记录等。

任务三 渔业生产计划编制

任务要求

能说出渔业生产的特点;会编制渔业生产计划。

案例导入

高老汉2013年初承包某某基地鱼塘9口,面积17亩,池塘水质主要靠天然雨水,水质不是很好,溶氧相对较低,水质较肥,养些比较耐氧的鱼会比较安全。因此,高老汉决定主养单性罗非鱼,基地取名为罗非渔基地。2013年计划每亩投放罗非鱼2寸鱼种2 500尾,价格0.1元/尾,配以4寸的鲢鱼80条,价格0.5元/条,鳙鱼60条,价格0.6元/条。饲养180天左右,饲养到大部分鱼达一斤一两以上,平均体重550克,如果市场价格合适即可卖鱼,罗非鱼价格11元/公斤,鲢鱼价格4元/公斤,鳙鱼价格5元/公斤;估计成活率可达70%,亩产鱼1 925斤(2 500×550×0.7=962 500克=962.5公斤);养鱼过程中,池塘整理、消毒,每亩用80公斤石灰从旁边向中间全塘洒完,还采用其他消毒药品消灭野杂鱼虾、敌害生物和病菌,每亩用药物费350元;每亩投放200公斤发酵过鸡粪肥塘,3~5天放一次,共投放有机肥4吨,每吨500元;每天投饵2次,肉料比为1.5,共投放饵料49 087.5斤,饵料每斤2.5元;每口渔塘配备一台增氧机,天气晴朗时,定期开增氧机2.5小时,每台增氧机折旧费300元;共支付电费6 800度,每度0.6元;水费100吨,每吨4元;9口渔塘雇1人员管理,每月工资1 000元;其他费用4 000元。

案例思考: 请帮助高老汉编制罗非渔基地2013年度生产计划。

相关知识

渔业是指捕捞、养殖鱼类等水生动物及水藻类等水生植物以取得水产品的社会生产部门。按水域可分为海洋渔业和淡水渔业;按生产特性分为养殖业和捕捞业;按劳动对象和生产过程的特点分为基础渔业和加工渔业。它的生产对象包括鱼、虾、贝、藻等。

一、渔业生产的特点

1. 生产资料的唯一性

渔业离不开水,水域是渔业最基本的生产资料,渔业是以特定条件下的水域为基础,利用动植物的物质转换规律,进行水生动植物(水产品)生产的部门。这就使得水域成为渔业生产的基本生产资料,也是唯一的生产资料。水域形成了鱼类和藻类生存繁衍的基地,水生动植物只有在水域内,才能进行物质能量交换。但由于水生动植物本身的特性,对其所生长发育的水域有特定的要求,如水的深度、温度和各种营养元素的含量等都对水生动植物有影响,这就导致了各个水域环境对水生动植物种类都有一定的限制。

2. 渔业生产的季节性

由于水生动植物的生长受气温的影响特别大,本身生长也需要一定的周期,使水产品在生长过程中表现出明显的季节性。尤其在传统的渔业生产过程中,这种特性与种植业生产表现出较大的类似性。渔业生产的这一特性在北方地区表现得更为明显,在南方地区,尤其在华南热带地区,相对来说这种特性较弱一点。这就需要各个地区注重对水产品品种结构的调整,以使水域得到均衡利用和水产品能均衡供应。

3. 渔业的再生性

渔业是具有再生性的一种资源,在生产过程中也必须要注重渔业资源再生产能力这一自然规律,达到生态平衡的良性循环。保护和利用渔业资源,提高渔业资源的生产力,不仅能够取得最大的经济效益,也可以在经济、生态和社会效益之间建立一种有效的平衡,从而达到可持续发展的目的。当前在海洋与内陆水域所采取的禁渔和控制捕捞等措施对渔业资源的补充和稳定增长起到了重要的作用。

4. 渔产品具有鲜活性和营养丰富性

水产品都是有生命的动植物,是含水量很高的鲜活性商品,这就决定了对水产品的捕捞、运输和加工要十分注意保生、保鲜,以保证其质量。同时,渔产品营养丰富,含有人体所需多种氨基酸和微量元素。渔蛋白最易为人体所吸收,目前人类食物中动物性蛋白有24%来自渔业。随着世界人口的增长,人类将更加依赖从渔业获取更多的食物,以补充其他食物量的不足。

5. 渔业资源的共享性

水是流动的,水域面积的扩大使得鱼可以自由游动。所以,渔业资源不可能固定在某一个地点,不仅一个国家可利用,其他的国家也可以利用,因此渔业资源在地区或国家间形成了共享性。海洋渔业和部分淡水渔业就是以共享性为基础的。在共同水域捕捞和生产常常具有高度的国际性,这也导致渔业资源的保护困难较大。因此,对共有的资源要想获得比别人更高的产量,就必须不断地提高自己的捕捞技术水平,改善设备条件。从投资角度看,这对于一个地区或一个企业是完全正确的,但对于整个渔业资源是不合理的,这就需要加大国际的合作,保护有限的渔业资源,树立长远的发展目标,以合理利用和促进渔业资源的再生。

二、渔业生产计划

为了有效地、全面指导渔业企业的生产经营活动,企业需要编制各种计划。按时间来划分,渔业生产计划可分为长期生产计划、年度生产计划和作业计划。

（一）长期计划

长期计划是根据渔业企业的经营战略而制订的 3~5 年的发展计划或 10 年以上的远景计划。它的主要作用是规定渔业企业在计划期内的发展方向、发展规模和主要技术经济指标要达到的水平,该计划具有战略性、预见性和纲领性的作用。长期计划包括：

（1）水产资源开发利用与产品发展计划。它是根据社会需要、本企业的经济方针以及科技力量,对开辟捕捞新渔场、养殖新水域、新品种以及对原有渔场、水域、品种的改造等方面所作的较长时期的全面规划。

（2）科学研究规划。它是对渔业科学方面新技术、新工艺、新品种、新方法进行研究与应用方面的计划。

（3）企业改造与扩大规模计划。它是企业长期经营计划的重要内容,主要包括：企业渔船设备新添置,养殖水域新开辟,加工工厂机械设备、厂房的新增,企业各方面规模的扩大以及原有渔船、养殖水域、加工设备、厂房等的改造计划等。

（4）人才开发计划。为了实现渔业企业的经营目标和企业的进一步发展,不仅需要有计划地培训各类人员,而且要适时引进各类优秀人才。因此,应把人才开发放到重要地位上去。

长期计划或规划规定了渔业企业较长时期内的发展方向和目标,可以使广大职工对企业在较长时期中的生产经营活动的发展有比较明确的认识,可以鼓舞斗志,调动积极性,也使企业领导在工作中具有远见性,减少盲目性。

（二）年度计划

年度生产计划是渔业计划的中心环节,是制订其他计划的依据。年度生产计划包括捕捞计划、养殖计划、鱼苗生产计划、成鱼产量计划、饲料供应计划及技术措施计划。

（1）捕捞计划。这是以捕捞为主,特别是以海洋捕捞为主的渔业企业应当编制的计划。它是根据渔业企业的资金、劳动力、渔船数、捕捞技术以及捕捞区域内渔业资源的状况,进行捕捞量与资源再生产能力的平衡、燃料消耗量与能源可供量之间的平衡、捕捞生产与船网工具的基本平衡,确定计划年度内水产品的捕捞量的计划。

（2）养殖计划。包括沿海滩涂、浅海、港湾的鱼虾、贝、藻的养殖和内陆江河湖泊、水库池沼的鱼虾养殖。以淡水养鱼为主,各生产单位因地制宜、因条件制宜,确定养殖的品种和数量。在安排养殖生产计划时,要进行养殖生产同苗种供应之间的平衡、养殖生产同饲料供应之间的平衡、养殖生产与生产设备之间的平衡。

（3）鱼苗生产计划。这是根据养鱼任务、水面大小、采鱼多少、需苗量及成活率等指标制订的育苗生产计划。要贯彻"就地采苗,就地育苗,就地放养"及"人工孵化与天然捕捞同时并重"的方针,根据生产需要结合群众经验加以修订。

(4) 成鱼产量计划。它是渔业生产计划的中心。一个养鱼水域,它的生产性能如何,这是在制订渔业生产计划时首先要了解的。这就要对水域的生产性能进行评价,特别是对鱼类的生产潜力进行估算。水面大小、深浅,饵料多少,水域性能,鱼种数量和质量的规格等决定鱼产量的高低。成鱼产量计划参照历年生产情况,考虑生产潜力并根据企业现在的鱼种、饵料和肥源等条件的变化情况而确定。

(5) 技术措施计划。它包括品种改良、鱼病防治、改进捕捞工具和作业方法、渔业机械化以及保鲜防腐等。

渔业生产计划通常用计划表的形式来反映。各渔场或专业户应根据自己的具体情况,设计自己适用的计划表格。

(三) 作业计划

作业计划是年度计划的具体实施计划,是企业组织日常生产技术经济活动的依据。它把各子系统计划目标分解落实到各部门(船队、养殖场)、各基层甚至到个人,并按其内在联系有机地组织起来,建立其正常的生产秩序和工作秩序,以保证各子系统计划目标的实现。

作业计划包括:渔轮月度生产计划、渔轮航次生产作业计划、养殖作业计划和加工企业的月度生产作业计划以及月度财务收支计划、渔需物资采购计划和渔轮维修计划等。

任务四　养殖业生产过程的组织与管理

任务要求

知晓养猪、养鸡、养渔的生产过程组织与管理。

案例导入

健美猪、速生鸡、红心蛋,这一个个新词,真实地记录了中国食品安全发生的一系列问题。

面对这些问题食品,消费者谴责黑心养殖企业、饲料厂,指责政府监管不到位。但这些问题发生的背景是,过去30年间,中国养殖业飞速发展,肉禽蛋等副食品从严重缺乏到目前种类繁多、供应充分。食品安全问题成为"先吃饱后吃好"过程中的一个难题。事实上,欧美等发达国家在发展过程中,也曾一度受到食品安全问题的困扰,以致曾出现疯牛病、二噁英等问题。

应该看到,食品安全问题不仅仅是养殖企业违法、农业部门监管的问题,更有养殖业生产观念亟待转向的问题。养殖业生产观念应由"又快又好"向"又好又快"转向。

案例思考:养殖业生产观念的转变对养殖业生产过程的组织和管理会有哪些影响?

相关知识

一、专业化养猪场生产管理

从养猪场类型来看,可分为如下几类:第一类,包括繁殖、育肥在内的自繁、自育的猪场;第二类,只进行繁殖、销售仔猪的猪场;第三类,是购买仔猪进行育肥的猪场。下面以自繁、自育的猪场为例,简述工厂化养猪的生产管理。

(一) 仔猪选留

1. 猪的选种

一是根据猪群的总体水平进行选种,如猪的体质外形、生长发育、产仔数、初生重、疫病情况等;二是根据猪的个体品质进行选种,主要从经济类、生产性能、生长发育和体质外形等方面进行。

2. 育肥仔猪的选择

一是从品种方面,选择改良猪种和杂交猪种,因为它们比一般猪种生长发育快;二是从个体方面,选择体大健康、行动活泼、尾摆有力的个体。

(二) 饲料利用

1. 猪饲料的选用

猪饲料的选用要根据各种饲料的特点以及猪在不同月龄、不同发育阶段的营养需要,选择适当的饲料进行饲养。小猪生长发育旺盛,但胃肠容量小,消化机能弱,可选择易消化、营养丰富且含纤维素少的高能量、高蛋白饲料。中猪消化器官已充分发育,胃肠容量较大,在这个阶段,为满足其骨骼和肌肉的生长,可以较多地喂些粗料和青饲料。催肥猪骨骼和肌肉生长已趋缓慢,脂肪沉积加强,此时,则应多喂含淀粉较多的配合饲料。

2. 饲料报酬的分析

饲料是养殖业生产的主要原材料,饲料组合和饲料投入量对畜禽生长、发育和畜产品形成均有极为密切的关系。各种畜禽生长、发育及其形成的畜产品,均有它自己特有的规律,而且其饲料转化比也不尽相同。因此,需要针对不同的养殖对象,研制出不同的最低成本饲料配合方案,以提高饲料边际投入,获得最大的产出效益。饲料报酬一般使用以下计算公式:

饲料转化率 = 畜产品产量(千克)÷饲料消耗量(千克)

料肉比 = 饲料消耗量(千克)÷畜产品产量(千克)

饲料转化率 = 畜产品量(焦耳/千克)/饲料消耗量(焦耳/千克)×100%

由于饲料和畜产品的种类很多,各种饲料的营养成分差别很大,很难直接评价其利用率的高低。因此,通常把各种畜产品产量和所消耗的饲料量换算成能量单位(焦耳),用饲料转化率指标来评价。

饲料转化率的高低反映了养殖业生产水平的高低,若饲料转化率高,则表明饲料利用充分,畜产品成本低,经济效果好,养殖业生产水平高。

（三）猪饲料管理

仔猪饲养的基本要求是"全活全壮"，出生后一周内的仔猪，着重抓好成活。一是做好防寒保暖等护理工作；二是做好饲料工作，日粮中以精饲料为主，饲料多样化。同时，要及时给母猪补饲，以免影响仔猪的成活。

育肥猪的饲养，其育肥的基本要求是：日增重快，在最短的时间内，消耗最少的饲料与人工，生产品质优良的肉产品。一般育肥方法有两种：一是阶段育肥法。即根据猪的生长规律，把整个育肥期划分成小猪、架子猪、催肥猪等几个阶段，依据"小猪长皮、中猪长骨、大猪长肉、肥猪长膘"的生长发育特点，采取不同的日粮配合。在最后催肥阶段，除加大精料量外，尽量选用青粗饲料。这种方法的优点是：精饲料用量少，育肥时间长，一般在饲料条件差的情况下采用。二是直线育肥法。即根据各个生长发育阶段的特点和营养需要，从育肥开始到结束，始终保持较高的营养水平和增重率。此法育肥期短、周转快、增重多，经济效益好。

二、专业化养鸡场生产管理

（一）养鸡场的种类

现代化的养鸡场已发展成为专业化、系列化、大规模的生产企业，根据不同的经营方向和生产任务，可分为专业化养鸡场和综合性养鸡场两种。

1. 专业化养鸡场

（1）种鸡场。种鸡场的主要任务是培养、繁殖优良鸡种，向社会提供种蛋和种雏。这类鸡场对提高养鸡业的生产水平起着重要作用。

（2）肉鸡场。这是专门提供肉用仔鸡的商品代鸡场，为社会提供肉用鸡。

（3）蛋鸡场。专门饲养商品蛋鸡，向社会提供食用鸡蛋和淘汰母鸡。

2. 综合性养鸡场

综合性养鸡场集供应、生产、加工、销售于一体，生产规模大、经营项目多、集约化程度较高，形成联合企业体系，是商品化养鸡业发展到一定阶段的产物。这种现代化养鸡场一般没有饲料厂、祖代鸡场、父母代鸡场、孵化厂、商品鸡场、屠宰加工厂等，为社会提供种鸡、种雏、商品鸡、分割鸡肉等产品，销往国内外市场。

（二）饲料管理方式

喂饲是养鸡场最基本、最经常、最大量的生产工作。其要求：一是使鸡群得到良好的照管和喂饲，保证鸡群健康生长发育，提供大量的产品；二是节约饲料费用以及在喂饲方面的劳动消耗，不断提高饲料报酬率和劳动生产率，降低生产成本。

1. 饲养技术方式

饲养技术方式主要有平养和笼养两种。

（1）平养。又可分为地上平养、栅条平养、网上平养等方式。

地上平养，即在鸡舍内地上铺上垫料（锯末、砂土等），使鸡在垫料上自由活动采食。这种方式简便易行,投资少,但饲养密度低,一般每平方米养肉鸡 8~10 只,蛋鸡 4~6 只。

栅条平养,即在鸡舍地面上一定高度用柳条或竹竿等铺架一层漏缝地板,把鸡养在栅条上。其优点是:鸡床干燥,比较卫生,能就地取材,投资成本低。这种方式一般每平方米可养肉鸡 11~15 只,蛋鸡 7~9 只。

网上平养,是以金属网代替栅条作鸡床,虽然比较耐用,但投资较大。

（2）笼养。鸡群笼养是现代化养鸡的主要方式,按饲养工艺可分为开放式与密封式两种。

开放式笼养,是靠自然光照、自然通风换气为主;密封式笼养,是建造可以人工控制环境的鸡舍,使鸡舍保持一定温湿度和光照。笼养可以提高饲养密度和单位面积养鸡量,便于集中管理,减轻劳动强度,减少鸡群感染疾病的机会,提高集约化水平。但技术要求高,投资大,具备一定条件的养鸡场才能运用。

2. 饲养管理方式

饲养方式确定后,就要进行相应的劳动管理,即合理的劳动分工和人员配备,以保证正常喂饲工作的进行。养鸡场每天的喂饲工作包括一系列操作活动,这些操作是由不同工种的工人分工协作完成的。在专业化养鸡场中,则按专业性质不同分组,如饲养组、孵化组、育雏组、肉鸡组、蛋鸡组,有的还有饲料生产组和调剂组等。每组按管理定额配备人员,固定分管各自的专业性工作。劳动分工,有利于提高饲养人员的劳动熟练程度,有利于提高工时利用率和加强生产责任制,以保证喂饲工作正常地进行。

（三）养鸡场环境的控制

养鸡场环境,一般指对养鸡生产造成影响的多种外界因素的统称,包括养鸡场所处地域、养鸡场的设施装备、鸡舍内小气候和饲养密度等条件。

1. 场址选择

养鸡场是一座生物工厂,为保证鸡的健康成长,一是寻找空气新鲜,无病原菌污染的地方;二是有充足可靠的水源,最好是自来水和深水井;三是交通运输便利,包括陆运、空运;四是电力供应,要保证孵化、育雏、产蛋舍的动力,饲养加工、抽水、照明等需求。

2. 温度控制

养鸡环境最适宜的温度是 18.3℃~23.5℃,一般在 13℃~29℃范围之内。高温会使蛋鸡饮水量增加、呼吸加快、体温升高、血钙含量下降,导致蛋壳变薄、鸡体重减轻、产蛋量减少、蛋的质量下降等。因此,炎热的夏季应设法降温,注意鸡舍屋顶的隔热性,加大通风量;在冬季要注意增温,晚上的喂料可以添加一些油脂,以增加热量,提高御寒能力。

3. 光照控制

产蛋鸡每天光照时间超过 11~12 小时,就能增加产蛋量,达到 14 小时后增产效果更为显著,一般规定产蛋期每天光照时间为 16 小时。但是光照的时间达到或超过 17 小时,对产蛋反而不利。光照变化的刺激作用一般在 10 天以后才开始,同时要相应改变饲料配方和增加给料量。延长光照时间通常采用三种方式:一是早晨补充光照;二是傍晚补充光照;三是早上和傍晚都补充光照。

4. 换气通风

由于鸡生长发育过程中要排泄粪便,吸入氧气,呼出二氧化碳,一般鸡舍有害气体较多,主要是氨、硫化氢和二氧化碳。因而,鸡舍的平面布置应根据饲养工艺、饲养阶段、喂料的机械化程度、清粪方式、通风设备等进行全盘考虑,使鸡舍有足够的新鲜空气,增加氧含量。

(四)疫病防治

在集约化生产条件下,组织严格的疫病防治是保证鸡群健康成长,获得高产、高效益的重要措施。为此,要贯彻"预防为主"的方针,严格卫生防疫制度,实行预防接种,及时扑灭疫病,为鸡的健康成长创造良好的环境。为此主要做好以下工作:

1. 加强饲养管理,搞好清洁卫生

经常保持良好的鸡舍环境,饲养人员要搞好个人卫生,保持鸡体、饲料、饮水、食具及垫料干净,及时清除粪便,非饲养人员一律不得进入鸡舍。

2. 坚持消毒制度,定期接种疫苗

消毒是杜绝一切传染病来源的重要措施,消毒可采用机械消毒、物理消毒和化学消毒等方法,实行经常性消毒、定期消毒和突击消毒相结合。为了防止疫病的发生,可以根据所在地区鸡传染病种类和病型,结合本场具体情况,制定免疫程序,定期进行各种疫苗的预防接种。

3. 早期发现疫情,及时扑灭疫病

鸡场一旦发生传染病或疑似传染病时,必须遵循"早、快、严"的原则,及时诊断,尽快扑灭,对病鸡实行严格隔离,对健康的鸡要进行疫苗接种和疫病防治,对病重的鸡要坚决淘汰,死鸡的尸体、粪便及垫料等运往指定地点焚烧或深埋。

(五)养鸡生产的周转

养鸡生产经过一个生产周期进入另一个生产周期,这种转换称为生产周转。其方式一般有两种:

1. "全进—全出"制方式

"全进—全出"制方式是指一个鸡场饲养同日龄的鸡群,同时一起进场,在生产期满后同时一起出场。这种周转方式,一是可以最大限度地利用鸡的最佳生长时期,获得高产、高效益;二是可以组织严格的防疫。这种方式能最大限度地消灭场内的病原体,避免各种传染病的循环感染,也能使免疫接种的鸡群获得一致的免疫力。肉鸡生产多数采用这种周转制度。

2. 再利用方式

再利用方式是蛋鸡特有的周转方式,即在蛋鸡产蛋1周后,通过强制换羽,使产蛋鸡休产一个时期,再进行第二个产蛋期的利用。有的还要进行第二次强制换羽进入第三个产蛋期。从国内外蛋鸡生产情况来看,一般是利用一个产蛋期即行淘汰,也就是养到72周龄淘汰。但近些年来,国外商品蛋鸡场蛋鸡产蛋到76周甚至80周,即产蛋13~14个月才被淘汰。这样做的好处是更能充分利用、发挥蛋鸡产蛋能力,节省育成鸡的培育费,从而降低鸡蛋的生产成本,为蛋鸡提供了再利用的可能性。产蛋量随着周期的增加而递减,第二个产蛋期比第一个产蛋期少产蛋10%,但鸡蛋个体重量增加,产蛋期延长,每个鸡蛋只承担较少的后备成本。其不利因素是第二个产蛋期以后产蛋量降低,且鸡的死亡率较高。所以,在确定再利用方式时,应通过权衡有利因素和不利因素之间的关系来确定。

三、渔业生产过程的组织与管理

渔业生产一般包括苗种繁育、成鱼饲养管理和成鱼捕捞等过程的组织与管理。下面以成鱼饲养管理为例。

(一) 成鱼饲养管理要注意的环节

（1）做好鱼种放养前的准备工作,包括清塘、杀菌、施用基肥、确定放养模式、采购鱼苗等。首先是对池塘进行清理和杀菌,以提高鱼种成活率和饲料利用率。其次是适当施用基肥,以改善池塘底质,增加水中有机物;繁殖浮游生物,增加天然饲料,降低饲养成本。第三是确定放养模式,准备鱼种。鱼种应主要依靠自己培育或就近采购,避免长途运输,以减少损伤和鱼病,提高成活率。

（2）放养管理。放养宜早不宜迟,冬季水温较低,鱼的活动能力弱,放养后有较长的回复期,可以降低发病率和提高成活率,但放养应选择在晴天进行。

（3）轮捕轮放。在一次放足鱼的基础上,分批起捕上市,同时补放一部分鱼种,使鱼塘保持合理的载鱼量,在夏、秋淡季分期分批供应市场,在夏季补放部分夏花鱼种,还可以为来年提供部分优良的1冬龄鱼种。

（4）饵料管理。饵料、肥料是决定养鱼丰产的物质保证,是渔业生产的物质基础。"庄稼靠肥料,养鱼靠饵料",饵料的多少决定鱼产量的高低。

（5）水质管理。水质管理的重点是提高水中的溶氧量,减少耗氧量和氨氮含量,可以通过控制池水透明度和补水、排水技术进行调节。

（6）防治鱼病。鱼病防治是渔业生产管理的重要环节,应认真做好养殖场消毒、鱼种消毒及工具消毒,并建立巡场制度,观察鱼的动态、水质变化。如果发现鱼病及死鱼情况,应及时检查和防治,特别是在天气发生突然变化时,更应注意。

（7）记好池塘日记,建立档案。为了全面掌握各个养殖场的情况,必须做好鱼塘日记,记录各渔场的开挖时间、底质情况、面积大小、水深、放养的鱼种、产量等,这对于总结经验、加强池塘管理十分重要。

(二) 成鱼养殖的放养量计算

1. 预计产量法

每公顷鱼塘放养量计算公式:

每公顷鱼塘放养量(kg) = 预计每公顷毛产量(kg) ÷ 预计总增重倍数

每公顷鱼塘放养量(尾) = 预计每公顷毛产量 ÷ 起捕平均体重 × 预计成活率(%)

式中,毛产量指在池活量。

2. 多种鱼混养时各种鱼放养量计算

该种鱼放养量(kg) = 预计总产量 × 预计该种鱼占总产百分比 ÷ 该种鱼预计增重倍数

该种鱼放养量(尾) = 预计总净产量 × 预计该种鱼占总产百分比 ÷ [(起捕平均体重 − 放养平均体重) × 成活率(%)]

3. 饵肥定量法

每公顷鱼塘放养量计算公式：

每公顷鱼塘放养量(kg) = 计划每公顷投饵量 ÷ 预计饵料系数 ÷ 预计增重倍数

饵料系数 = 投喂饵料总量 ÷ 鱼总增重量 = 投喂饵料总量 ÷ (鱼收获总量 − 鱼放养总量)

每公顷鱼塘放养量(尾) = 每公顷鱼塘放养量(kg) ÷ 鱼种平均体重(kg)

项目四　农产品加工业生产管理

任务一　农产品加工业生产的类型及特点

任务要求

能说出农产品加工业生产的类型、特点及提高农产品加工业的专业化水平的途径。

案例导入

发达国家的农产品加工业已经是一个技术密集型的高科技集约配置体系，中国现阶段农产品加工业还基本上是劳动密集型的诸多分散的中小实体的集合。中国目前农产品加工企业的技术装备水平80%处于20世纪七八十年代的世界平均水平，15%左右处于20世纪90年代的世界平均水平，目前只有5%左右达到世界先进水平。这直接导致产品国际竞争力不足。

中国农产品加工企业规模化水平和科技水平偏低。一个最能说明问题的例子是，美国进入国际市场的初加工牛皮平均每张4~7平方米，制出的革料基本无伤残，几乎都能用于高档革制品的生产。而中国的初加工牛皮每张2~3平方米，高档革制出率只有10%左右。同时，加工企业规模过小，也就不能大规模投入技术改造资金，落后的工艺和落后的加工设备，很难生产高质量的产品，资源利用率低，能耗高，成本高，市场竞争力低。我国农产品加工总的看是初粗加工多，精深加工少；大路产品多，名优产品少；低挡产品多，中高挡产品少；单一产品多，系列产品少；传统产品多，新产品和现代产品少。发达国家农产品加工程度达到80%以上。农产品加工业产值一般为农业产值的2~3.7倍，经工业加工的食品占饮食消费的80%~90%。粮食加工可增值4~6倍；棉花加工增值2~4倍；禽畜加工增值3~6倍；薯类加工增值3~6倍；果蔬加工业增值3倍以上。我国农产品加工转化后只增值30%；发达国家农产品加工业产值与农业产值比一般在2.0∶1~3.7∶1，我国只有0.43∶1；发达国家贮粮和果蔬产后损耗率只有不到1%和5%，我国高达9%和25%；发达国家不同品种农产品加工量多数占其总产量的90%以上，而我国不同品种农产品加工量多数占其总产量的25%左右，并且多数在10%以下。这些都说明我国农产品加工水平与国际水平相比还有很大差距。

案例思考：我国农产品加工较国际水平有较大差距的原因是什么？如何提高农产品加工水平？

相关知识

农产品加工业是农业的一个重要分支行业。它是以农产品为原料，采用物理、化学和生物学的方法，运用机械作业或手工作业将各种农产品加工成各种不同用途的产品，以满足社会各方面需要的生产行业。

一、农产品加工业生产的类型

农产品加工生产一般可作如下分类：

（1）按原料品种分类，农产品加工生产可以划分为粮食加工、经济作物产品加工、水果和蔬菜加工、畜产品加工、水产品加工、林产品加工和特产品加工等。

（2）按产品最终用途分类，农产品加工生产可以划分为食品加工、纺织加工、饲料加工、造纸加工、皮革加工、药材加工、工艺美术加工、包装材料加工等。

（3）按产品加工程度分类，农产品加工生产通常可以划分为初加工和深加工，或粗加工和精加工。产品的初加工主要是指农产品的洗净、分级、简单包装等；深加工主要是指对农产品进行理化处理、添加营养成分或由此而形成新产品等。

二、农产品加工业生产的特点

农产品加工业的生产过程同其他物质资料生产过程相比，既有其共性，又有其个性。农产品加工业生产主要有以下特点：

1. 以农产品为生产对象

农产品加工业的最大特点，是以农产品为原料进行加工制作。因此，农产品加工业应立足本地的资源优势，生产具有比较优势的产品，提高产品市场占有率。不同地域拥有不同的资源禀赋，发挥资源优势，是农产品加工业投资的切入点。

2. 以市场为导向组织生产

农产品加工业的产品，是为人们提供日常消费品和基本生活用品，如食品、衣物、家具、饮料、药品等。随着人民生活水平的提高，人们的消费结构升级和消费质量提升，农产品加工业更要注重市场需求变化，不断开发新产品，特别是绿色食品、有机食品、名优土特产品的开发和研制。

3. 以质量标准为依据

在消费者主权时代，农产品质量决定企业的生存和效率。农产品加工企业必须按《食品安全法》《产品质量法》《消费者权益保护法》和农产品质量标准（如绿色食品标准、有机食品标准、ISO9000 和 ISO14000 国际通用标准等）组织生产。

4. 肩负环保的社会责任

农副产品加工业的生产规模一般较小，余料、废料、废气、废水不易进行再次加工，大多排放到厂区周围,而造成环境污染以及资源过度开发等问题。为此,农副产品加工企业在创建和生产中,应采取有力措施,防止污染,处理好"三废",实现企业经济效益、社会效益和生态效益的统一。

三、提高农产品加工业专业化水平的途径

提高农产品加工业专业化水平的途径主要有:

1. 提高农业生产的专业化水平

农产品加工业是以农产品为基本原料,且需求量大。它的发展可以直接提高农业生产的专业化、商品化水平,有利于解决小生产与大市场衔接的矛盾,实现农工商综合经营,促进区域经济的快速发展。

2. 提高农产品的附加值

农产品通过初加工、深加工、精加工,可以最大限度地延伸农产品的使用价值,提高农产品的附加值。农产品的就地加工,可以防止农产品的腐烂变质、减少运输、节约成本;加工后的副产品、废弃物,可用作饲料、肥料,提高企业综合利用率,从而提高企业的整体经济效益。

3. 扩大农产品消费领域

发展农产品加工业,直接丰富了农产品加工品市场,有利于扩大农产品消费领域,调节农产品供求关系;有利于克服农产品生产的季节性与需求的常年性之间的矛盾,调节季节之间和地区之间的供求关系。企业应更好地把握商机,不断满足社会对农产品加工品的消费需求,提高经济效益。

4. 优化农村产业结构

就其实质而言,农产品加工是农业的延伸和继续。随着农业市场化的进程,农产品加工已成为我国农业产业化中不可缺少的一环,农产品加工企业,扮演着"龙头"的角色。农产品加工,一方面,从原料中获得较高的产值;另一方面,为社会增加了就业门路,尤其是加工企业吸收了大量的农村剩余劳动力,从而加速了农村产业结构的调整和优化。

我国农产品加工市场前景广阔。据统计,在发达国家居民食品消费总额中,加工食品占90%左右,而农产品初级产品仅占10%。因此,可以预见,随着人们生活水平的提高,社会对加工产品的需求将会不断增大,我国农产品加工业有着巨大的发展潜力。

任务二　农产品加工业生产过程的管理

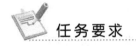
任务要求

知晓农产品加工业生产过程的管理。

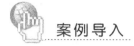 **案例导入**

一、发达国家农产品加工现状

(一)重视农产品加工利用技术的开发,把农产品产后的贮藏、运输、保鲜、加工放在农业的首位

从20世纪70年代开始,世界许多经济发达国家陆续实现了农产品保鲜产业化,美国、日本的农产品保鲜规模达到70%以上,意大利、荷兰等国家也达到了60%。在工业发达国家,80%以上的粮食和50%以上的果蔬实现了工业化转化,工业食品的产值占到整个食品产值的80%~90%。美国对农产品的采后保鲜与加工的投入,已占农业全部投入的70%,以农产品加工为基础的食品加工业已成为美国各制造业中规模最大的行业。

(二)农产品加工企业生产基本实行标准化管理

国外许多发达国家要求食品加工业在管理上实行"良好生产操作规程(GMP)",在安全控制上普遍实行"危害分析与关键控制点(HACCP)"体系和ISO9000质量保证体系,使食品生产从最终产品检验为主的控制方式,转变为生产全过程的质量控制,这将是农产品加工业发展的必然趋势。

(三)农产品加工原料都有专用的加工品种,并建有固定的原料基地

为保证产品质量,在基地的选择上,不仅考虑加工品种的专业化、规模化,还认真选择基地的气候生态条件和化肥种类等因素。粮油加工业中,以专用粉为例,日本有60多种,英国有70多种,美国达100多种,日本专用食用油油脂达到400多种。

(四)重视农业生产各环节,通过产前、产中、产后结合,促进农业产业化的健康发展

农产品加工需要与育种、种植、供销等部门互相配合,才能健康发展。如荷兰的马铃薯育种、栽培、贮藏、加工和销售有一整套行之有效的管理体系,根据加工利用的要求和用途来选择种植的品种。

(五)完善农产品市场体系,提高流通效率,建立农产品加工中心,以促进农产品深加工业的发展

如韩国通过采取以下措施,提高了市场营销系统的效率:一是对产地农产品流通进行改革。政府给予一定的资金补贴,由农协把产地的农民组织起来,建立综合的农产品加工处理场,通过筛选、分等、包装,把农产品直接销售给大型商场、超市、批发商、团体消费者和出口国外。二是加快农产品批发市场建设,政府加大对批发市场建设资金的投入,投入的比重已达到70%。农业财政投入中用于农产品批发市场的比重提高到30%。三是改善农产品销地市场的流通环境。

二、发达国家农产品加工技术发展趋势

(一)高新技术广泛应用于农产品加工各个环节

随着食品化学、生物技术及其他相关学科的发展,农产品加工技术发展迅速,一批高新技术如瞬间高温杀菌技术、微胶囊技术、微生物发酵技术、膜分离技术、微波技术、真空冷冻干燥技术、无菌贮存与包装技术、超高压技术、超微粉碎技术、超临界流体萃取技术、膨化与挤压技术、基因工程技术等,已在农产品加工领域得到广泛应用,并将迅速普及与深化。

(二)精深加工能力越来越强,资源综合利用度越来越高

对农产品原料的综合利用,既可提高经济效益,又能有效解决环境污染,已成为农产品加工的发展方向。如对植物的根、茎、叶、花、果的充分利用,对畜禽、水产品副产物的利用等,已有很多成功的例子。农产品的加工向分子水平进军,研究利用原料的功能成分、分子水平提取,研制人体所需的营养保健食品(又称分子食品),使农产品精深加工能力得以提高。

(三)农产品加工向安全、绿色、休闲方向发展

安全、绿色、休闲农产品已成为人们消费的主流和方向。据统计,美国休闲产品消费量每年每人平均达8.6kg,荷兰为6.5kg,英国为5.7kg。发达国家从追求农产品加工品种多样性转向追求安全性和健康性,在果蔬的加工处理方面,力求保持鲜嫩、营养、方便、可口,除传统的速冻、罐头、脱水产品外,近年发展趋势为最少处理的果蔬切割产品。

(资料来源:农博网)

案例思考: 发达国家农产品加工技术的发展给你带来的启示是什么?

 相关知识

农产品加工业生产过程的管理包括生产过程的准备和生产过程的组织两个方面。

一、生产准备过程

生产准备过程主要从两个方面进行:一是硬件设施;二是软件基础。

(一)硬件设施

1. 加工原料配备

加工原料配备指加工企业最为繁杂又经常性的准备工作,就是各种农副产品的采购、运输和贮备等工作。农副产品加工的主要原料包括粮、棉、油、糖、茶、肉、果、原木、药草、毛皮,各种野生动植物等,其中大多是鲜活产品,有的易腐、易损不耐贮藏。所以,在生产准备工作中,应选择灵活的采购方式、采购批量、运输方式和贮备方式等,以保证加工品质量的要求。

2. 技术工艺工作

技术工艺工作包括产品设计、工艺设计、技术图纸、工艺文件、新产品的试制等。只有不断地采用新技术、新加工工艺,坚持小批量、多品种、优质量的竞争策略,才能使企业在激烈的竞争中立于不败之地。

3. 生产条件供给

根据加工企业的生产车间、生产场地的作用面大小、设备要求,适当装配供电、供水、供气设施,以确保生产的不间断进行。

4. 质量检验体系

农副产品的加工制品,大多数是日常生活消费品,尤其是食品类产品,其质量优劣直接影响到人们的身体健康。因而,注重产品产量是提高企业知名度和竞争能力的关键因素。为此,农副产品加工企业必须设立健全的质量保证体系,配备相应的质量检验机构和质量

检测人员。

5. 安全保障措施

主要包括企业生产所必需的卫生检测、安全设备、劳动保护、消防器械等物品装置的准备。

新建的加工企业,还要做好工程验收,以及操作工人的技术培训等产前试操作工作。

(二) 软件基础

1. 组织规章制度

主要是根据企业的生产规模、生产任务、产品特点的不同,制定相应的责任制度和规章制度,包括生产责任制、岗位责任制、安全规章等。明确企业内部各级生产组织和各职能部门的权利、职责和利益。

2. 生产管理制度

生产管理制度包括劳动定额、物资储备定额、原料消耗定额、能源消耗定额等,并根据各生产单位的生产任务,将一定时期内所需要的劳动力、生产要素,通过合理配置,落实到各生产单位。

3. 企业经营计划

企业经营计划包括年度生产财务计划、阶段作业计划、劳动用工计划、生产进度计划、原料供应计划等。

4. 生产操作规程

生产操作规程包括生产工艺、操作规程等。

总之,生产过程的准备应有科学的预见性,既要估计到企业生产经营中可能出现的各种问题,又要预见到科学技术的发展和市场需求的变化,给企业带来的影响。因为,农副产品加工业大多数属于生活资料的生产行业,具有有机构成水平低、资金周转速度快、易于吸引闲置资金的特点,是一个竞争激烈的行业。

二、生产过程的组织

生产过程,是指直接改变劳动对象的物理和化学性质,使其成为企业主要的产成品的直接加工、处理过程。生产过程是企业生产经营全过程的中心环节,代表着企业生产的专业化方向。

(一) 生产过程组织的要求

农副产品加工业生产,是运用现代工业生产技术和管理技术,在专业分工和协作基础上,采用多种工艺方法和使用多种机器设备的复杂的生产体系。基本生产的组织,就是要结合企业生产技术条件、工艺性质、生产类型、生产任务量和企业的专业化生产方向的特点,适应市场需要和生产发展的要求,确保基本生产过程的高效运行。为此要求:

1. 生产过程的连续性

即产品生产过程的各个阶段、各道工序是相互衔接、有序地进行的。劳动对象在一道工序被加工、处理完以后,立即被转送到下一道工序,使之处于不间断地被加工、检验和运输状态之中。在某些产品的加工中,还要借助自然力的作用,如风干、晾晒等环节。为了确保生产过程的连续性,要通过制订周密的作用计划,使人工加工过程同自然力处理过程相互衔接,避免不合理的中断。

2. 生产过程的比例性

即各道工序之间保持一定的比例关系,使每道工序的作业量大致均衡。但随着生产的发展、品种的扩大、新工艺的引进、新材料的运用、管理制度的健全等因素变动,就必须对原来的比例进行适时的调整。

3. 生产过程的节奏性

即各个生产环节,在相等的时间间隔内,产出相等数量的产品,没有时紧时松、前松后紧、突出赶工的现象。简单地说,就是各工作环节都能达到均衡的负荷,均衡地出产品。

4. 生产过程的合理中断

某些农副产品加工业某些生产工艺过程,需要借助于自然力的作用,使劳动对象发生物理或化学反应。如造酒业中的发酵过程、制药业中药草的晾晒过程、制药业的晾干过程等。这种变化过程的开始,即表示加工过程暂时中断,中断达到一定时间后,加工过程又重新开始。这种加工工艺特点,要求企业注意生产过程的合理安排,以保证生产过程的连续性。

5. 生产过程的适应性

指企业生产过程适应品种变化,产品升级换代,采用新技术、新材料的能力。这对企业适应多变的市场需求,提高企业竞争能力,提高企业经营的稳定度是非常重要的。企业要提高生产过程的适应性,就必须在购置设备、制定规划中,有长远打算,不能只顾眼前;要尽量采用先进的加工技术,以生产过程的适应性提高产品对市场的适应性,从而提高企业的经济效益。

以上五项要求相互联系,相互制约,只有同时予以重视,才能保证基本生产过程高效有序运行。

(二) 生产过程组织的形式

生产过程组织的形式,一般有大量生产、成批生产和小批量生产三种。

1. 大量生产

指在一段时间内重复生产一种或几种产品,其特点是,产品的品种少,批量大,产量大,各工作场所固定地完成1~2道工序,专业化程度高。

2. 成批生产

指在一段时间内重复生产较多种产品,其特点是,产品的品种不太多,每种产品都有一定的数量,生产条件比较稳定,各工作场地需负担较多的加工工序,专业化程度不很高。成批生产型又可根据工作场地所负担的工序多少和每种产品投入的批量大小,分为大批量生产、中批量生产和小批量生产。

3. 小批量生产

指在一段时间内经常变换生产多种产品,很少重复生产同种产品。其特点是,产品品种繁多,每种产品只有一件或几件,生产条件很不稳定,工作场所专业化程度很低,生产设备和技术工艺通用性强,所需的原材料多数按农副产品的收获期进行收购和加工。

（三）生产过程组织的方法

任何工业企业的生产过程的组织工作，都包括两个互相关联的方面，即生产过程的空间组织和时间组织。

1. 生产过程的空间组织

它是确定被加工处理的农副产品，在生产过程中的空间运动形式，即生产过程各个阶段、各道工序在空间上的分布和原材料、半成品的运输路线。空间组织又必须与相应生产单位的组织形式相结合。

生产单位的组织形式，是指企业的生产车间、班组的专业化形式。农副产品加工企业内部生产单位（车间、班组）的设置，一般有三种基本形式：

（1）工艺专业化。即按照生产工艺性质的不同来设置生产单位。其优点是：有利于充分利用生产能力和生产面积，有利于适应产品品种的多种变化；有利于进行工艺专业化的技术管理；有利于组织和指导同工种工人之间的相互学习和交流，提高技术水平。其缺点是：劳动对象（加工产品）在生产过程中运行的路线较长；运送原材料和半成品的劳动消耗量大；劳动对象在生产过程中停放时间长，积压在产品多；生产周期长，占用流动资金多；各生产单位的计划管理、在制品管理、质量管理等工作也比较复杂。

（2）对象专业化。即以产品为对象来设置生产单位，某产品的全部工艺过程能在一个封闭的单位内独立完成。不同产品，按工艺流程布置所需的设备，不同工种工人，采用不同的工艺方法，对同类对象进行加工，能独立制造一种产品。其优点是：有利于缩短生产路线，节约辅助劳动量；有利于减少在产品和资金占有量，缩短生产周期；有利于简化生产单位之间的协作关系，简化各项管理和产品成本核算工作。其缺点是：由于所用设备专业性能强，通用性能差，不利于充分利用设备和劳力；生产技术多样不利于生产专业化；不适应产品品种多变的形势等。

（3）工艺专业化与对象专业化结合。它是指吸收上述工艺专业化与对象专业化的优点，按照综合性原则，而形成的生产单位设置形式。这种设置综合上述两种设置方法的优点，避免其缺点。

2. 生产过程的时间组织

生产过程的时间组织，主要说明生产过程各工序之间的衔接协调，以尽量缩短生产周期。工序之间衔接的移动方式一般有三种类型：

（1）顺序移动方式。这是指整批产品在上一道工序全部加工完成以后，才整批集中运送到下一道工序加工，形成整批产品在各道工序间相继移动。

（2）平行移动方式。这是指一批产品中每一件产品在某道工序加工完成以后，立即转入下一道工序，形成产品在工作场所之间逐件移动。

（3）平行顺序移动方式。这是前两种方式的结合，即加工产品在工作地之间的移动有两种情况，一是当前道工序加工单件产品的时间小于或等于后道工序加工时间，加工完一件（一批）就立即转移到下道工序，即按平行移动方式移动；二是当前道工序加工时间大于后道工序加工时间时，则等到前道工序加工完的在产品数量能够满足后道工序连续加工时，才将加工完成的产品转移到下道工序，即按顺序移动方式移动。

从上述三种移动方式的分析中可以看到，采用顺序移动方法，生产过程中的组织工作比较简单,但有整个生产周期较长、资金周转慢、在制品积压多等缺点。采用平行移动方法,生产周期虽然较短,但由于产品加工的各道工序的劳动量往往是不相等的,劳动力和设备有时会出现空闲等待现象,造成停工待料。平行顺序移动方法,综合了上述两种方法的优点,但组织工作比较复杂。因此,企业应充分考虑到上述各种方式的优缺点,权衡利弊得失,根据本企业的生产类型、生产规模及其特点,决定采用何种方式组织生产过程。

 学习测试题

一、单选题

1. 环境资源的( )是农业企业生产的基本特性之一。
   A. 约束性　　　B. 独特性　　　C. 依附性　　　D. 季节性
2. 占用农业企业土地、劳动力等生产资料较多,在企业销售收入和利润中占绝对比重,并主要体现企业经营方向的项目称为( )。
   A. 主导项目　　B. 次要项目　　C. 补充项目　　D. 辅助项目
3. 一个农业企业通常有( )个主导项目。
   A. 1　　　　　B. 2　　　　　C. 3　　　　　D. 4
4. 农业企业经营主导项目的选择空间在( )。
   A. 资源优势产品圈
   B. 资源优势产品圈与市场需求产品圈的圈外处
   C. 资源优势产品圈与市场需求产品圈的重合处
   D. 市场需求产品圈
5. 无公害农产品可以使用( )标志的食品。
   A. 无公害食品　B. 绿色食品　　C. 有机食品　　D. 质量安全
6. 绿色食品的标志为绿色正圆形图案,上方为太阳,下方为叶片与蓓蕾,标志的寓意为( )。
   A. 保护　　　　B. 环保　　　　C. 安全　　　　D. 健康
7. 有机食品通常来自于( )生产体系,是根据国际有机农业生产要求和相应的标准生产加工的。
   A. 无机农业　　B. 有机农业　　C. 绿色农业　　D. 现代农业
8. 种植业生产的操作规程即指农作物的( )等五个生产环节中必须遵守的规定。
   A. 育苗播种、施肥、浇水、喷药及收获
   B. 整地播种、施肥、浇水、喷药及收获
   C. 整地播种、施肥、浇水、喷药及管理
   D. 播种、施肥、浇水、喷药及收获
9. 畜牧业生产的操作规程即指畜禽( )等环节的具体操作规定。
   A. 育种、饲养、防治疫病　　　　　B. 选种、饲养、防治疫病
   C. 选种、放养、防治疫病　　　　　D. 选种、饲养、防治疫病、出售
10. 对于已形成某种技术优势,产品特色突出,深受消费者喜爱,开发绿色食品的模式可选择( )。

A. 绿色 + 特色　　　　　　　　B. 绿色 + 优质
C. 绿色 + 低成本 + 高效益　　　D. 绿色 + 著名品牌

11. 绿色食品形象识别系统简称(　　)。
    A. AIS　　　B. BIS　　　C. CIS　　　D. DIS

12. 土地是种植业生产中(　　)的重要生产资料。
    A. 不可替代　B. 可替代　　C. 不可移动　D. 可移动

13. 种植业是指以(　　)为重要生产资料,利用绿色植物,通过光合作用把自然界中的二氧化碳、水和矿物质合成有机物质,同时,把太阳能转化为化学能贮藏在有机物质中的生产部门。
    A. 土地　　　B. 劳动力　　C. 生产资料　D. 农业技术

14. 种植业生产首先应考虑的重要因素是(　　)。
    A. 土地资源的数量　　　　　B. 土地资源的质量
    C. 土地资源的数量与质量　　D. 合理地利用土地资源

15. 确定种植计划,一般情况下,本年度的计划产量都会(　　)于上年的产量。
    A. 高　　　　B. 低　　　　C. 等　　　　D. 不确定

16. 耕作历是按(　　)的先后顺序进行编制的,分为春耕春播计划、夏收夏种计划、秋收秋种计划、冬季农业基本建设计划和冬季作物管理计划等。
    A. 农事时间　B. 农事作业　C. 农事季节　D. 农事月份

17. 种植业阶段作业计划可以用(　　)编制,也用一般的横道图编制。
    A. 图表分析技术　　　　　　B. 网络分析技术
    C. 座标分析技术　　　　　　D. 列表分析技术

18. (　　)即要做到农作物不违农时和不误农时。
    A. 因作物制宜的原则　　　　B. 时效性原则
    C. 比例性原则　　　　　　　D. 标准化原则

19. 每种农作物的生产过程基本上都离不开(　　)等几个主要生产阶段。
    A. 耕地　　　　　　　　　　B. 耕地、播种
    C. 耕地、播种、田间管理　　D. 耕地、播种、田间管理和收获

20. (　　)是种植业的一项基础工作。
    A. 耕地　　　B. 播种　　　C. 套种　　　D. 轮作

21. 养鱼、虾、贝类、蟹、水生藻类、贝养珍珠等,这类企业是以(　　)为生产对象的养殖业。
    A. 牲畜　　　B. 禽类动物　C. 水中动物　D. 虫类动物

22. 养殖业生产的特点之一,是养殖业生产的(　　)。
    A. 单一性　　B. 双重性　　C. 互补性　　D. 替代性

23. 种蛋合格率(%) = (　　)×100%。
    A. 成种蛋总数/种蛋总数
    B. (成种蛋总数 − 破壳数 − 畸形数)/成种蛋总数
    C. (成种蛋总数 − 破壳数 − 畸形数)/种蛋总数
    D. (成种蛋总数 − 破壳数)/种蛋总数

24. 渔业是指捕捞、养殖鱼类等水生动物及海藻类等水生植物以取得(　　)的社会生

产部门。

A. 水生动物　　B. 水生植物　　C. 水产品　　D. 水生虫类动物

25.（　　）成为渔业生产的唯一的生产资料。

A. 鱼苗　　B. 水域　　C. 饵料　　D. 劳动力

26. 渔业资源的特点之一,是渔业资源的（　　）。

A. 垄断性　　B. 共享性　　C. 独享性　　D. 移动性

27. 畜产品产量(千克)÷饲料消耗量(千克)是（　　）。

A. 饲料转化率　　B. 料肉比
C. 肉料比　　D. 水生虫类动物

28. 按（　　）分类,农产品加工生产可以划分为粮食加工、经济作物产品加工、水果和蔬菜加工、畜产品加工、水产品加工、林产品加工和特产品加工等。

A. 原料品种　　B. 产品加工程度
C. 产品最终用途　　D. 生产对象

29. 农产品加工业的最大特点,是（　　）。

A. 以农产品为生产对象　　B. 以市场为导向组织生产现
C. 以质量标准为依据　　D. 肩负环保的社会责任

30.（　　）即产品生产过程的各个阶段、各道工序是相互衔接、有序地进行的。

A. 生产过程的连续性　　B. 生产过程的比例性
C. 生产过程的节奏性　　D. 生产过程的适应性

二、多选题

1. 与工业企业生产相比较,农业企业生产的特征有（　　）。

A. 环境资源的约束性　　B. 生产对象的独特性
C. 生产管理的依附性　　D. 生产劳动的季节性

2. 农业企业主导项目选择一般依据（　　）原则。

A. 比较利益　　B. 效益　　C. 机会成本　　D. 节约

3. 绿色食品标志图形由（　　）构成。

A. 上方的太阳　　B. 下方的叶片
C. 中间的麦穗　　D. 中间的蓓蕾

4. 绿色食品的开发模式是（　　）。

A. 绿色+特色　　B. 绿色+优质
C. 绿色+基地　　D. 绿色+著名品牌

5. 农产品加工业生产的特点是（　　）。

A. 以农产品为生产对象　　B. 以市场为导向组织生产
C. 以质量标准为依据　　D. 肩负环保的社会责任

三、判断题

1. 农业生产表现出很强的环境资源约束性。　　（　　）
2. 以投资报酬率高、投资回收期短等指标作为主导项目的选择方法称为项目经济效益分析。　　（　　）
3. 贴有无公害标志的蔬菜就是在现实的自然环境和技术条件下,生产出完全不受到有

害物质污染的商品蔬菜。   （　）

4. 绿色食品标志图形由三部分构成：上方的太阳、下方的叶片和中间的蓓蕾，象征自然生态。   （　）

5. 绿色食品是食品的一种基本要求，普通食品都应达到这一要求。   （　）

6. 种植业生产的操作规程主要内容有品种选育、作物栽培和植保等方面。（　）

7. 畜牧业生产的操作规程明确规定主要饲料来源于无公害区域内的草场、农区、绿色食品饲料种植地和绿色食品加工产品的主产品。   （　）

8. 水产业生产的操作规程即养殖用水必须达到绿色食品要求的水质标准、环境标准、鱼虾等水生物的饲料，其固体应主要来源于无公害的生产区域。   （　）

9. 食品加工过程中，不能使用国家明令禁用的色素、防腐剂、品质改良剂。（　）

10. 绿色食品生产应采用基因工程获得生物及其产物。   （　）

11. 绿色食品质量检测应实行"从土地到餐桌"的全程控制。   （　）

12. 种植业有较强的周期性。   （　）

13. 耕作历要求根据各种作物的生长发育规律和技术措施计划，结合当地自然条件编制而成。   （　）

14. 不误农时就是不要错过作业的最有利的时机，即做到适时整地、适时管理和适时收获。   （　）

15. 田间管理的工作较多，包括间苗、定苗、整枝打杈、中耕、除草、施肥、灌水、喷药等。   （　）

16. 发展养殖业，提高畜禽产品和水产品产量的质量，其基本条件是建立相对分散的饲料基地。   （　）

17. 渔业的再生性说明渔业是一种取之不尽用之不竭的资源，人类可以无限制地捕捞。   （　）

18. 专业化养猪场生产管理包括仔猪选留、饲料利用和猪的饲料管理。   （　）

19. 农产品通过初加工、深加工、精加工，可以最大限度地延伸农产品的价值，提高农产品的附加值。   （　）

20. 农副产品加工企业在创建和生产中，应采取有力措施，防止污染，处理好"三废"，实现企业经济效益、社会效益和生态效益的统一。   （　）

四、名词解答

1. 无公害食品
2. 绿色食品

五、填空题

1. 与工业企业生产相比较，农业企业生产的特征有_____、_____、_____、_____。

2. 农业企业经营项目按照各经营项目在农业企业中的地位和作用可分为_____、_____、_____三类。

3. 农业企业生产经营主导项目选择的方法有_____、_____、_____。

4. 无公害食品标志是由_____、_____、_____组成的。

5. 中国有机产品标志的主要图案由_____、_____、_____组成。
6. 种植业生产的操作规程的内容主要有_____、_____、_____、_____等内容。
7. 种植业与其他的产业部门相比有其独特的生产特点，表现为：_____、_____、_____、_____、_____。
8. 养殖业生产的特点为：_____、_____、_____、_____、_____。
9. 家畜生产计划主要包括_____、_____、_____、_____等。
10. 渔业生产的特点为：_____、_____、_____、_____、_____。

六、综合题

1. 试述农业企业项目选择的方法。
2. 试述种植业生产过程中组织的原则。

学习情境十一

农产品质量管理

随着农产品供求基本平衡,人民生活水平日益提高,农产品国际贸易快速发展,农产品质量安全问题日益突出,已成为农业发展新阶段亟待解决的重要矛盾之一,因此,也自然成为农业企业经营管理的重要内容之一。

> **学习目标**
>
> 了解产品质量管理与农产品质量管理的含义和特点;掌握农产品质量管理和控制的方法。

项目一　农产品质量管理的含义和特点

任务一　产品质量管理的含义

任务要求

能说出产品质量与产品质量管理的含义;了解产品质量管理发展阶段;知晓产品质量标准的分类。

案例导入

海尔是世界白色家电第一品牌,1984 年创立于中国青岛。截至 2012 年底,海尔在全球建立了 21 个工业园,24 个制造厂,10 个综合研发中心,19 个海外贸易公司,全球员工超过 7 万人。2010 年,海尔全球营业额实现 1 357 亿元,品牌价值 855 亿元,连续 9 年蝉联中国最有价值品牌榜首。那么,海尔集团成功崛起的主要原因是什么呢?答案是肯定的,那就是完善的质量管理。

在 2006 年 4 月的一次发言中,海尔集团首席执行官张瑞敏提出:"在海尔,对质量的要求已经从满足标准转变为满足不同消费者的需求。"例如,针对印度经常停电的现象,海尔设计出了停电 100 小时也不会化冻的冰箱;在巴基斯坦,针对一个家庭平均 12 口人,并且巴基斯坦男士穿大袍子的情况,海尔设计了可以一次性洗32件大袍子的洗衣机。

案例思考:海尔对产品质量要求的转变说明了什么?

相关知识

一、产品质量的概念

产品质量是指产品适合一定用途,满足人们一定需要所具备的特性。

产品的质量特性有:

(1)适用性。指产品首先必须能够满足人们的某种需要所具有的特性。人们购买某种产品不是为了占有某种产品,而是为了占有该种产品的使用功能。如购买钟表是为了计时,购买自行车是为了代步,购买手机是为了方便通讯等。

(2)可靠性。指产品经久耐用、安全可靠的程度。往往指产品在规定的时间、规定的外界环境条件下,满足规定功能的能力。如轿车的安全行驶里程、电视机显像管的无故障工作时间等。

(3)经济性。指产品使用寿命中费用的大小。不单纯包括购买时的价格因素,同时包括使用过程中动力、燃料的消耗和维护保养费用。

二、产品质量管理的含义

产品质量管理指产品质量的计划、组织和控制工作。它的主要内容包括:产品质量管理机构和产品质量管理制度的建立和健全;产品质量计划的编制和执行;技术检验、废品处理、计量检定;产品的售后服务;等等。

产品质量管理是由于市场竞争需要和科学技术的发展而产生发展起来的,它同科学技术、生产力水平以及管理科学化和现代化的发展密不可分。其发展经历了三个阶段:

(1)质量检验阶段。质量检验阶段即质量管理的初级阶段。其方法是,在产品加工制作完成以后,从中抽查样品,由质检员根据质量标准进行检验,区别合格品和不合格品,控制不合格品出厂。该阶段缺乏质量问题的系统观念,只注重结果,缺乏预防,一旦发现废品、次品,一般很难补救。对检验批量大的产品或对于破坏性检验,缺乏经济性和适用性,甚至不允许这样做。

(2)统计质量控制阶段。统计质量管理阶段是应用统计方法对产品质量进行控制。其方法是,采用抽样调查方法,分析统计数据,绘制统计图表,用以控制生产过程,使生产的每一环节都控制在比较理想的状态,保证生产出的产品符合质量要求。事后检验的弱点客观上为把数据统计的原理和方法引入质量管理领域创造了条件。统计质量管理阶段的主要特点是利用数理统计原理,预防不合格产品的产生,并检验产品的质量。标志着将事后检验的观念改变为预防质量事故发生的预防观念。

(3)全面质量管理阶段。全面质量管理是指组织企业的全体员工参与,运用科学的方法,对产品从设计、制造到用户使用的整个过程,进行全面的质量管理。它是将行政管理、专业技术和统计方法结合起来,对整个生产过程进行全面控制的一整套确保产品质量的管理工作体系。

三、产品质量标准

(一)产品质量标准的概念

产品质量标准是指规定产品质量特性应达到的技术要求。一般以定量形式表示并形成技术文件,难以直接定量表示的,则通过产品的生产和组成产品的成分进行试验研究,确定若干技术参数,以间接定量反映产品质量特性。它一般包括产品名称、适用范围、用途、技术要求、产品规格、包装运输等方面的要求。在评价和检验产品质量时,必须使用统一的产品质量标准,这样才能在一定范围内具有可比性。

(二)产品质量标准的分类

1. 国际标准

国际标准是由国际权威组织机构制定和发布,并为大多数国家、国际组织和地区接受的标准。国际标准化组织,简称 ISO,是世界上最大的国际标准化机构,是非政府性国际组织,该组织于 1987 年 3 月发布了 ISO9000《质量管理和质量保证》系列标准,它对产品质量、生产企业的质量管理和生产过程评审都做了详细的阐述和具体规定。

ISO9000 质量体系标准共分 5 个部分,即 ISO9000、ISO9001、ISO9002、ISO9003、ISO9004。

2. 国家标准

国家标准是一个国家或地区为规范农产品的生产、经销而制定并实施的产品质量标准。我国采用了 ISO9000 系列标准,并在 1988 年制定了 GB 和 GB/T,TI9000—ISO9000《质量管理和质量保证》双编号系列国家标准。从 2001 年 10 月 1 日起开始实施 8 项无公害农产品安全质量国家标准,这 8 项标准包括蔬菜、水果、畜禽肉、水产品四类农产品。每一类农产品都有安全要求(具有强制性)和产地环境要求(推荐性)两个标准。

以小麦为例,其国家标准如表 11-1 所示。

表 11-1　GB1351—1999 小麦质量标准指标及等级(国家标准)

等级	容重 $(g \cdot L^{-1})$	不完善粒 /(%)	杂质/(%)		水分/(%)	色泽、气味
			总量	其中,矿物质		
1	≥790	≤6.0	≤1.0	≤0.5	≤12.5	正常
2	≥770	≤6.0				
3	≥750	≤6.0				
4	≥730	≤8.0				
5	≥710	≤10.0				

3. 行业标准

行业标准是由某个行业制定的,并在全国范围内实施的标准,中华人民共和国农业部于 2001 年颁布了无公害食品行业标准 NY5001—2001。

4. 企业标准

企业标准是在没有国家、行业地方标准的情况下,根据产品销售要求,结合市场上先进的同类标准而自行制定的,并报地方行政主管部门和其他有关部门审批、备案的标准,它只在企业内部使用。

任务二 农产品质量管理的含义

任务要求

能说出农产品质量管理的含义。

案例导入

我国食品安全问题接连不断,由之前的"三聚氰胺奶粉"到"染色馒头"以及"牛肉膏",而在湖北省宜昌市,又有一种食品出现了问题,那就是我们经常食用的生姜。

2011年4月15日,湖北省宜昌市万寿桥工商所执法人员接到群众举报,在辖区一座大型蔬菜批发市场内,查获两个使用硫磺熏制"毒生姜"的窝点,现场查获"毒生姜"近1吨。据工商执法人员介绍,不良商贩将品相不好的生姜用水浸泡后,使用有毒化工原料硫磺进行熏制,熏过的"毒生姜"与正常的生姜相比,看起来更水嫩,颜色更黄亮,就像刚采摘的一样。

一斤硫磺差不多可以熏制一千斤左右的生姜。熏制过的生姜比没有熏制的生姜,每斤相差四毛钱左右。一千斤下来就是400块钱,而商贩只需要付出三四块钱的硫磺钱

(资料来源:老年日报 2011-04-19)

案例思考:"毒生姜"案例给你的启示是什么?

相关知识

随着人们生活水平的提高,需求向多样化、多元化方向发展,对生活必需品的要求越来越高。作为农产品,不但要在数量上得到满足,质量上也要求更好,这就为生产、加工、销售农产品的部门提出了农产品质量管理的问题。农产品质量管理一般包括两个方面:

一、宏观的农产品质量管理

宏观的农产品质量管理是各级政府、社会组织等为了保证农产品质量所采取的各种管理措施。各级政府、社会组织主要通过行政手段、经济手段、法律手段等保障农产品从农田到餐桌的质量安全。

(一)产地环境管理

产地环境管理由政府的环保部门和农业行政管理部门承担,目的是从源头上把好农产品质量关。如农业部2004年4月29日颁布的《无公害农产品认证产地环境检测管理办

法》,它对农产品产地环境做出了明确规定。

(二)生产用品管理

国家陆续颁布了《中华人民共和国饲料和饲料添加剂管理条件》《中华人民共和国兽药管理条例》《农药限制使用规定》《农药安全使用规定》等法律法规,从而使农业生产用品的使用管理制度和生产经营管理制度日趋完善和规范。

(三)生产过程管理

农业技术推广部门指导农产品生产经营者严格按照相关标准组织生产、加工,科学合理地使用农药、兽药、化肥、饲料等农业生产用品,推广先进的种植、养殖技术和病虫害防治技术,健全动、植物防疫和保障体系。

(四)包装标识管理

为规范农产品生产经营行为,加强农产品包装和标识管理,建立健全农产品可追溯制度,农业部《农产品包装和标识管理办法》已于 2006 年 11 月 1 日起施行。其中规定在农产品包装物上标注或附加标识标明品名、产地、生产者或销售者名称、生产日期。未包装的农产品,应当采取附加标签、标示牌、标识带、说明书等形式,标明农产品的品名、生产地、生产者或销售者名称等内容。

(五)市场准入管理

农产品市场准入制度是指经检测符合国家标准,经过有资质的机构或权威部门认证的农产品,或经过认证的企业生产加工的农产品允许进入市场销售,并由有关部门进行监督管理的制度。其实质是政府管理、规范市场的行为,是一项行政许可制度。

近年来,"菜篮子污染"、"餐桌污染"问题越来越多,蔬菜农药残留超标,"毒大米"、"毒猪肉"等一系列涉及农产品领域安全的事件层出不穷。农产品安全已成为百姓和政府最为关心的热点问题之一。为从根本上解决农产品安全问题,各地相继出台了市场准入制度来保证农产品质量,让人们放心地消费。

二、微观的农产品质量管理

微观的农产品质量管理指农产品生产经营者为了保证和提高农产品质量所进行的各项活动的总称。包括两个方面的内容:

(一)农产品质量保证

健全农产品质量保障体系,可以把农产品生产、加工过程中各环节的质量管理纳入统一的体系,进而形成系统化、标准化的农产品质量监控系统。

(1)生产要素质量保证。农业生产要素(如动植物的品种、兽药、肥料、饲料、农用机械等)投入的数量和质量,直接决定着农产品的数量和质量。

(2)农艺工序及措施质量保证。一方面,要遵循自然规律,选择最佳适生区建立生产基地,走区域专业化、规模化、产销一体化之路;另一方面,按动植物生长发育规律,对已有的农艺工序及措施进行系统化、规范化的持续改革,使作物结构、畜群结构及种养方式与要素环境保持协调。在合理利用资源的基础上,达到优质、高产和高效。

(3) 农产品加工质量保证。不断改进加工、储运、运输等环节的技术和设备,采用高新技术和先进工艺,提高加工能力和产品档次。

(4) 环境质量保证。建立农产品环境质量监控系统,开展持续的环境改良,使农产品的生产过程实现无污染、无公害化。

(5) 服务质量保证。逐渐培育形成优质配套的农村社会化服务体系,为农业产前、产中、产后提供服务,以便促进生产经营者提高经营水平及农产品质量。

(二) 质量控制

质量控制是保证农产品生产、加工过程中的质量所采取的规范工作过程、技术措施的活动。

(1) 组织措施。有专人负责基地农产品质量安全,开展质量宣传和监督,全面落实安全措施。

(2) 环境保护措施。按农产品生产要求整治环境,并做好保护工作。

(3) 生产技术措施。按照农产品生产技术要求和操作规程进行生产和加工。

(4) 投入品使用管理措施。农产品生产、加工者要严格执行农药、兽药、化肥、饲料等投入品使用安全的规定,严禁在农产品生产过程中使用国家明令禁止的剧毒、高毒、高残留药品及伪劣肥料、饲料。

(5) 农产品包装及标识管理措施。严格按照《农产品包装和标识管理办法》执行。

(6) 农产品质量检测及销售管理措施。检测机构应定期检测和随机抽查农产品质量安全状况,对检测不合格的农产品严禁上市,进行集中处理,按有关规定追究相关责任人的责任。

任务三 农产品质量管理的特点

任务要求

能说出农产品质量安全的内涵;知晓农产品质量管理的特点。

案例导入

2011年3月5日,央视新闻频道播出3·15特别行动——"健美猪"真相,节目中曝光了用瘦肉精喂养的"健美猪"最终流入河南双汇肉制品厂一事。节目中,记者调查发现在南京建邺的迎宾市场内有一种肥膘少、脂肪低的猪肉销量非常好,根据猪肉产品检疫合格证上的地址,央视记者找到了位于南京建邺沙洲村的一家屠宰场。按照屠宰场工人的指点,记者来到活猪的来源地河南孟州,在孟州的养猪场内记者发现养猪户正在向猪饲料里添加瘦肉精。节目中养猪户称,添加瘦肉精能喂养出肥膘少、脂肪低的"健美猪"。随后,央视记者跟随猪贩一路体验了各个检疫部门大开绿灯,最终使"健美猪"流入市场的全过程。并最终发现,河南双汇集团下属的济源双汇食品有限公司也在大量引进"健美猪"。瘦肉精是一类动物用药,有数种药物被称为瘦肉精,例如莱克多巴胺(Ractopamine)及克伦特罗(Clenbuterol)等。将瘦肉精添加于饲料中,可以增加动物的瘦肉量、减少饲料使用、使食品提早上市、降低成本。瘦肉精让猪的单位经济价值提升不少,但它有很危险的副作用,轻则导致心律不整,严重一点就会导致心脏病。

案例思考:"瘦肉精"屡禁不止的原因是什么?

相关知识

一、农产品质量安全的内涵

(一)农产品质量安全的概念

农产品质量安全是农产品的内在品质与外在因素对人体健康的影响状况。广义的农产品质量安全还包括农产品满足贮运、加工、消费、出口等方面的需求。

按照《农产品质量安全法》,农产品是指来源于农业的初产品,即在农业活动中获得的植物、动物、微生物及其产品。农产品质量安全则是指农产品质量符合保障人的健康、安全的要求。

(二)农产品质量不安全的特点

农产品质量不安全的特点表现为:

(1)危害的直接性。大多数农产品一般是直接消费或加工后被消费。受物理性、化学性和生物性污染的农产品均可能直接对人体健康和生命安全产生危害。

(2)危害的隐蔽性。农产品质量安全的水平或程度仅凭感观往往难以辨别,需要通过仪器设备进行检验检测,有些甚至还需要进行人体或动物实验后确定。受科技发展水平等条件的制约,部分参数或指标的检测难度大、检测时间长。因此,质量安全状况难以及时准确判断,危害具有较强的隐蔽性。

(3)危害的累积性。不安全农产品对人体危害,往往经过较长时间的积累才能表现出来。如部分农药、兽药残留在人体内积累到一定程度后,就可能导致疾病的发生并恶化。

(4)危害产生的多环节性。农产品生产的产地环境、投入品、生产过程、加工、流通、消费等各环节,均有可能对农产品产生污染,引发质量安全问题。

(5)管理的复杂性。农产品生产周期长,产业链条复杂,区域跨度大;农产品质量安全管理涉及多学科、多领域、多部门,控制技术相对复杂;加之我国农业生产规模小,生产者经营素质不高,致使农产品质量安全管理难度大。

(二)农产品质量不安全的主要来源

农产品质量不安全,主要来源于:

(1)物理性污染。指由物理性因素对农产品质量安全产生的危害。如因人工或机械等因素在农产品中混入杂质或农产品因辐照导致放射性污染等。

(2)化学性污染。指在生产加工过程中使用化学合成物质而对农产品质量安全产生的危害。如使用农药、兽药、添加剂等造成的残留。

(3)生物性污染。指自然界中各类生物性污染对农产品质量安全产生的危害。如致病性细菌、病毒以及某些毒素等。

二、农产品质量管理的特点

1. 认识观念差异性大

一方面,由于过去长期徘徊在温饱线上,生产者只重视农产品数量而轻视质量,只关注多打粮食,质量的好坏似乎于己无关,况且在市场销售时无人挑剔,对收益影响不大;另一方面,许多粮食、水果、蔬菜、畜产品等没有统一标准供遵循,导致各自为政,随心所欲。

2. 经营体制影响

自从我国实行农业生产责任承包制以来,大多是分散经营,每户的规模都很小,生产经营者的素质参差不齐。由于农民组织化程度低,难以形成对种植、养殖的统一规划指导,也难以形成由市场规范的收购加工体系,造成农民的无序竞争,品种杂乱,难以保证其规格标准及质量安全。

3. 检测能力弱

首先,许多农产品是农民自产自销或没有经过检验就直接进入市场,普通市民只能用肉眼判断其优劣。其次,农产品生产、加工环节是否被污染,投入的生产资料(如种子、农产、兽药、化肥、饲料等)和辅助材料(如保鲜剂、防腐剂、添加剂等)是否合格都无从考证。再有,农产品质量标准的制定和实施难度大,缺乏完善的检查体系和相应的评价分析手段。

4. 保障体系不健全

包括检验依据的标准数量不足,配套性差,监测工作尚未制度化,质检人员素质有待进一步提高。另外,执法过程缺乏规范化的持续性,无法从根本上解决农产品质量问题。

任务四　农产品质量管理的意义

任务要求

了解农产品质量管理的意义。

案例导入

当前,关于中国人的一日三餐,网上很流行一段话:"早上,买两根地沟油油条,切个苏丹红咸蛋,冲杯三聚氰胺奶,吃完开锦湖轮胎的车去上班。中午,瘦肉精猪肉炒农药韭菜,再来一份人造鸡蛋卤注胶牛肉,加一碗石蜡翻新陈米饭,泡壶香精茶叶。下班,买条避孕药鱼、尿素豆芽、膨大西红柿、石膏豆腐。回到家,吃个增白剂加柠檬黄馒头……"

案例思考：这段话说明了什么问题？

 相关知识

农产品质量管理的意义在于：

1. 保障消费安全,促进社会发展

"民以食为天,食以安为先。"人们每天消费的食物有相当多的部分是直接来源于农业的初级产品。因此,农产品的质量安全,直接关系到人民的生命安全和健康,关系着社会的稳定和经济的发展。自此,建立健全农产品质量管理体系,发展无公害农产品、有机食品和绿色食品,是解决我国农产品质量安全问题的根本出路,也是坚持以人为本、科学发展观与构建和谐社会的集中体现。

2. 农产品质量管理是发展现代农业,增加农民收入的必然要求

农产品生产和消费,一头连着生产者,一头连着消费者。如果农产品缺乏质量安全保障,不仅会损害人民群众的身心健康,同时也会危及农业的稳定健康发展,影响农民增收。一些地方因农产品质量安全问题而严重影响某个产业发展的教训非常深刻。产品质量是产业发展的生命,加强质量监督,不断提高农产品质量安全水平,是发展现代农业,促进农业增长方式转变,提高效益,增加收入的紧迫任务和重要途径。

3. 农产品质量管理是提高农产品市场竞争能力的必然要求

发展现代农业,进一步开拓国内国际市场,质量安全是增强农产品市场竞争力的根本保证。我们既要发挥我国农产品生产成本低、价格低的优势,又要不断提高农产品质量水平。只有不断提高农产品质量安全水平,才能将我国农村劳动力的资源优势转化为产品优势,将产品优势转化为市场优势,不断提高市场竞争力。

项目二　农产品质量管理和控制方法

任务一　农产品质量管理的宏观方法

 任务要求

了解农产品质量管理的法律约束、农产品质量论证制度、农业标准化管理、农产品质量监督、进出口农产品质量检验与监督和消费者权益保护等宏观方法。

 案例导入

近年来,农产品质量,特别是食品安全领域,问题层出不穷,从问题奶粉到染色馒头,从

"地沟油"到瘦肉精,从毒豆芽到问题豇豆,危机四伏,一定程度上造成了消费者对食品安全的恐慌,也影响了政府公信力和社会的和谐稳定。

案例思考:你认为政府如何加强农产品质量管理,保证食品安全?

相关知识

一、法律约束

国家通过对农产品立法,强制要求农产品生产经营者保证质量,主要通过以下五类法律法规进行规范:

(1)综合性法律,如《中华人民共和国农产品质量安全法》《畜牧法》《农业法》《渔业法》;

(2)产地环境法律,如《环境保护法》《基本农田保护条例》;

(3)投入品法律,如《种子法》《种畜禽管理条例》《农药管理条例》《兽药管理条例》《饲料和饲料添加剂管理条例》等;

(4)认证和标准的法律,如《计量法》《标准化法》等;

(5)地方规章,如《北京市食品安全监督管理规定》《上海市食用农产品安全监督暂行办法》等。

二、农产品质量认证制度

质量认证是指法定认证机构根据具有国际先进水平的产品标准和技术要求,经过独立评审,对于符合条件的产品颁发认证标志,从而证明某一产品达到相应标准的制度。质量认证是国际上通用的产品合格评定制度。当前世界各国采用的质量认证制度,大都是以合法的第三方立场,对产品的质量和安全可靠性执行检查与监督。

我国农产品质量认证机构主要为农业行政主管部门授权认可质检机构,是依法设置的检测事业单位,出具的检测数据可作为法定仲裁依据。

我国在农产品认证方面开展了无公害农产品认证、绿色食品认证和有机食品认证(三者简称"三品"认证)。

(一)无公害农产品认证

1. 无公害农产品认证依据的法律法规

《中华人民共和国农业法》《中华人民共和国认证认可条例》和《中华人民共和国农产品质量安全法》是制定无公害农产品认证工作制度所遵循的法规。"无公害食品行动计划"是制定无公害农产品认证制度的政策依据,并提供政策导向。《无公害农产品管理办法》是全面规范农产品认定认证、监督管理的法规。《无公害农产品管理办法》规范了无公害农产品标志印刷、使用、管理等工作。《无公害农产品管理办法产地认定程序》和《无公害农产品认定程序》规范了认定认证工作的行为。

2. 无公害农产品认证的标准依据

无公害食品标准是无公害农产品认证的技术依据和基础,是判定无公害农产品的尺度。为了使全国无公害农产品生产和加工按照全国统一的技术标准进行,树立标准一致的无公害农产品形象,农业部针对无公害农产品组织制订了包括产品标准、产地环境条件、投入品使用、生产管理技术规范、认证管理技术规范在内的无公害食品系列标准,标准系列号为 NY5000。

3. 无公害农产品认证的组织机构及管理

由农业部和国家认证认可监督管理委员会联合公告的《无公害农产品认证程序》,明确了由农业部农产品质量安全中心承担无公害农产品认证工作。

农业部农产品质量安全中心根据自身职能,为满足无公害农产品认证工作的需要,逐步形成了相对完善的无公害农产品认证的组织机构。中心内设办公室、技术处、审核处、监督处 4 个处室,下设种植业产品、畜牧业产品、渔业产品 3 个分中心;县级以上各级农业行政主管部门依此设置。

4. 无公害农产品认证的程序要求

(1) 产地认定程序。首先,由申请专利提出产地认定申请。申请人应具备产地申请的相应条件,并要提交申请书、产地环境状况、质量控制措施等材料。之后由县、市、省级农业行政主管部门依据《无公害农产品产地认定程序》进行初审、复审、现场检查、产地环境检测与评估,最后做出终审结论。符合条件的由省级农业行政主管部门颁发《无公害农产品产地认定证书》,产地证书有效期 3 年。

(2) 产品认定程序。个人和单位都可以申请无公害农产品认证,申请无公害农产品认证的产品的产地应获得无公害农产品产地认定证书,同时产品应在《实施无公害农产品认证的产品目录》范围内。根据《无公害农产品认证程序》,认证过程包括认证申请、初审、复审、终审和颁证等环节,符合条件的由农业部农产品质量安全中心颁发《无公害农产品证书》,产品证书有效期 3 年。

(二) 绿色食品认证

1. 绿色食品认证的法律法规

绿色食品认证的法律法规包括:《中华人民共和国农产品质量安全法》《中华人民共和国认证认可条例》《认证违法行为处罚暂行规定》《认证机构及认证培训、咨询机构审批登记与监督管理办法》《认证及认证培训、咨询人员管理办法》《认证证书和认证标志管理办法》《绿色食品标志管理办法》《绿色食品检查员注册管理办法》《绿色食品企业年度检查工作规范》等。

2. 绿色食品认证的标准依据

绿色食品标准体系包括产地环境质量标准、生产技术标准、产品标准、包装和贮运标准、抽样和检验标准五大部分。

3. 绿色食品认证的组织机构及管理

农业部的"中国绿色食品发展中心"是全国统一的绿色食品认证和管理机构。目前,全国已有绿色食品省级管理机构 42 个,地市级和区县级管理机构 1 000 余个,绿色食品产品检测机构 38 家,环境监测机构 71 家。

4. 绿色食品认证的程序要求

为规范绿色食品认证工作,中国绿色食品发展中心依据《绿色食品标志管理办法》,制定了绿色食品认证程序。主要分为八个过程:(1) 认证申请;(2) 受理及文审;(3) 现场检查、产品抽样;(4) 环境监测;(5) 产品检测;(6) 认证审核;(7) 认证评审;(8) 颁证。

凡具有绿色食品生产条件的国内企业均可按程序申请绿色食品认证。

(三) 有机食品认证

1. 有机食品认证依据的法律法规

《有机产品认证管理办法》是我国现行对有机产品认证、流通、标识、监督管理的强制性要求。《有机产品认证实施规则》是对认证机构开展有机产品认证程序的统一要求。该规则对认证申请、受理、现场检查的要求、提交材料和步骤、样品和产地环境检测的条件和程序、检查报告的记录与编写、做出认证决定的条件和程序、认证证书和标志的发放与管理方式、收费标准等做出了具体规定。对于《中华人民共和国农产品质量安全法》《中华人民共和国标准化法》《中华人民共和国计量法》《中华人民共和国认证认可条例》《认证证书和认证标志管理办法》《认证及认证培训、咨询人员管理办法》《认证证书和认证标志管理办法》等,有机食品认证也需要遵照执行。

2. 有机食品认证的标准依据

2005年1月19日,《有机产品国家标准》正式发布,该标准共分为生产、加工、标志与销售、管理体系四个部分。

3. 有机食品认证的组织机构及管理

中国绿色食品发展中心于2002年10月组建了"中绿华夏有机食品认证中心(COFCC)",专门负责推动中国农业系统有机发展和有机食品认证、管理工作,并成为在国家认监委登记的第一家有机食品认证机构。从事有机食品认证的检查员应当经中国认证认可协会(CCAA)注册后,方可从事有机食品认证活动。有机食品认证机构必须在CCAA注册并得到中国合格评定国家认可委员会(CNAS)认可后才能开展认证工作。

三、农业标准化管理

标准化管理是指依据科学技术和实践经验的综合成果,在协商的基础上,对经济、技术和管理等活动中,具有多样的相关特征的重复事物,以特定的程序和形式颁发的统一规定。标准化管理分为技术标准化和管理标准化。技术标准化是对技术中需要统一协调的事物判定的技术准则,它是根据不同时期的科学技术水平和实践经验,针对具有普遍性和重复出现的技术问题,提出的最佳解决方案;管理标准化,是指生产经营者为保证与提高产品质量,实现总的质量目标而规定的各方面经营管理活动、管理业务的具体标准。

农业标准化是指以农业为对象的标准化活动。具体来说,是指为了有关各方面的利益,对农业经济、技术、科学、管理活动中需要统一、协调的各类对象,制定并实施标准,使之实现必要而合理的统一的活动。其目的是将农业的科技成果和多年的生产实践相结合,制订成"文字简明、通俗易懂、逻辑严谨、便于操作"的技术标准和管理标准向农民推广,最终生产出质优、量多的农产品供应市场,不但使农民增收,同时还能很好地保护生态环境。其内涵就是指农业生产经营活动要以市场为导向,建立健全规范化的工艺流程和衡量标准。

农业标准体系主要是指围绕农林牧副渔各业,制定的以国家标准为基础,行业标准、地方标准和企业标准相配套的产前、产中、产后全过程系列标准的总和,还包括为农业服务的化工、水利、机械、环保和农村能源等方面的标准。

农业标准化的内容十分广泛,主要有以下八项:

(1)农业基础标准:是指在一定范围内作为其他标准的基础并普遍使用的标准。主要是指在农业生产技术中所涉及的名词、术语、符号、定义、计量、包装、运输、贮存、科技档案管理及分析测试标准等。

(2)种子、种苗标准:主要包括农、林、果、蔬等种子、种苗、种畜、种禽、鱼苗等品种种性和种子质量分级标准,生产技术操作规程,包装、运输、贮存、标志及检验方法等。

(3)产品标准:是指为保证产品的适用性,对产品必须达到的某些或全部要求制订的标准。主要包括农林牧渔等产品品种、规格、质量分级、试验方法、包装、运输、贮存以及农机具标准、农资标准和农业用分析测试仪器标准等。

(4)方法标准:是指以试验、检查、分析、抽样、统计、计算、测定、作业等各种方法为对象而制订的标准。包括选育、栽培、饲养等技术操作规程、规范、试验设计以及病虫害测报、农药使用、动植物检疫等方法或条例。

(5)环境保护标准:是指为保护环境和有利于生态平衡,对大气、水质、土壤、噪声等环境质量、污染源的检测方法以及其他有关事项制订的标准。例如,水质、水土保持、农药安全使用、绿化等方面的标准。

(6)卫生标准:是指为了保护人体和其他动物身体健康,对食品饲料及其他方面的卫生要求而制定的农产品卫生标准。主要包括农产品中的农药残留及其他重金属等有害物质残留允许量的标准。

(7)农业工程和工程构件标准:是指围绕农业基本建设中各类工程的勘察、规划、设计、施工、安装、验收,以及农业工程构件等方面需要协调统一的事项所制定的标准。如塑料大棚、种子库、沼气池、牧场、畜禽圈舍、鱼塘、人工气候室等。

(8)管理标准:是指对农业标准领域中需要协调统一的管理事项所制定的标准。如标准分级管理办法、农产品质量监督检验办法及各种审定办法等。

农业标准化管理是根据《中华人民共和国标准化法》和有关法律、法规规定,建立健全农产品质量标准体系、质量检测体系、执法监督体系,对农产品的生产、运输、储存、销售进行质量监督,加强农业标准化工作,促进农业技术进步,提高农产品质量,维护生产经营者和消费者的合法权益。

四、农产品质量监督

各级政府及执法部门要从五个方面全面提高农产品质量监管水平:一是从农田到餐桌全过程管理,强化重点环节;二是搞好综合服务,提高主体意识;三是落实监督检测制度,消除质量隐患;四是严格查处违法违纪案件,加大执法力度;五是设置应急预案,建立健全农产品质量安全应急管理机制。

五、进出口农产品质量检验与监督

进出口农产品质量安全关系农村稳定、农业生产、农民增收,关系对外贸易和国际形象。为此,国家质量监督检验检疫总局于 2007 年 9 月发布了《贯彻落实全国质量工作会议精神,做好进出口农产品质量安全专项整治工作的意见》的法规。

意见要求,质检各部门要坚持从源头抓起,通过全面实施注册登记制度,完善农业投入品的使用管理制度,强化企业第一责任人制度,建立和完善全过程监管制度,严格出口农产品产地检疫检验责任制度,建立企业诚信制度以及建立安全隐患产品的召回制度,构建出口农产品质量安全保障体系。严把入境关口,通过完善风险分析制度,强化进口检疫审批制度,加强对进口农产品和活动物、木质包装等高风险产品的检验检疫工作,建立进口企业备案管理制度,严格企业违法责任追究制度和完善检疫处理制度,构筑外来有害生物和有毒有害物质防控体系。

六、消费者权益保护

1994 年 1 月 1 日起施行的《中华人民共和国消费者权益保护法》对消费者的权利义务做出了明确的界定。按法律规定,消费者除因人身、财产的损害而要求获得赔偿损失这一最基本、最常见的方式之外,还可以要求其他多种民事责任承担方式,如修理、重做、更换、恢复原状、消除影响、恢复名誉、赔偿道歉等。

任务二　农产品质量管理的微观方法

任务要求

学会农产品质量管理的微观方法。

案例导入

绵阳市消费者王某投诉称,他购买的徐氏豆豉鸭,食用时发现其外观、口感均有异常。王某将样品送专业机构检验检测,检测结果显示属亚硝酸盐含量超标。食品安全部门接到投诉后,立即组织工商、质监、卫生等部门的执法及专业技术人员赶赴现场调查,并抽样送市疾控中心检测。该批次抽样代表数量为 50 只豆豉鸭,折合市价 1 320 元,检验结果为亚硝酸盐超标,判定为不合格食品。工商部门立即立案进入调查取证程序,将其不合格批次产品全部查封销毁,并要求当事人即刻改变加工制作的工艺与流程,待再次检验合格后准予销售,对当事人处以罚款 1 万元。

(资料来源:绵阳日报 2011 - 12 - 13)

案例思考:你会用农产品质量管理的微观方法对豆豉鸭抽样检查结果作样本分析吗?

 相关知识

一、排列图法

排列图又称帕雷特图:主次因素排列图,它是用以查找影响产品质量的主要问题的一种方法。它把影响产品质量的诸因素按影响程度的主次加以排列,从中找出关键的因素,以确定从哪里入手解决产品质量问题收益最大,经济效果最好。

如图 11-1,排列图中有两个纵坐标,一个横坐标,几个直方形和一条曲线。左边的纵坐标表示频数(件数或金额),右边的纵坐标以百分比表示频率。横坐标表示影响质量的各个因素,按其对质量影响程度的大小从左向右排列。直方形的高度表示某个影响因素对质量影响程度的大小;曲线表示各影响因素大小的累计百分数,这条曲线称为帕雷特曲线。通常习惯将累计百分数分为三个区:

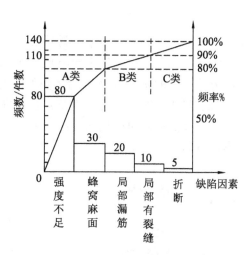

图 11-1 排列图法

0~80%为A区,这一区包括累计百分数在80%以下的因素,显然,它是主要影响因素;累计百分数在80%~90%的为B类区,它是次要因素;累计百分数在90%~100%的为C类区,在这一类区间的影响因素为一般因素。在很多情况下,占累计百分数在80%以下的因素只有两三个,甚至一两个,集中力量解决这些因素,可以大大提高产品质量。

二、因果分析图法

因果分析图又称特性因素图,因其形状像树枝和鱼刺,也叫树枝图或鱼刺图,如图11-2。它是分析质量问题产生原因的一种方法。为了寻找产生某种质量问题的原因,在广泛听取众人意见的基础上,将众人的意见反映在一张图上。探讨一个质量问题的产生原因,要从大到小,从粗到细,寻根究底,直到能采取具体措施为止。

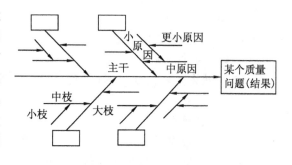

图 11-2 因果分析图法

三、直方图法

直方图又称质量分布图,它是用来整理质量数据,从中找出质量运动规律,预测工序质量好坏和估算工序不合格品率的一种常用工具。绘制直方图时,将抽样所测得的数据进行分组,然后以组距为横坐标,以频数为纵坐标,以组距为底,以频数为高画出一系列的矩形

（如图 11-3）。从直方图中,可以粗略地计算出随机波动的规律,用以发现产品生产过程中的质量状况,以便采取措施,防止发生质量事故。

四、分类法

分类法又叫分层法,它既是加工整理数据的一种重要方法,又是分析影响质量原因的一种基本方法。目的是通过分类把性质不同的数据以及影响质量的错综复杂的原因及其责任划分清楚,理出头绪,以便找出问题症结,采取措施解决。分类的标志可根据研究的目的而定,常用的分类标志有材料、设备、操作者、操作时间、操作方法等。

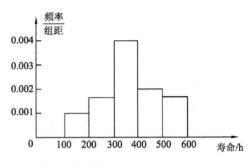

图 11-3　直方图法

学习测试题

一、单选题

1. ISO9000 质量体系标准是（　　）。
   A. 国际标准　　　B. 国家标准　　　C. 行业标准　　　D. 企业标准
2. 农产品质量不安全的特点是（　　）。
   A. 危害的间接性　　　　　　　　B. 危害的公开性
   C. 危害的累积性　　　　　　　　D. 管理的简单性
3. 因人工或机械等因素在农产品中混入杂质或农产品因辐照导致放射性污染等称为（　　）。
   A. 物理性污染　　　　　　　　　B. 化学性污染
   C. 包装标识管理　　　　　　　　D. 生物性污染
4. 生物性污染是（　　）。
   A. 农药的残留　　　　　　　　　B. 兽药的残留
   C. 病毒的残留　　　　　　　　　D. 添加剂的残留
5. 发展无公害农产品、有机食品和绿色食品,是解决我国农产品（　　）问题的根本出路。
   A. 数量安全　　　　　　　　　　B. 质量安全
   C. 数量或质量安全　　　　　　　D. 数量和质量安全
6. 农产品质量管理约束性的法律是（　　）。
   A. 宪法　　　　　　　　　　　　B. 刑法
   C. 农产品质量安全法　　　　　　D. 经济法
7. 《中华人民共和国农产品质量安全法》是农产品质量管理的（　　）。
   A. 综合性法律　　　　　　　　　B. 产地环境法律
   C. 投入品法律　　　　　　　　　D. 认证和标准的法律

8. 《种子法》是农产品质量管理的（　　）。
   A. 综合性法律　　　　　　　　B. 产地环境法律
   C. 投入品法律　　　　　　　　D. 认证和标准的法律
9. 无公害农产品认证的组织机构是（　　）。
   A. 农业部农产品质量安全中心　　B. 省农林厅农产品质量安全中心
   C. 市农业局农产品质量安全中心　D. 县农业局农产品质量安全中心
10. 下列不是农产品质量管理微观方法的是（　　）。
    A. 排列图法　　　　　　　　　B. 因果分析图法
    C. 全面质量管理法　　　　　　D. 直方图

二、多选题

1. 国家通过对农产品立法，属于投入品法律的是（　　）。
   A. 《畜牧法》　　　　　　　　　B. 《种子法》
   C. 《种畜禽管理条例》　　　　　D. 《农药管理条例》
2. 农产品质量管理的微观方法包括（　　）。
   A. 直方图　　　　　　　　　　B. 因果分析图法
   C. 排列图法　　　　　　　　　D. PDCA法
3. 产品的质量特性包括（　　）。
   A. 适用性　　B. 方便性　　C. 经济性　　D. 可靠性
4. 微观的农产品质量管理内容包括（　　）。
   A. 农产品质量保证　　　　　　B. 市场准入管理
   C. 质量控制　　　　　　　　　D. 生产过程管理
5. 农产品质量不安全的主要来源包括（　　）。
   A. 人为性污染　　　　　　　　B. 物理性污染
   C. 化学性污染　　　　　　　　D. 生物性污染

三、判断题

1. 产品质量是指产品适合一定用途，满足人们一定需要所具备的特性。（　　）
2. 全面质量管理称为PDCA循环。（　　）
3. 行业标准可以与国家标准相冲突。（　　）
4. 产地环境管理目的是从源头上把好农产品质量关。（　　）
5. 对不合格的农产品质量检测上市只追究当事人的责任，不追究责任人的责任。（　　）
6. 检测能力弱是农产品质量管理的一个特点。（　　）
7. 农产品质量安全是农产品的内在品质与外在因素对人体健康的影响状况。（　　）
8. 农产品的质量安全，直接关系到人民的生命安全和健康，关系着社会的稳定和经济的发展。（　　）
9. 农业部的"农产品质量安全中心"是全国统一的绿色食品认证和管理机构。（　　）
10. 农业部农产品质量安全中心颁发《无公害农产品证书》，产品证书有效期3年。（　　）
11. 因果分析图探讨一个质量问题的产生原因，要从小到大，从粗到细，寻根究底，直到能采取具体措施为止。（　　）

四、名词解答

产品质量管理

五、填空题

1. 农产品质量管理的宏观方法有 _____、_____、_____、_____、_____、_____。
2. 全面质量管理的特点有：_____、_____、_____、_____。
3. 产品质量标准可分为：_____、_____、_____、_____。
4. 宏观的农产品质量管理包括：_____、_____、_____、_____、_____。
5. 农产品质量不安全的特点包括：_____、_____、_____、_____、_____。
6. 农产品质量管理的特点包括：_____、_____、_____、_____。

六、综合题

简述全面质量管理的基本要求。

学习情境十二　农户家庭经营及农场经营管理

无论是在农业高度发达还是在农业相对落后的地区,农户家庭在农业现代化进程中一直扮演着重要的角色,农户家庭经营是农业经营的重要形式之一。作为农业经济的经营实体,农场不仅具有一般企业的共同特点,而且有其特定的功能和经营方式。

学习目标

熟悉农户家庭经营;了解国有农场经营管理;知晓农业产业化经营管理。

项目一　农户家庭经营

任务一　农户家庭经营的特点

任务要求

能说出农户家庭经营的概念、特点;知晓农户家庭经营发展的三个阶段。

案例导入

张玲家住在江苏苏北的一个乡村里,家里有爷爷、奶奶、爸爸、妈妈和弟弟六口人。爷爷奶奶老了,只能在家里做一些力所能及的家务活,爸爸妈妈承包了村里15亩耕地。今年一共收获了14 000公斤的稻谷,除了自己家里留了部分做口粮外,其他的都卖给粮食加工企业了。

案例思考:你知道张玲家这种经营体现了农户家庭经营的什么特点吗?你知道农户家庭经营都有哪些特点吗?

 相关知识

一、农户家庭经营的概念

农户家庭经营,是指农户以家庭成员劳力为主,利用家庭自有生产工具、设备和资金,在占有宅基地、承包、租用或其他形式占有的土地上,按照社会市场的需求,独立自主地进行生产经营的组织单元。在市场经济条件下,农户家庭经营不再是过去的自给自足的小生产方式,而是逐步形成以农户家庭为主体,以社会化服务为条件的,进行社会化生产的开放式经营。

农户的家庭经营作为一种组织形式,具有血缘关系和伦理道德规范所维系的、超越市场化的工厂经营的激励监督机制,具有跨越时间和空间的活力以及超越生产力水平和经济发展水平阶段的限制,从而表现出无比的优越性,具有普适性。这一组织形式,最早产生于原始社会末期,历经各种社会形态,至今仍显现出其强大的生命力。发达国家在实现农业现代化建设的整个过程中,农业生产和组织方式都是以农民家庭经营组织为主体的。

二、我国的农户家庭经营经历了三个阶段

(一) 个体农户时期的家庭经营

我国从春秋战国到 20 世纪 50 年代农业合作化前的几千年间,是以土地私有制、农户家庭为生产单位的个体农户家庭经营阶段。

(二) 集体经济时期的农户家庭经营

农业合作化以后,随着农业生产力的发展,特别是对农田水利等农业基础设施的需求增加和适度集中土地经营的要求,出现了农业互助合作组织,如以土地入股形式的合作社等经营形式。

(三) 双层时期的农户家庭经营

党的十一届三中全会后,农村广泛地实行了村级"统一经营"和农户家庭"分散经营"相结合的双层经营体制。作为双层经营的一个层次,农户家庭,一方面对集体所有的土地,实行联产承包经营;另一方面还可以自主开发庭院空间和其他闲散荒地等资源,进行独立的家庭经营活动,形成一种兼业的或多业的家庭经营模式。村级"统一经营"层次,是为了克服家庭经营的局限性,充分发挥集体经济的优越性。

三、农户家庭经营的特点

1. 统一性与分散性

农户家庭经营,一方面,作为承包经营户,是社区合作经济组织的成员,依据承包合同,

接受社区的统一规划指导、统一机械作业和各种信息服务,从事生产经营活动,完成包干任务,具有"统一性"特点;另一方面,承包制家庭经营是合作经济的一个经营层次,属于新型的家庭经济,无论是与过去的集体经济比较,还是与规模较大的国营农场经营比较,它都是一个相对独立的生产经营单位,实行自主经营,包干分配,具有"分散性"特点。

2. 自给性与商品性

农户家庭经营的自给性生产和商品性生产的程度及其比例关系与各地农业生产力水平和市场环境成正相关。随着市场经济体系的不断完善,农村工业化和农业现代化进程的加快,将极大地促进农业土地使用权的合理流转。农户家庭经营,也逐步分离出以农业专业化经营和农村非农产业经营为主的农户,商品性生产经营正逐步成为农户家庭的主要经营方式。

3. 专业经营与兼业经营

农户家庭专业经营,即指农户从事某一项生产或劳务的经营。兼业经营,是指以户为单位实行主业与副业相结合的经营。即依据劳动者的专长和有利的自然经济条件及市场需求状况,选择某项生产为主业,同时又利用剩余劳动时间和其他生产资源从事某些副业。现在,农户家庭经营除经营农业外,还可从事工、商、运、建、服务业中的一些项目,不放弃承包的土地,在从事农业的同时又兼营其他,这样一来,既可以分散经营风险,又可以获得更多的经济收益。

4. 灵活性与计划性

市场经济条件下的农户家庭,拥有更多的经营自主权,其人员少,规模小,管理层次少,可以根据市场需求变化,及时调整生产方向,做出相应决策,其经营具有较强的灵活性。同时,一般农户虽然没有正规的书面计划,但大多能按照自身消费(包括生产消费和生活消费)需要,做出灵活的计划安排。随着农户家庭经营规模的扩大,农民文化水平的提高,农户经营计划内容将不断丰富,作用也日益突出。

5. 小规模与大群体

目前,除专业大户雇工经营外,一般农户家庭经营是地少、人少、资金设备少、产量产值小的小规模经营。

当前在农户家庭经营中,又出现了农户之间的相互联合,共同从事某项生产经营,如具有群体性的粮食生产、棉花生产、果品生产、蔬菜生产,以及养殖业、工副业生产经营等,均显示出一定的优越性。所以,农户家庭的小规模经营与群体性经营相结合,将是今后农户家庭经营发展的一大趋势。

任务二　农户家庭经营的类型

任务要求

熟悉农户家庭经营的类型。

案例导入

王宇家住在江苏苏北的一个乡村里,和张玲是邻居。家里有奶奶、爸爸、妈妈和他自己四口人。王宇家只种了七亩田,爸爸妈妈主要在镇里的一家纺织厂上班,农忙的时候才请假回家抢收抢种,平时都是由奶奶帮忙照应田地。

案例思考:说出农户家庭经营的分类。

 相关知识

农户家庭经营的类型可作如下划分:

1. 按其在双层经营中的关系划分为承包经营型、自有经营型、承包经营和自有经营相结合型

承包经营型是在坚持土地等生产资料公有制的基础上,在合作经济组织的统一管理下,将集体的土地发包给农户耕种,实行自主经营,包干分配;自有经营型是农户利用为集体所有、农户永久占用的住宅庭院,包括房前屋后及划归农户开发利用的街道路边和隙地,利用自有资产(财产)而独立进行的家庭开发经营;承包经营和自有经营相结合型是市场经济发展与农户家庭经营自主权的扩大,多数农户是承包经营与自有经营相结合型,少数是自有经营型。

2. 按从事农业生产劳动专业化程度划分为专业农户、兼业农户

专业农户是指农户家庭中的整男劳力主要从事农业经营,其家庭收入主要来源于农副产品的生产销售收入;兼业农户是指以经营农业为主,又兼营非农产业。

3. 按家庭经营的组织化程度划分为单个经营型、联合经营型

单个经营型,即分散经营型,是我国农户家庭经营的基本特点之一,是小规模分散经营;联合经营型是指农户之间或农户与村级社区之间联合经营的一种方式。

4. 按家庭经营的商品化程度划分为自给性经营、商品性经营、自给性与商品性相结合经营

自给性经营是一种自给自足的经营方式,生产的目的不是为了交换,而是直接获取使用价值,以满足家庭成员基本生活消费的需要;商品性经营是指为他人生产使用价值,为自己生产价值,即为交换而进行生产;自给性与商品性相结合经营是一种半自给、半商品型农户的经营方式,它既从事自给性生产,直接为家庭成员提供生活消费资料,又从事商品性生产,用于市场交换以获取货币收入,它是介于自给型与商品型农户经营之间的过渡形态,也被称为半商品型农户经营。

任务三　农户家庭经营的企业化——农户家庭农场

任务要求

了解农户家庭农场的含义;能说出农户家庭农场与家庭经营的区别;知晓农户家庭农场管理的内容。

案例导入

徐道发是上海市松江区泖港镇家庭农场主之一,从2008年开始承包农田,每年承包140亩农田。夫妻两人是主要劳动力,平时的一些田间管理大都由夫妻两人完成,农忙时请人帮忙。

案例思考:徐道发的家庭农场与一般家庭经营有何区别?

相关知识

2013年中央一号文件提出,鼓励和支持承包土地向专业大户、家庭农场、农民合作社流转。其中,"家庭农场"的概念是首次在中央一号文件中出现。家庭农场是指以家庭成员为主要劳动力,从事农业规模化、集约化、商品化生产经营,并以农业收入为家庭主要收入来源的新型农业经营主体。家庭农场仍然还是家庭经营,但其经营活动大体上依据企业原理与方法,将家庭生活与生产经营分开,家庭劳动开始计算生产费用,从而使家庭经营具有协调性、连续性、系统性,使农户真正成为为卖而买的商品生产者。

一、农户家庭农场与家庭经营的区别

1. 经营目标不同

家庭经营主要是以满足家庭基本物质消费需要为目标。市场经济条件下的农户家庭农场,已不再是以直接满足自身的物质需要为目标,而是要在承担相应的社会责任,对社会发展做出应有贡献的前提下,以收入最大化为主导目标。

2. 生产导向不同

农户家庭收入最大化的实现要以市场的承认为前提。因此,农户家庭农场要以市场为导向,而不能以自家的消费为导向;实行"以销定产",市场的供求和价格的变化是农民制订生产计划、分配利用资源的依据。

3. 管理理念不同

家庭经营是以传统的经验、技术为主要依托,实行家长制管理,追求物质生产的使用价值。而农户家庭农场,是以先进的管理理论与方法作指导,充分利用市场信息,进行科学决策;重视供销渠道,正视市场风险,以扩大产品销售量和获取利润为经营过程的出发点;实行科学的计划和管理,追求物质生产的价值,以实现货币收入的最大化。

二、农户家庭农场管理的内容

1. 经营决策的市场导向

农户家庭农场经营,其关键在于科学的经营决策,而科学决策的前提是以市场为导向。即农户家庭农场在进行经营决策时,应以提高农产品商品率为指导思想,针对市场需求变化,组织生产,改过去"以产定销"为"以销定产"的决策模式。

2. 资金筹措的科学预测

农户家庭农场要进行生产经营活动,除了要有劳动力和承包一定面积的土地外,还必须拥有机械设备、耕畜、种子、肥料等生产资料,以及一定数量的现金和存款。它是农户生产经营活动的经济基础。资金的筹措,需要考虑资金的需要和可能两个方面。一是,以自身积累为主,外援借款为辅;二是,量力而行,适度举债。实现资金需求与可能的相对平衡,以体现资金筹措的科学性。

3. 经营要素的优化组合

农户家庭农场经营要素包括人员、物资、资金、技术、信息等经营要素,经营要素优化组合的实质,就是正确处理劳动力、劳动资料、劳动对象等生产要素的联结方式和比例关系,合理组织生产力。

4. 产品成本核算的原则

产品成本,是决定农户家庭农场经营效益及其市场竞争力的最主要方面。农户家庭农场经营,需要借助于成本预测、成本计划、成本核算以及成本分析等环节,进行不同形式的成本控制。

农户家庭农场经营的农产品成本核算应遵循以下原则:一是规定成本开支范围,严格划清各种费用的性质和用途,再将费用计入有关核算对象的相应成本项目;二是建立完整的原始记录凭证,以保证成本核算的质量,反映真实的成本水平;三是选用科学的计算方法,以便对产品进行合理计价,发挥成本核算在成本管理中的作用,以体现成本核算的效益原则。

5. 产品销售的现代营销观念

树立现代市场营销观念,进行有效的产品销售管理,是农户家庭农场经营的一个重要标志。农户家庭农场所生产的产品,最终要接受市场的检验,实现产品向商品的转化,即在市场上实现其价值的转化。销售管理的主要任务:一是开展市场调查和预测。收集有关商品和市场销售的各种信息,运用科学方法,对产品需求的发展趋势做出预测,为产品生产决策提供依据。二是编制产品销售计划。根据市场需求预测,及农户家庭农场生产经营条件的可能,合理地确定产品计划的销售数量,以使产品销售及销售收入建立在科学计划的基础上,从而保证销售任务的完成。三是选择产品销售方式。农户家庭应综合考虑产品的特点、市场环境、消费者的要求等因素,有针对性地选择销售方式;继而接收订货,签订销售合同,及时地销售产品。四是组织销售业务工作。包括产品包装、商标、广告、发运、推销等,以沟通供需之间的信息,扩大销售数量。农户家庭农场也应按照市场营销的规律,实现其产品的价值。

项目二　国有农场经营管理

任务一　国有农场经营管理的内涵

 任务要求

能说出国有农场的概念；了解国有农场经营管理的特点；知晓国有农场经营形式。

 任务引入

安徽省华阳河农场拥有耕地 10 万亩，现有承租职工 2 430 人，职工身份田按每人 5 亩计算，总数只有 12 150 亩，剩余都是招标田，总数有 8.7 万多亩。职工的身份田其地亩、地价、承租期都相对稳定。但 8 万多亩的招标田则大有可为：他们将招标田分成两块，一块正常操作，按集团公司要求先场内后场外的顺序，面向社会，引入竞争机制，实行竞价承租，从而提高土地的产出率和使用率；另一块作为棉花产业化的原料基地，实行股份合作，农场参股经营，以管理人员为主入股，适当吸收部分职工参加，在收取土地占用费后，个人和农场股权的设置为 7∶3，即个人占 70%，农场占 30%，最大限度地调动职工种田的积极性。

案例思考：华阳河农场的经营形式是什么？

 相关知识

一、国有农场的概念

国有农场，即以生产资料全民所有制为基础建立起来的，以经营农业为主，兼营非农产业的农业企业，包括国有农场、国有牧场、国有林场、国有渔场等。它拥有较先进的技术装备，劳动生产率和商品率较高，是我国商品粮、轻工业原料的重要基地，特别在实现农业专业化、商品化和现代化过程中起着示范作用。

二、国有农场经营管理的特点

1. "三农"性特点

所谓"三农"就是农村、农业、农民，对于国有农场而言，这里的"农民"则是"农工"。所谓"农村"，即国有农场远离城镇，一般是通过垦荒、围湖造田等建立起来的，地理位置比较偏僻，生产性基础设施非常落后，因此国有农场从事的农业生产活动和农工生活的环境同地方农村相同，在行业的分类中农场是归属于农村的范围。所谓"农业"，即国有农场是以农为主,农业生产在农场经济中占有很大比重,其最主要的资源是土地,突出粮棉大宗农产品生产。所谓"农工",就是国有农场的农业职工,他们是国家产业工人的一部分,享受国家工人福利待遇,农场对农业职工的社会养老、医疗、保险进行统筹管理。

2. 双重性特点

即国有农场具有企业性、社区性的双重性特征。所谓"企业性",即国有农场作为一个单独核算、自负盈亏、依法纳税,具有独立法人资格的农业经济实体,具有企业性质,这是它的基本属性;所谓"社区性",即国有农场作为一个自成体系的生产、生活区域,实际上又承担了大量的社会行政管理职能,具有社区性。

3. 综合性特点

即国有农场已发展成为以农为主,农、工、商综合经营的大型国有企业群体。

三、国有农场的经营形式

20世纪80年代以来,国家对国有农场的基本经营体制进行改革,实行"大农场套小农场"的经营体制,形成国有农场的基本经营制度。国有农场的基本经营制度,即以职工家庭承包经营为基础,统分结合的双层经营体制。其内涵,即"国家所有,家庭经营,合同制约,自负盈亏"。目前我国国有农场的经营形式主要有以下几种:

(1) 由国家经营变为农场承包经营:即国有农场由国家经营变为农场承包经营,它是以国家核定的盈亏包干指标(财务包干指标)为依据,在完成盈亏包干任务的前提下,国有农场实行自主经营、自负盈亏、包干结余留用的一种经营形式。

(2) 大农场套小农场:这里讲的大农场指国营农场,小农场指职工家庭农场。大农场套小农场的双层经营,是在汲取农村社区性合作经济实行双层经营经验的基础上,结合农场的实际情况而形成的一种经营形式。

(3) 以场办企业形式经营:国有农场所属的企业和专业公司,按照承包合同,各自实行单独核算,定额上交。生产收入在补偿成本、缴纳税款以后,所获得的利润,扣除按合同规定向农场上交利润,其余企业可自行支配,用作生产基金、福利基金和职工奖金。其具体的经营形式也多种多样,除职工自费承包经营外,农场的二级企业一般通过抵押承包、股份合作、兼并联合、转让拍卖、抵押租赁等形式,实行"国有民营"或私营。

(4) 对外联合经营:国有农场对外实行经济联合,同工商企业联合投资,采用股份制形式,经营工业、商业和服务业,以便输出劳力、原料,引进技术、资金,沟通供产销渠道,促进国有农场由封闭型变为开放型的生产经营系统。

任务二　国有农场经营收入的分配

任务要求

了解国有农场经营收入的确定和分配。

 **案例导入**

2007年海南省国营邦溪农场为了适应发展,公布了新的《经营管理方案》。该方案中根据农场的行业和经营项目特点,分别对橡胶中小苗种植、制胶生产、人工造林等农林生产经营单位实行生产项目周期抵押承包经营责任制;对割胶生产实行周期抵押承包经营责任制;对农场机关总部、水电管理服务中心、学校、医院、幼儿园等直属单位实行工资费用包干经营责任制;对新办企业、队办企业实行股份合作制。这是农场收入利益的改革。

案例思考:邦溪农场的改革有什么好处?

 相关知识

一、国有农场经营收入的确认

国有农场经营收入是国有农场在销售产品、商品和提供劳务等经营业务中实现的业务收入,包括营业收入和其他收入。国有农场营业收入包括工业、农业、商品流通业所发生的销售收入,运输业的营运收入,建筑业的工程价款结算收入,服务行业的服务收入等。国有农场其他收入是农场除主营业务收入以外的其他收入,包括材料销售收入、技术转让收入、代购代销收入、固定资产出租租金收入等。

二、国有农场经营利润分配

国有农场实行"大农场套小农场"的经营体制后,在收入分配上,有职工家庭农场(小农场)的包干分配和国有农场(大农场)的利润分配两种形式。

(一)职工家庭农场的包干分配

职工家庭农场是在国有农场的领导下实行专业承包、自主经营、定额上缴、自负盈亏的经济实体。与此相适应,职工家庭农场不享受工资待遇,而实行包干分配。包干分配形式的特点是,土地国家所有,家庭承包经营;费用自支自理,定额包干上交;方法简单便捷,利益关系直接。即其收入按合同规定上缴税金、利润或土地占用费、管理费和福利费以外,剩下的都由家庭农场自行支配,用于补偿生产费用(不含工资)、提留生产积累和家庭成员的消费等。

(二)国有农场的利润分配

1978年前,国有农场利润分配一般实行利润全部上交国家、亏损由国家补贴的办法。1978年后开始实行财务包干,即盈亏包干的制度。

1. 分类选择财务包干方法

(1)对大多数的国有农场实行"独立核算、自负盈亏、盈利留用、亏损不补"的办法。

(2)对国有橡胶农场、农垦部门直属企业和供销企业,以及少数利润较大的国有农场,实行"包干上缴、一年一定、结余留用、短收不补"的办法。

(3) 对少数条件差、亏损大、短期内难以扭亏为盈的国有农场,实行"定额补贴、一年一定、结余留用、超亏不补"的办法。

2. 合理核定盈亏包干指标

1984年以前每年核定一次,1985开始一定5年不变,以利于调动企业和职工的积极性;也可以在核定的盈亏包干指标的基础上,按照一定比率来确定逐年递增的上交利润指标或逐年递减的补贴亏损指标。

3. 正确计算农场留用利润和包干结余

其具体计算方法如下:

第1类企业获得的利润全部留给企业支配。

第2类企业的包干结余可按下式计算:包干结余额 = 实际利润额 - 包干上交利润额

第3类企业的包干结余可按下式计算:包干结余额 = 亏损补贴定额 - 实际亏损额或包干结余额 = 亏损补贴定额 + 实获利润额

当年的包干结余出现赤字时,必须以历年的包干结余来弥补。如果历年没有包干结余,不敷弥补赤字,就要靠国家银行贷款来弥补,否则会侵蚀企业的流动资金,妨碍企业再生产的顺利进行。

4. 规范农场留用利润和包干结余的用途

实行财务包干后,企业的留用利润和包干结余应坚持"先提后用"的原则,用于三种基金:① 生产发展基金,用于追加生产投资;② 职工奖励基金,用于举办集体福利事业和奖金支出;③ 储备基金,用于以丰补歉。关于三种基金提留的比例,必须遵循国家有关政策规定,兼顾生产、生活和"以丰补歉"三方面的需要。动用储备基金时,应编制计划报上级主管部门审查、批准。

5. 灵活实行企业的工资分配

灵活实行企业的工资分配,以"工效挂钩"为手段,坚持按劳分配和"效率优先、兼顾公平"的原则,合理核定工资总额基数、效益基数、挂钩浮动比,根据不同工种、不同岗位,实行灵活多样的工资分配形式,建立起企业内部工资分配的激励机制和自我约束机制。

项目三　农业产业化经营管理

任务一　农业产业化经营的内涵

任务要求

能说出农业产业化与农业产业化经营的概念;知晓农业产业化经营的特点、模式。

案例导入

为贯彻落实党的十七届三中、五中全会关于加快农村制度建设、推进农业经营体制机制创新的精神,按照中共中央国务院《关于加大统筹城乡发展力度进一步夯实农业农村发展基础的若干意见》关于"建立农业产业化示范区"的要求,农业部决定,从2011年起,创建一批国家农业产业化示范基地,发挥龙头企业集群集聚优势,集成利用资源要素,完善强化农业产业化功能,提升辐射带动能力,促进农民就业增收,推动农业现代化与工业化城镇化同步发展。

(资料来源:农经发〔2011〕3号,2011-06-14)

案例思考:我国为何要加快创建农业产业示范化基地?

 相关知识

一、农业产业化的概念

农业产业化是指以国内外市场需求为导向,以提高农业比较效益为中心,按照市场牵龙头,龙头牵基地,基地连农户的形式,优化组合各种生产要素,对区域性主导产业实行专业化生产、系列化加工、企业化管理、一体化经营、社会化服务,逐步形成种养加、供产销、农工商、经教科一体化的生产经营体系,使农业走上自我积累、自我发展、自我调节的良性发展轨道,不断提高农业现代化水平的过程。

就农业产业化内涵来讲,至少包括三个要件:(1)支柱产业是农业产业化的基础。(2)骨干产业是农业产业化发展的关键。(3)商品基地是农业产业化的依托。

二、农业产业化经营的概念

农业产业化经营也叫农业产业一体化经营,它是建立在农业产业劳动分工高度发达基础上的、更高层社会协作的经营方式。具体地说,它是以市场为导向,以农户经营为基础,以"龙头"企业为主导,以系列化服务为手段,通过实行产供销、种养加、农工贸一体化经营,将农业再生产过程的产前、产中、产后诸环节联结为一个完整的产业系统。它是引导分散农户的小生产进入社会化大生产的一种组织形式,是多元参与主体自愿结成的利益共同体,也是市场农业的基本经营方式。农业产业化经营与一般农业(企业化)经营的主要区别在于:前者是由农业产业链条各个环节上多元经营主体参加的、以共同利益为纽带的一体化经营实体,在农业产业化经营组织内部,农民与其他参与主体一样,地位平等,共同分享着与加工、销售环节大致相同的平均利润;而后者的经营范围只限于农业产业链中某一环节。

三、农业产业化经营的特征

1. 生产专业化

专业化生产是农业生产高度社会化的主要标志。按市场需求和社会化分工,以开发、生产和经营市场消费的终端农产品为目的,实行产前、产中、产后诸环节相联接的专业化生产经营。专业化生产表现的具体形式,如区域经济专业化、农产品商品生产基地专业化、部门(行业)专业化、生产工艺专业化等。

2. 布局区域化

产业化按照区域比较优势原则,突破行政区划的界限,确定区域主导产业和优势产品,通过调整农产品结构,安排商品生产基地布局,实行连片开发,形成有特色的作物带(区)和动物饲养带(区)。将一家一户的分散种养,联合成千家万户的规模经营,形成了区域生产的规模化,以充分发挥区域资源比较优势,实现资源的优化配置。

3. 经营一体化

以市场需求为导向,选择并围绕某一主导产业或主导产品,按产业链进行开发,将农业的产前、产中、产后各个环节有机结合起来,实现贸工农、产加销一体化,使外部经营内部化,从而降低交易成本,提高农业的比较利益。

4. 服务社会化

通过合同(契约)形式对参与产业链的农户或其他经济主体提供生产资料、资金、信息、科技,以及加工、储运、销售等诸环节的全程系列化服务,实现资源共享,优势互补,联动发展。

四、农业产业化经营的模式

从经营内容、参与主体和一体化程度上看,农业产业化经营模式,根据龙头企业和所带动的参与者的不同,具体可分五种类型:

1. "龙头"企业带动型:公司+基地+农户

它是以公司或集团企业为主导,以农产品加工、运销企业为龙头,重点围绕一种或几种产品的生产、销售,与生产基地和农户实行有机的联合,进行一体化经营,形成"风险共担、利益共享"的利益共同体。这种类型特别适合在资金或技术密集、市场风险大、专业化程度高的生产领域内发展。

2. 合作经济组织带动型:专业合作社或专业协会+农户

它是由农民自办或政府引导兴办的各种专业合作社、专业技术协会,以组织产前、产中、产后诸环节的服务为纽带,联系广大农户,而形成种养加、产供销一体化的利益共同体。这种组织具有明显的群众性、专业性、互利性和自助性等特点,实行民办、民管、民受益三原则,成为农业产业化经营的一种重要类型。

3. 中介组织带动型:"农产联"+企业+农户

这是一种松散协调型的行业协会组织模式。即以各种中介组织(包括农业专业合作社、供销社、技术协会、销售协会等合作或协作性组织)为纽带,组织产前、产中、产后全方位服务,使众多分散的小规模生产经营者联合起来,形成统一的、较大规模的经营群体。这种模式的中介组织——行业协会,如山东省农产品加工销售联席协会——简称"农产联",在功能上近似于"欧佩克"组织。其作用就是沟通信息、协调关系和合作开发国内外市场。

4. 主导产业带动型:主导产业+农户

从利用当地资源优势、培育特色产业入手,发展一乡一业、一村一品,逐步扩大经营规模,提高产品档次,组织产业群,延伸产业链,形成区域性主导产业,以其连带效应带动区域经济发展。如江苏射阳洋马的中药材产业。

5. 市场带动型:专业市场+农户

这里指以专业市场或专业交易中心为依托,拓宽商品流通渠道,带动区域专业化生产,实行产加销一体化经营。该模式的特点:通过专业市场与生产基地或农户直接沟通,以合同形式或联合形式,将农户纳入市场体系,从而做到一个市场带动一个支柱产业,一个支柱产业带动千家万户,形成一个专业化区域经济发展带。如山东省寿光县"以蔬菜批发市场为龙头带动蔬菜生产基地的一体化经营模式"是这种类型的典型代表。

以上类型的划分是相对的,它们在不同程度上,促进了农业各生产要素的优化组合、产业结构的合理调整、城乡之间的优势互补和系统内部的利益平衡。农业产业化经营是一场真正意义上的农村产业革命,从根本上打破了我国长期实行的城乡二元经济结构模式,构建起崭新的现代农村社会经济结构模式,弱化乃至消除了城乡间的结构性差别,真正做到城乡间、工农间的平等交换,是我国市场农业发展的必由之路。

任务二　农业产业化经营运行机制

任务要求

了解农业产业化经营运行的风险规避机制、利益协调机制和营运约束机制。

案例导入

建立健全合理的运行机制,使参与其中的各利益主体形成利益共享、风险共担的利益调节分配关系,是大力推进农业产业化经营的关键。但当前大多的农业龙头企业对农户生产的农产品实行一次性收购,双方不签订合同,价格随行就市,买卖关系相当松散,双方利益分配关系极不稳定。其后果是导致主导产业发展缓慢,基地建设缺乏保证,龙头企业没有稳定货源和稳固基地。如浙江省象山一菜业公司,曾经由于加工原料得不到正常供给,企业处于吃不饱状态,就是这种原因所致。

案例思考:如何建立合理的农业产业化经营利益分配机制,使农业产业化更好地发展?

相关知识

农业产业化经营组织的运行机制,是指组成农业产业化组织系统的各构成要素之间相互联系、相互制约,共同推进农业产业化经营运转的条件和功能。它包括风险规避机制、利益协调机制和营运约束机制等。

一、风险规避机制

风险规避机制是农业产业化经营组织就如何抵御自然风险、市场风险等问题，在各利益主体意见协调一致的基础上，事先达成的解决问题的程序安排和措施体系。对于自然风险，农业产业化组织中的各利益主体应根据组织契约，按规定分担因自然灾害因素导致的经营损失。对于市场风险，农业产业化组织中的各利益主体在遵守契约的基础上还应坚守信用原则，各利益主体间的合作应着眼于长远利益，而不作短视考虑，缺乏信用的合作，纵然有再完备的契约，也将是无效率的。

二、利益协调机制

利益协调机制是农业产业化经营组织运行的根本保障，是反映农业产业一体化程度的重要标志，在整个产业化运行中处于关键地位。该机制的核心是利益机制也称利益分配机制。

（一）利益机制的类型

1. 资产整合型

主要表现在一些企业集团或企业，即龙头企业以股份合作制或股份制的形式，与农户结成利益共同体。农民以资金、土地、设备、技术等要素入股，在龙头企业中拥有股份，并参与经营管理和监督。在双方签订的合同中，明确规定农民应提供农产品的数量、质量、价格等条款，农民按股分红。这种机制，一方面使企业与农民组合成新的市场主体，农民以股东身份分享企业的部分利润；另一方面企业资产得以重新组合，提高了企业的资产整合效率；同时，对双方都有严格的经济约束，主要是合同（契约）约束和市场约束。

2. 利润返还型

"龙头"经营组织和农户之间签有合同，确定农户提供农产品的数量、质量和收购价格，以及"龙头"经营组织应按合同价格和返利标准，把加工、营销环节上的一部分利润返还给农户。有的"龙头"组织还注意扶持基地、反哺农业。

3. 合作经营型

其组织形式有：① 由农户之间按某种专业需要自愿组织的联合体；② 由不同地区、不同部门、不同所有制单位同农户从多方面组成的专业化服务公司；③ 由国营或集体商业、供销、资金、技术、信息等专业性服务与农户结成的利益共同体。

4. 中介服务型

企业通过中介组织，在某一产品的经济再生产合作过程的各个环节上，实行跨区域联合经营，生产要素大跨度优化组合，实行生产、加工、销售相联结的一体化经营。这些中介组织有的是行业协会，有的是科技、信息、流通某一方面专业性较强的服务组织。这类中介服务组织与农户作为各自独立的经营者和利益主体，按照市场交换的原则发生经济联系，并以合同契约确定权、责、利关系。中介组织通过各种低价和无偿服务为农户提供产前、产中、产后的服务，如提供种子、种苗、防疫、储藏、运输、技术、信息等服务；还有的在协调关系、合作开发等方面发挥主动作用。

5. 价格保护型

在一体化经营中,龙头企业以保护价收购农户的产品,并以此与农户建立稳定的合同关系。保护价格按市场平均价格标准合理制定,当市场价低于保护价时,企业按合同规定以保护价收购农产品;有时企业提高收购价收购农产品,以保护原料生产者的利益,在企业可承受的范围内,通过这种方式让利于农民。这种机制,一方面解决了农产品"卖难"的问题,另一方面又为企业建立了可靠的基地。

6. 市场交易型

即企业通过纯粹的市场活动对农产品进行收购,与农户不签订合同,而是自由买卖,价格随行就市。这主要是解决了农户的"卖难"问题,对农业生产起到促进作用。另外,通过市场跨区域实现的产销关系,往往比企业与当地农户直接联系的交易费用低,购销有保障,能保持长期稳定,更利于同农户结成利益共同体,大幅度提高交易量。

(二) 利益机制的构建原则

1. 产权清晰原则

市场交易,实质上是一种产权交易行为。产权以其法定的收益为经济主体提供行为激励,又以其合法权益的界限提供行为的约束和规范。

2. 农户主体地位原则

家庭承包制创新,确立了农户家庭经营的主体地位,2.4亿农户成了我国农业发展的微观组织基础。而农业产业化经营的利益机制形成,一开始就是以农户作为生产经营主体的。"龙头"组织和农户结成的经济共同体,实质是扩大了的农民主体,是众多农户利益结合的体现。

3. 风险共担、利益均沾原则

农业产业化把农业与其相关联产业经营主体的利益联系在一起,实行风险共担、利益均沾、共生共长这一利益机制,把大量的市场交易整合到一体化组织中,推动农业与其关联产业在更高层次上的分工协作和共同发展,给各参与主体带来利益的更快增长。合理的利益机制,要求"龙头"经营组织与农户建立一种互惠互利的、权利与义务对称的利益关系。风险分担是参与者的责任,利益均沾是经营者的正当权益。

4. 市场导向原则

实践证明,只有市场经济体制才能为农业产业化提供广阔的制度选择空间,促使其在市场组织制度结构中的合理定位。相对而言,市场具有较强的资源配置功能、激励约束功能和组织制度定位功能,特别是市场机制的"公平、公正、公开"性能促进人们有效竞争与合作。只有以市场为导向的利益机制,才能有效地推动企业生产经营活动的顺利进行,实现利润最大化。

(三) 利益分配的方式

1. 以合同为纽带的利益分配方式

常见的以合同为纽带的利益分配方式有以下三种:

(1) 合同保证价格。合同保证价格是农业产业化经营组织内部的非市场价格,一般按

"预测成本+最低利润"求得。合同保证价格比市场价格相对稳定,对提供初级产品的农户来说能起到保护性利益分配的作用。

（2）合同保护价格。合同保护价格由"完全成本+合理利润"构成,是龙头企业与农户相互协商,按一定标准核定的对农户具有较强保护功能的最低基准收购价格。合同中规定,当市场价高于保护价时,按市场价收购产品;当市场价低于保护价时,按保护价收购产品。

（3）按交易额返还利润。这是合作社经济组织的利益分配机制。一般指龙头企业或中介组织按照参与主体交售产品的数额,将部分利润返还给签约基地和农户。

2. 以生产要素契约为纽带的利益分配方式

常见的以生产要素契约为纽带的利益分配方式有以下四种：

（1）租赁方式。企业（或开发集团）与农户之间签订租赁土地、水面等生产资料合同,在租期内企业向租让生产资料农户支付租金。

（2）补偿贸易。即由企业向生产基地或农户提供生产建设资金,基地或农户提供生产资料和劳动力,并将所生产的农副产品按市场价或协议价,直接供应给投资企业,以产品货款抵偿企业的投入资金,直到投入资金全部抵付完毕,联合协议终止。

（3）股份合作。股份合作是以资金、技术、劳动等生产要素,共同入股为纽带的一种利益分配方式。它较好地体现了按要素分配的原则,组合成新的生产力,在开发性农业产业化经营项目和多边联合的情况下较为适用。

（4）内部价加二次分配。指在农业综合性经营企业中,企业先以内部价格对提供初级产品单位进行第一次结算;然后在产品加工销售后,再将所得的净利润按一定比例在企业各环节进行第二次分配。二次分配可起到调节农、工、贸各环节利润水平的杠杆作用,以形成各环节间的平均利润率。

三、运营约束机制

运营约束机制是指通过一定的方式对各个经济主体行为进行规范,以提高产业组织的整体功能、效率功能和抗风险功能。农业产业化必须以国家相关的法律、参与者之间的合同和契约来规定各自的权利与义务,约束各方的行为,强调法律法规的硬约束,同时要充分发挥集体经济"统"的功能,重视传统的乡规民约等非正式制度因素,协调多方利益,约束各方的行为。

学习测试题

一、单选题

1. 我国的农户家庭经营大致经历了（　　）个阶段。
   A. 1　　　　　　B. 2　　　　　　C. 3　　　　　　D. 4
2. 家庭农场是以家庭成员为主要劳动力,从事农业规模化、集约化、商品化生产经营,并以（　　）为家庭主要收入来源的新型农业经营主体。
   A. 农业收入　　B. 工业收入　　C. 营销收入　　D. 资产性收入

3. 农户家庭经营制度的创新是农户家庭经营企业化的（　　）。
　　A. 基础　　　　B. 前提　　　　C. 根本　　　　D. 关键
4. 下列选项中不是国有农场的"三农"性特点的是（　　）。
　　A. 农业　　　　B. 农村　　　　C. 农民　　　　D. 农工
5. "公司＋基地＋农户"这种类型农业产业化经营模式属于（　　）。
　　A. 龙头企业带动型　　　　　　B. 主导产业带动型
　　C. 市场带动型　　　　　　　　D. 合作经济组织带动型

二、多选题

1. 我国农户家庭经营经历了（　　）时期的家庭经营三个阶段。
　　A. 个体农户　　B. 集体经济　　C. 私营经济　　D. 双层经营
2. 农户家庭农场与家庭经营的区别有（　　）不同。
　　A. 经营主体　　B. 经营目标　　C. 生产导向　　D. 管理理念
3. 农业产业化经营的特征有（　　）。
　　A. 生产专业化　　　　　　　　B. 布局区域化
　　C. 经营一体化　　　　　　　　D. 服务社会化
4. 农业产业化经营运行机制主要包括（　　）。
　　A. 风险规避机制　　　　　　　B. 利益协调机制
　　C. 营运约束机制　　　　　　　D. 市场调节机制
5. 目前我国国有农场的经营形式主要有（　　）。
　　A. 由国家经营变为农场承包经营　　B. 大农场套小农场
　　C. 以场办企业形式经营　　　　　　D. 对外联合经营

三、判断题

1. 家庭经营主要是以满足家庭基本物质消费需要为目标的。（　　）
2. 农户家庭经营除了经营农业外，还可以从事工、运、建等一些项目。（　　）
3. 家庭农场主要是以直接满足自身的物质消费需要为目标的。（　　）
4. 农户家庭农场的总体目标是建立一个"产权明晰、经营自主、决策科学、负担合理"的农户家庭经营制度。（　　）
5. 农户家庭农场是解决小农户与大市场矛盾的一个有效途径。（　　）
6. 农户家庭经营的自给性生产和商品性生产的程度与农业生产力水平和市场环境成正相关。（　　）
7. 风险共担、利益均沾原则是农业产业化经营利益机制构建的保障。（　　）
8. 产权清晰是农业产业化经营利益机制构建的目的。（　　）
9. 农场企业的职工家庭承包经营中的双层经营是指大农场套小农场的双层经营。（　　）
10. 以产销合同为纽带的产加销一体化经营模式是紧密型农业产业化经营模式。（　　）

四、简答题

1. 农户家庭农场管理的内容。
2. 农业产业化经营的利益分配机制有哪些类型。

学习情境十三

农业合作经济组织管理

目前农民专业合作社在全国各地渐呈蓬勃发展之势,农民自愿组建起来的合作社在生产、加工、流通、销售等方面开展自我服务、学习技术、组织管理、创建品牌、开拓市场,增加了收入。党的十七大报告进一步提出"重视社会组织建设和管理"。政府通过扶持农民专业合作社,推动农村经济发展和社会进步,是推动新农村建设的一个重要举措。

> **学习目标**
>
> 了解农业合作经济组织的内涵及特征;熟悉农民专业合作社的设立与管理。

项目一 农业合作经济组织概述

任务一 合作经济的内涵

 任务要求

能说出合作经济的定义和特点。

 案例导入

罗虚代尔公平先锋社1844年12月21日成立。其发起人28人,有16人是纺织工人,其余是木工、鞋匠、工程师等,有14人是欧文空想社会主义拥护者,开始是每人计划股本4英镑,可分期缴付,当时个人最多股本是50股的限制。

罗虚代尔公平先锋社开始经营面粉、燕麦片、黄油、食糖、蜡烛,1846年和1847年开始出售肉类和低档服装,1852年增设制鞋、裁缝业务,同时逐年增加英国当时食品杂货店通常出售的那些食品。

罗虚代尔公平先锋社在1847年末社员人数增加到110人,到1880年,社员人数突破1万人。

罗虚代尔公平先锋社一开始就巧妙利用了当时英国有结社的法律——友谊会的法令而注册(友谊会是为给成员的疾病、伤残、年老和死亡提供资助或互济性保险而建立的组织,还有一个条款是友谊会可以为上述目的或者任何其他不违法的目的建立)。

罗虚代尔公平先锋社设想筹资资本的初步目标是1 000英镑,按每股1英镑的股份来筹集,预期社员发展到250人,平均每个社员要认缴4英镑,即4股。但是,鉴于社员的现实经济情况,认缴股本采取了分期缴付的办法。开始28人每人只缴了1英镑,当然也允许持有多股,但是不得超过50股。退社股本在社内出售。

案例思考：罗虚代尔公平先锋社的主要财富就是合作经济,说出合作经济的定义和特点。

相关知识

一、合作经济的定义

合作经济是社会经济发展到一定阶段,劳动者自愿入股联合,实行民主管理,获得服务和利益的一种合作成员个人所有与合作成员共同所有相结合的经济形式。自愿、民主、互利,及惠顾者与所有者相统一的合作经济,是其在不同的社会经济制度中所具有的共性,合作社则是这种合作经济关系的一种典型组织形式。

二、合作经济的特点

合作经济的特点主要有：
（1）入社自愿,退社自由。
（2）社员共同投资兴办,其财产可以属个人也可以属集体,也可以部分属个人、部分属集体。
（3）管理民主,其领导由社员选举产生,重大事项由社员讨论决定,一人一票。
（4）合作社的宗旨是为社员生产、生活提供服务,将服务宗旨与市场经济原则、效益原则统一起来。
（5）类型多样化。
（6）合作社盈余归全体成员共有。其分配一是按股额付息,二是按社员对合作社的利用程度进行分配,社员与合作社的交易额愈大,分得的盈余愈多。合作经济是集体经济的一种有效的实现形式。

三、合作经济的优点

合作经济的优点有：
（1）产权关系清晰。
（2）突破了个人和家庭的局限性。生产领域的互助合作有利于提高生产技术水平和经济效益;流通领域的互助合作,有利于减少流通环节和节省流通费用。
（3）其内部没有资本和劳动力的对立,兼容了社员的个人利益和集体利益,有着广阔的发展前景。

任务二　农业合作经济的概念

任务要求

能说出农业合作经济的定义。

案例导入

1918年,由北大倡导合作思想的胡均教授及其学生们共同组织创办的"北大消费公社",是中国历史上第一个合作社。随后,各地创办了多个信用合作社、农业合作社。新中国的合作事业始于苏北,到20世纪50年代全国发展了一大批供销合作社、消费合作社、信用合作社、生产合作社和运输合作社。后来变成了集体化政治运动,随之,全国建立了人民公社,演变成政治、行政管理组织。

案例思考：为什么要成立农业合作经济组织?

相关知识

合作经济通常就是指合作社经济,即各种合作社经济活动的总称,而农业合作经济则是农业合作社所表现出来的经济活动内容的总称。具体地讲,农业合作经济是农民为了共同的经济目标,在自愿互利的基础上组织起来的,实行自主经营、民主管理、共负盈亏的农业经济形式。在现代农业中,农业合作经济是农民适应农业专业化、社会化和市场经济的发展,联合起来,发挥协作的优势,抗御自然风险和市场风险的有效组织形式。

任务三　农业合作经济的类型

任务要求

能说出农业合作经济的类型。

案例导入

国际上,农民合作经济组织的发展已经有150多年的历史,它被认为是市场经济条件下发展农村经济的一个重要组成部分,在世界各国都有程度不同的发展。在美国,由合作社加工的农产品占农产品总量的80%,合作社提供的化肥、石油占44%,贷款占40%。在法国,由合作社收购的农产品中,牛奶占50%以上,谷物占71%。法国食品出口中,通过合作社出口的谷物占45%,鲜果占80%,肉类占35%,家禽占40%。在日本,市场销售农产品绝大部分是由农协提供。其中米面占95%，水果占80%，家禽占80%，畜产品占51%，提供的生产资料，肥料为92%，饲料为40%，农机为47%，农药为70%。各国合作经济组织大体可分为三种类型。

（1）以美、加为代表的跨区域合作社。这类合作社的主要特点是跨区域合作与联合，共同销售为主。美国合作社是从发展销售合作社，继而扩大到供应和食品加工，因此美国销售合作社较发达，规模大，在牛奶、水果、蔬菜等领域占有较大的市场份额，涌现了不少国际驰名品牌。

（2）以德、法为代表的专业合作社。这类合作社的主要特点是专业性强，即以某一产品或某种功能为对象组成合作社，如奶牛合作社、小麦合作社，或销售合作社、农机合作社等。合作社一般规模都比较大，本身就是经济实体，为了形成规模优势保障合作社利益，合作社之间的联合或合作逐步增强，形成了比较完整的合作社体系。

（3）以日本为代表的综合性合作社。这类合作社的主要特征是以综合性为主，日本、韩国、印度、泰国以及我国的台湾都属于这一类型。在日本有综合性农协，根据社员的需要为社员开展多种多样的服务，主要有营农指导服务、农产品销售服务、信用服务等。

案例思考：国外合作经济组织对我国的启示是什么？

相关知识

农业合作经济的类型可以从不同的角度去划分，主要可按合作的领域和组织的形式进行分类。

1. 按照合作的领域，农业合作经济可分为生产合作、流通合作和其他合作

生产合作包括农业生产全过程的合作、农业生产过程某些环节的合作和农产品加工的合作等。流通合作包括农业生产资料和农民生活资料的供应、农产品的购销储运等方面的合作。流通合作是农民为解决农业生产和流通中的资金需要而成立的合作组织，如中国现阶段的农村信用合作社等合作金融组织。其他合作如消费合作、医疗合作等。

2. 按照合作的组织形式，农业合作经济可分为农业专业合作、社区性合作和股份合作

农业专业合作是专业生产力方向相同的农户联合组建的专业协会、专业合作社等，以解决农业生产中的技术问题或农产品的销售问题等。社区性合作是以农村社区为单元组织的合作，如现阶段中国农村的村级合作经济组织。由于社区性合作经济组织与农村行政社区结合在一起，因此它不仅是农民的经济组织，同时还是社区农民政治上的自治组织，是连接政府与农民、农户与社区外其他经济组织的桥梁和纽带。股份合作是农民以土地、资金、劳动等生产要素入股联合组建的合作经济组织。股份合作不受单位、地区、行业和所有制的限制，具有很大的包容性。它是劳动联合与物质联合的结合体，在组织管理上实行股份制与合作制的运行机制相结合，分配上实行按劳分配与按股分红相结合。

任务四　农业合作经济的功能

任务要求

能说出农业合作经济的功能。

案例导入

又是一个丰收年,然而我国部分地区农民却遭遇到"丰收后的尴尬":农产品集中上市,价格大幅下降,卖难问题再次出现。正当多地农民为手中"存货"销售而发愁时,黑龙江省松嫩平原产粮大县讷河市讷河镇农民郭振海却在暗自盘点一年的收成:"家里的马铃薯早在9月初就由合作社统一销售完毕,今年家里共种了80亩马铃薯,纯收入最少也能有7万元。"

(资料来源:经济参考报2011-12-28)

案例思考:为什么同是丰收年,有的农民为销售发愁、有的却可以确保收入?

相关知识

与分散、独立的农户经营相比较,农业合作经济具有明显的优势。这种优势具体体现在农业合作经济的以下主要功能上:

1. 发挥协作优势

家庭经营是现代农业经营的微观基础,但随着现代农业的发展,农业专业化程度日益加深,农户仅靠自身的力量已经难以完成生产的全过程,这就要求农户组织起来,依靠协作去解决一家一户在生产和流通等领域难以解决的问题,以保证农业生产经营活动的顺利进行。农业合作经济顺应了这种要求,将农户组织起来,充分发挥协作的优势,使合作经济的总体功能大大超过了农户独立运行状态下各局部功能之和。

2. 优化要素组合

在农户分散独立经营条件下,各农户拥有的生产要素,其种类和数量不尽相同。有的农户因缺乏某些生产要素,影响了生产活动的正常进行。与此同时,有的农户却因某些生产要素过剩而导致闲置浪费。通过合作,农户的生产要素可以在较大范围内按照合理的比例重新组合,从而充分发挥生产要素的作用。此外,在不同的规模和技术条件下,生产要素的组合边际不同,通过合作,不仅扩大了生产经营规模,而且有利于新技术的推广应用,提高技术水平,进而提高生产要素的组合边际,获得更大的经济效益。

3. 提高竞争力

现代农业是与市场经济相伴而生的,而分散经营的农户仅靠一家一户的力量难以面对激烈的市场竞争。农业合作是农户适应市场竞争的需要组织起来的,它可以更好地获得和利用市场信息,根据市场需要及时调整生产结构和产品结构,提高农产品的市场竞争力;同时,农民通过合作组织,可以大大提高市场交易的谈判能力,降低交易成本,减少市场风险。

4. 减轻自然风险

农业受自然环境的影响大,自然灾害往往给农业生产带来很大的危害。农户在生产经营过程中,仅靠一家一户的力量难以抗御较大的自然灾害。农民通过合作组织,依靠群体的力量,就能有效地抵御自然灾害,减轻自然风险。

5. 提高管理水平

民主管理是合作经济的重要组织原则,通过社员参与管理,实行民主决策,群策群力,可以减少经营决策的失误,提高管理的整体水平。同时,社员参与管理,还可以有效地监督管理者,促使管理者严格执行合作社的章程,遵循合作社章程所规定的基本原则,实行管理的规范化。

任务五　农业合作经济组织的内涵

任务要求

能说出农业合作经济组织的内涵。

案例导入

农业合作经济组织是市场商品经济发展的产物,这种合作经济的思想最初来自于西欧。19世纪中叶,随着资本主义的发展,产生的生产过剩危机,使整个西欧都处于改革的十字路口,于是各种互助合作组织就出现了。这些合作组织大体上有以下一些类型:一是科技服务合作社,包括许多专业技术合作社和农村科研合作组织,它在农村的科技普及和推广中起着很大的作用。如法国的农业科研服务合作社,美国的农村建筑,农村电力合作社等。二是农业流通领域合作社,其活动就是以流通领域为主,同时大量地涉及农产品加工领域,这是西方国家主要的合作组织类型,几乎所有的商品型农场都参加了这类合作社。三是农业互助保险与信贷合作社,农业互助保险合作社是由成员按时缴纳一定的基金或会费,分别集中到农业保险银行或互助银行内,以便使农民成员享受同其它行业同样的福利待遇。农业信贷合作社的主要职能是为农场主提供长期、中期和短期低利率贷款。四是农业生产者合作社,这类合作社在西方的合作经济中不发达,是在政府的鼓励下于上世纪60年代中期出现的,一般是成员以土地入股分红,并按月挣工资。五是各类服务性的合作社,主要是为提高农村的经营管理水平和农民生活的现代化服务的。如农村建筑、审计、法律咨询、卫生保健、文化娱乐、消费等方面的合作社。以上五种类型只是国外农业合作经济组织的大致分类。事实上,随着农业生产的社会化和农村商品的发展,以及农民对现代化生产和生活的追求,各种类型的合作社都不可能绝对地限制在单一的经营领域内活动,而是出现了许多跨经营领域、跨行业、跨地域、跨层次的合作组织。

案例思考:农业经济合作组织产生的根源是什么?

 相关知识

一、农业合作经济组织的概念

农业合作经济组织，又称农业合作社，是指农民，尤其是以家庭经营为主的农业小生产者为了维护和改善各自的生产及生活条件，在自愿互助和平等互利的基础上，遵守合作社的法律和规章制度，联合从事特定经济活动所组成的企业组织形式。

农业合作经济组织是一种产业的合作经济组织，是为解决农业产业的产前、产中、产后各环节所出现的单个个体难以解决的问题而组建起来的。从我国农村发展的实际看，从事农业产业的主体大部分为农民，所以，农业合作经济组织的成员大部分也应该是农民。

农业合作经济组织的功能是为社员提供市场交易上的必要服务。由于中国农业合作经济组织尚处于起步阶段，农业合作经济组织一般不以营利为主要目的，其主要目的是为合作经济组织成员提供服务。但对于同其他的农业合作经济组织或非本组织的社员进行交易时，则往往会追求自身利益的最大化。农业合作经济组织的盈余，除留小部分做公共积累外，大部分要根据社员与农业合作经济组织发生的交易额的多少按比例返还给社员。农业合作经济组织的领导人由全体社员通过民主选举产生，选举一般采用按成员一人一票制。因此，从性质上说，农业合作经济组织应该是介于企业和社团之间的准企业组织。

我国现行农业合作经济组织既包括各种新型的农业合作经济组织（主要是指从事农业产业化经营的公司、专业性合作组织和社区合作经济组织），又包括传统的各种农业合作经济组织（主要是指供销合作社和信用合作社）。

二、农业合作经济组织的内涵

具体来说，农业合作经济组织的内涵包括以下五个方面：

（1）农业合作经济组织的成员是具有独立财产所有权的劳动者，并按自愿的原则组织起来，对农业合作经济组织的盈亏负无限或有限责任。

（2）农业合作经济组织的成员之间是平等互利的关系，组织内部实行民主管理，农业合作经济组织的工作人员可以在其成员内聘任，也可以聘请非成员担任。

（3）农业合作经济组织是具有独立财产的经济实体，并实行合作占有，其独立的财产包括成员投资入股的财产和经营积累的财产。

（4）农业合作经济组织实行合作积累制，即有资产积累职能，将经营收入的一部分留作不可分配的属全体成员共有的积累基金，用于扩大和改善合作事业，不断增加全体成员的利益。

（5）农业合作经济组织的盈利以成员与农业合作经济组织的交易额分配为主。农业合作经济组织必须有共同的经营内容、自负盈亏、实行独立的经济核算。那些不以盈利为目的、无经营内容、不实行严格独立核算的农民技术协会，则不属于农业合作经济组织的范畴。

任务六　农业合作经济组织的特征

能说出农业合作经济组织的特征。

美、日、法都是农业合作经济组织发展较为成功的国家。从现实情况来看，美、日、法的农业合作经济组织的发展主要表现出以下特征：

（1）农户参与的广泛性。美、日、法等国农户参与农业合作经济组织的比例分别为80%、90%、99%，这从侧面反映出农业合作经济组织对农户的吸引力以及对农业经济发展的重大影响。

（2）合作社的数量不断减少，但规模和功能却在不断扩展。为了不断加强农业的国际竞争力和提高农民的收入，合作社不得不向纵横两个方向发展，即在不断做大做强的同时不断扩展服务和延长加工产业链。

（3）农业经营的基本单位保持不变。虽然美、日、法等国的农业合作经济组织模式不尽相同，但有一个共同特点，就是在合作经济组织的发展历程中，家庭农场经营的基本单位始终保持不变。

（4）合作经济组织不同程度地得到政府扶持。日本农协是典型的政府扶持型组织，其从创建之初就得到了政府的大力扶持，且一直处于政府的保护和援助之下，并对政府形成很大的依赖性。美国农业合作社尽管在建立之初曾受到政府的冷漠甚至反对，但之后也不断地得到政府的扶持和各项优惠服务。法国政府在农业合作经济组织发展过程中，也发挥了不可替代的引导、支持、监督作用。

案例思考：我们可以从美、日、法农业合作经济组织的特征借鉴到什么？

农业合作经济组织作为一种合作经济组织主要具有以下基本特征：

（1）农业合作经济组织具有合作经济组织的一般特征。包括成员自愿的加入和退出、民主平等管理、互助共赢和利益共享等基本特征。

（2）农业合作经济组织是家庭经营基础上的协作经营。农业作为特殊的行业，即经营模式是以家庭经营为主，因而农业经营的个体经济就是家庭经营经济，这一特征使得农业合作经经济组织在发展的初期，尤其是在传统农业向现代农业过渡的时期更带有社区性和综合性。

（3）农业合作经济组织的启动有较大难度。农业经营是一种典型的分散经营，尤其是传统农业，其商品化率很低，农民的合作欲望和合作意识很低，这说明合作经济组织的发展与市场竞争有着密切的关系。

（4）农业合作经济组织需要政府的大力支持。农业合作经济组织对于壮大农业经营主体的力量有着极其重要的作用，从而对于稳定农业的发展和稳定整个社会的发展有着重要的作用。但由于农民的合作意识较差，同时由于农民的自我管理能力不高，这严重制约了合作经济组织的启动和进一步发展，在这种情况下，政府应该在教育、培训和信息方面予以积极的支持。

项目二　农民专业合作社管理

任务一　农民专业合作社的概念

任务要求

理解农民专业合作社的内涵。

案例导入

老农汪仙普是浙江省台州市路桥区桐屿的农民，在辛辛苦苦种了37年枇杷的2005年，为了"枇杷卖个好价钱"的朴素想法，他成为了中国第一家农民专业合作社的加盟者。

路桥桐屿的农民基本上每家每户都有种植枇杷的习惯，1991年是枇杷产量的高峰期，由于枇杷大量上市，市场收购价降至每公斤5毛，有时甚至降到两毛一公斤的收购价，枇杷大多烂在了家里。1997年，有"中国枇杷之乡"之称的路桥小稠村枇杷再次大丰收，当地农户联合相关部门举办枇杷观光节，每位游客只要买10元门票，便可在当地任何一家农户的枇杷园摘枇杷。面对门票收益如何分配的问题，村民们几经讨论，最终决定91户农户以土地作价入股，成立了"小稠村枇杷合作社"。不过合作社没过多久便解散了。解散了的"小稠村枇杷合作社"给了农民冯普德很大的启示。一个想法在他心中萌芽：路桥桐屿街道是"中国枇杷之乡"，当地枇杷有5 000多亩，优质果年产量有3 000吨以上，这么大一个产业基地，肯定有着很广阔的发展前景，如果把当地的果农组织起来，抱成一团，统一销售、统一价格，那肯定可以大有作为。因此，2002年，冯普德和当地的7家枇杷种植大户每人出资1万元，同时加上桐屿街道出资的4 000元，成立了大红袍枇杷合作社。冯普德任合作社理事长。2005年，老农汪仙普为了解决枇杷销路、价格等市场不确定风险，他申请加入大红袍枇杷合作社。在合作社，他尝到了"枇杷卖到笑"的甜头：不用再担心枇杷贱卖；不用担心枇杷烂在树上；不用再看老天的脸色吃饭了。品质好的枇杷至少能卖到9元/公斤，"白沙枇杷"最高价甚至能卖到60元/公斤。社员还可以分红，一年下来，社员收入最少的三五万元，多的达到几十万元。合作社的意义在汪仙普身上找到了答案：入社，可以更好地规避市场风险，提高产品的高附加值。2012年，大红袍枇杷合作社已拥有社员173人，7 000多亩枇杷基地,年销售额达到了 2 500 万元。

案例思考: 农业专业合作社可以给农民带来什么好处?

 相关知识

一、农民专业合作社的概念

农民专业合作社是指在农村家庭承包经营基础上,同类农产品的生产经营者或者同类农业生产经营服务的提供者、利用者,自愿联合、民主管理的互助性经济组织。农民专业合作社以其成员为主要服务对象,提供农业生产资料的购买,农产品的销售、加工、运输、贮藏以及与农业生产经营有关的技术、信息等服务。

二、农民专业合作社的内涵

(一)农民专业合作社的市场地位

农民专业合作社是一种特殊类型的经济组织。《农民专业合作社法》总则中的第四条规定:"农民专业合作社依照本法登记,取得法人资格。"这就是说,农民专业合作社不是依照《公司法》登记,也不是依照《社会团体登记管理条例》登记的。这就把农民专业合作社与自然人、合伙企业、公司企业、社会团体等市场主体严格区别开来。并明确规定了农民专业合作社应当遵守的五条原则:成员以农民为主体;以服务成员为宗旨,谋求全体成员的共同利益;入社自愿,退社自由;成员地位平等,实现民主管理;盈余主要按照成员与农民专业合作社的交易量(额)的比例返还。

农村的各类农民专业合作社,从根本上区别于传统的生产合作社、供销合作社、信用合作社。它是由农户自愿参加的,保留了农户独立的产权和经营自主权,专门为成员搞好经营服务的组织。

(二)农民专业合作社与成员的产权界定

《农民专业合作社法》界定了农民专业合作社与成员、成员与成员之间清晰的产权界限。农民专业合作社的资产是由社员出资、公积金、国家财政直接补助、他人捐赠以及合法取得的其他资产形成,由合作社行使占有、使用和处分权,并承担与其资产相应的责任。社员与合作社的产权关系仅限于以自己在合作社账户内的出资额和公积金份额为限对合作社承担责任。除此之外,社员家庭所有的经营资产和其他财产属个人资产,与合作社和其他社员无关。

(三)农民专业合作社的经营范围

农民专业合作社的经营范围也就是合作社对其社员的服务范围,从产前、产中到产后,贯穿整个产业。社员需要合作社干什么,合作社就干什么。如提供市场信息,购买生产资料,生产作业服务,农产品加工、储藏、运输,农产品销售,注册品牌商标,开展国内外贸易等。

知识拓展

请上网查询《农民专业合作社法》。

任务二　农民专业合作社的设立

 任务要求

了解设立农民专业合作社应具备的条件；知晓设立农民专业合作社的程序。

 案例导入

刘天华是周口市商水县天华种植专业合作社的理事长。他是如何想到走合作社这条"致富大道"的呢？这还得从2006年说起。当时他买了1台拖拉机和1台联合收割机，仅"三夏""三秋"两季就挣了3万多元，这些钱在农村可不是个小数目，相当于一个壮劳力外出打工一年赚的两倍，村民看到刘天华挣钱了，有条件的也跟着买农机。可农机多了，本地的活儿不够干，自己出去又势单力薄，刘天华又挑头把村里的几个农机户联合起来一块干，并成立了作业服务队，进行跨区作业。就这样，一传十、十传百，周边的农机手看到了里面的"商机"，也纷纷要求加入。2009年，刘天华组织30家农机户成立了以他为理事长的合作社。成立以后，按照合作社法的规定，建立了章程、财务管理和盈余分配制度，对内规范管理，对外统一联络，大伙儿的劲儿更足了。

农机购置补贴，给农机户们省了一部分钱，可补贴指标并不是很多，刘天华又跑到县有关单位争取。2010年，合作社购买了一大批先进适用的农机具，农机具由原来的7台套增加到120台套。当地相关部门按政策，给合作社批了近20亩地，建成了机库棚、配件库、维修间、加油站、培训中心等设施，解决了农机具保养、农机手培训场所的问题。目前，商水县天华种植专业合作社的社员已经有560人，固定资产2000多万元，还成立了机耕队、机收队、排灌队、植保机防队，真正成了当地农民增收的"聚宝盆"。

案例思考：刘天华成立农村合作经济组织的条件是什么？

 相关知识

一、设立农民专业合作社应具备的条件

设立农民专业合作社，应具备下列条件：

（1）有5名以上符合规定的成员，其中农民至少占成员总数的80%。成员总数20人以下的，可以有1个企业、事业单位或者社会团体成员；成员总数超过20人的，企业、事业单位和社会团体成员不得超过成员总数的5%。

（2）有符合规定的组织机构。
（3）有符合规定的章程。
（4）有符合法律、行政法规规定的名称和章程确定的住所。
（5）有符合章程规定的成员出资。

二、设立农民专业合作社的程序

设立农民专业合作社，一般按照以下程序进行：

（1）酝酿设立阶段。这一阶段的核心是形成共识。设立人要广泛联系同业生产者，征求其合作意向，对组建农民专业合作社形成共识。设立时自愿成为该社成员的人为设立人，设立人是创办农民专业合作社的创始人，设立人可以是自然人，也可以是法人。农民专业合作社提倡由农民创办。

（2）筹建阶段。这一阶段要做的工作有：一是由设立人组织有共同意愿的人签订设立约定书。设立人发出成立农民专业合作社倡议，取得同意意向后，设立人及有意向的人共同签订设立约定书。参加签订设立约定书的人和单位即成为农民专业合作社成立后的合作社社员。二是组建筹备小组。主要设立人为筹备小组负责人。由签订设立约定书的人和单位共同组织筹备工作。筹备小组人数和分工由设立约定人协商确定。设立人为法人单位的，须由该单位以书面形式委派具体人员组织筹建工作。筹备小组的主要工作是：起草本合作社章程和相关制度，确定本合作社的经营性质、经营方式、经营制度、运行机制，确定本合作社的发展方向和目标，推选本合作社组织机构候选人，研究召开设立大会等相关事宜。

（3）推选组织机构候选人阶段。这一阶段要做的工作有：一是推选本合作社代表大会候选人。设立人数超过150人的，可以推举社员代表候选人，一般每10名设立人推举1名代表候选人。二是推选理事会候选人。由全体设立人（代表）推选理事会成员候选人，理事会成员候选人人数为单数，具体人数由设立人协商确定。三是推选监事会候选人。由全体设立人（代表）推选监事会成员候选人，监事会成员候选人人数为单数。设立人较少的，可以只设执行监事。具体人数由设立人协商确定。

（4）召开设立大会阶段。设立大会行使下列职权：一是审议并通过本合作社章程。农民专业合作社章程应当载明下列事项：名称和住所；业务范围；成员资格及入社、退社和除名；成员的权利和义务；组织机构及产生办法、职权、任期、议事规则；成员的出资方式、出资额；财务管理和盈余分配、亏损处理；章程修改程序；解散事由和清算办法；公告事项及发布方式以及需要规定的其他事项等。审议通过章程可以采取投票表决方式或举手表决的方式进行。二是选举产生本合作社组织机构。即由全体设立人选举理事会、监事会或监事。选举可以采取投票表决方式或举手表决的方式进行。三是选举理事长、监事长。理事长在理事会成员中选举产生，监事长（执行监事）在监事会成员中选举产生。农民专业合作社设理事长一名，理事若干名；监事长或执行监事一名，监事若干名。理事长或理事可以兼任经理。

（5）注册登记阶段。向区县工商行政管理局申请办理注册登记农民专业合作社，需提供的必备材料，主要包括：设立登记申请书；全体设立人签名、盖章的设立大会纪要；全体设立人签名、盖章的章程；法定代表人（理事长）、理事的任职文件和身份证明；载明成员的姓名或者名称、出资方式、出资额以及成员出资总额,并经全体出资成员签名、盖章予以确认的出资清单;载明成员的姓名或者名称、公民身份证号或者登记证书号码和住所的成员名册,以及成员身份证明;能够证明农民专业合作社对其住所享有使用权的住所使用证明;全体设立人指定代表或者委托代理人的证明。工商行政管理局对符合登记条件的申请者发给营业执照,即取得了法人资格。

(6) 申请机构代码。按有关规定到县(区)技术监督局申办农民专业合作社组织机构代码。

(7) 办理税务登记。按有关规定到县(区)地税局办理农民专业合作社税务登记。

(8) 公告。即告知人们,本农民专业合作社正式成立了。

任务三　农民专业合作社的管理

任务要求

知晓农民专业合作社的成员管理、组织管理和财务管理。

案例导入

过去,儋州市海头镇珠江村村民只习惯于小农经济,种植水稻,年复一年,总是在温饱线上挣扎。穷则思变,2004 年,村党支部书记邓其仁带领村民依托海南第一投资集团金土地公司的技术支持,成立了"香蕉专业合作社"。2005 年秋,村里 200 多户农民种植的 1 100 多亩香蕉成熟后,利用依托金土地公司保价收购的营销网卖出了好价钱,使全村人均收入接近 5 500 元。

案例思考:珠江村为何要成立"香蕉专业合作社"?

相关知识

农民专业合作社成立之后,就要进行正常的经营管理活动,在农民专业合作社的运行过程中一般要涉及三个方面的管理:成员管理、组织管理和财务管理。

一、农民专业合作社的成员管理

(一) 成员的权利

执照《农民专业合作社》的规定,合作社成员一般享有以下权利:

1. 民主管理

农民专业合作社是农民自己的组织,既然是农民自己的组织,那么每个成员都有管理该组织的权利。按照法律的规定,农民专业合作社要按期召开成员大会,每个成员都要有权利,而且应该参加成员大会。与此同时,合作社成员均享有平等的表决权、选举权和被选举权,并实现"一人一票"制度。此外,民主管理还体现在,成员可以查阅本社的章程、成员名册、成员大会或者成员代表大会记录、理事会会议决议、监事会会议决议、财务会计报告和会计账簿。

2. 经济权利

农民专业合作社成员除了享有民主管理的权利以外,还享有如下经济权利:

(1) 对出资的支配权利。农民专业合作社成员的出资,在形式上是将个人拥有的特定财产授权合作社进行支配。而实质上,在合作社存续期间,合作社成员以共同控制的方式对所有成员的出资行使支配权。

(2) 拥有独立账户的权利。在其独立的账户上,记载每个成员的出资额、量化到成员的公积金份额以及成员与本社的交易量(额)。通过这种独立的账户制度,一方面可以为成员参加盈余分配提供重要依据;另一方面,也说明了成员对其出资和享有的公积金份额拥有终极所有权。正像《农民专业合作社法》第二十一条规定的,成员资格终止的,农民专业合作社应当按照章程规定的方式和期限,退还记载在该成员账户内的出资额和公积金份额。当然,资格终止的成员也应当按照章程规定分摊资格终止前本社的亏损及债务。

(3) 获得盈余的权利。农民专业合作社的盈余,本质是来源于其成员向合作社提供的产品或者利用合作社提供的服务。为此,我国农民专业合作社盈余分配制度,首先体现了保护每个成员的特点,如《农民专业合作社法》第三条第五项规定,农民专业合作社盈余主要按照成员与农民专业合作社的交易量(额)比例返还,且返还总额不得低于可分配盈余的百分之六十。与此同时,为了保护投资成员的资本利益,《农民专业合作社法》规定,对惠顾返还之后的可分配盈余,按照成员账户中记载的出资额和公积金份额比例返还于成员。此外,合作社接受国家财政直接补助和他人捐赠所形成的财产,也应当按照盈余分配时的合作社成员人数平均量化,以作为分红的依据。

3. 利用本社服务和设施的权利

农民专业合作社的宗旨是为成员提供服务,谋求全体成员的共同利益。因此,每个成员都有资格享受合作社提供的诸如生产资料购买、农产品加工、农业生产技术推广、农产品销售等服务。此外,单个成员一般没有能力购买农产品加工设备、大型农机具等,而农民专业合作社通过整合所有社员的资源,就可以购买相应的各种设备,凡是农民专业合作社的设备、设施等,农民专业合作社成员都可以使用。

4. 其他权利

除上述权利以外,各个农民专业合作社在章程中还可能规定其他的权利,比如有的合作社规定合作社成员有享有本合作社提供的福利的权利等。

(二) 成员的义务

农民专业合作社的宗旨是为本社社员提供服务,为了使社员能够更好地获取到服务,让社员获得更多的利益,每个成员都有义务对合作社负责,为合作社的发展尽力。此外,农民专业合作社在从事生产经营活动过程中,需要对外承担一定的义务,如完成签署的购销合作、支付货款等,这些义务也需要全体成员来共同承担,以保证农民专业合作社及时履行义务。

根据《农民专业合作社法》第十八条的规定,农民专业合作社的成员应当履行以下义务:

(1) 按照章程规定向本社出资。农民专业合作社需要从事生产经营活动,这就需要有一定的资金来源。此外,在对外交往中也需要有一定量的资金担保。为此,农民专业合作社需要有一定的资金额。在《农民专业合作社法》中并没有关于农民专业合作社注册资金的要求,这主要因为,我国农民专业合作社类型多样,经营内容和经营规模各异,所以,对从事经营活动的资金需求很难用统一的法定标准来约束。尤其是我国各地经济发展不平衡,各地农民专业合作社中还有出资成员与非出资成员之分,为此,法律没有对成员出资作出统一规定,各农民专业合作社一般在章程中,对成员加入合作社时是否出资以及出资方式、出资额、出资期限等作出规定。如果农民专业合作社章程中规定成员必须出资,那么成员就有向本社出资的义务。

(2) 按照章程规定与本社进行交易。农民加入合作社的目的是要解决在家庭承包经营中个人无力解决、解决不好或个人解决不合算的问题,是要利用和使用合作社所提供的服务。而要实现成员的这些目的,合作社需要与外界交往,如以较低的价格整批购买生产资料,并以合适的价格销售给本社成员;与收购商或加工企业签订农产品购销合同,然后向成员收购农产品等。合作社这些与外界的交往,是建立在成员与本社进行交易的基础之上的。为此,合作社成员有义务按照章程的规定与合作社进行交易。并且成员与合作社的交易情况,记载在该成员的账户中。

(3) 执行成员大会、成员代表大会和理事会的决议。成员大会和成员代表大会的决议,体现了全体成员的共同意志,成员应当严格遵守并执行。

(4) 按照章程规定承担亏损。由于市场风险和自然风险的存在,农民专业合作社的生产经营可能会出现波动,有的年度有盈余,有的年度可能会出现亏损。合作社有盈余时分享盈余是成员的法定权利,合作社亏损时承担亏损也是成员的法定义务。

(5) 章程规定的其他义务。成员除应当履行上述法定义务外,还应当结合本社实际情况履行章程规定的其他义务。例如,某梨专业合作社规定,成员必须严格按照合作社规定的标准进行梨果生产,包括修剪、疏花疏果、病虫害防治、套袋、采摘、分级等,如果不按照标准进行生产,如在病虫害防治过程中使用了禁用农药,则其生产的梨果合作社不负责收购。

(三) 成员的退社

如果加入合作社的社员认为在合作社中没有获取到理想的服务,或是合作社的服务已经不需要,这时就会涉及成员的退社问题。按照《农民专业合作社法》的规定,农民专业合作社实行"入社自愿、退社自由"的原则,也就是说,只要成员认为有必要,就可以退社,这也是成员的一项基本权利。在规定成员退社自由的同时,《农民专业合作社法》还对成员退社的时间、程序以及退社时成员的权利、义务等作出了规定。

(1) 退社时间。农民专业合作社成员要求退社的,应当在财务年度终了的三个月前向理事长或者理事会提出,其中,企业、事业单位或者社会团体成员退社,应当在财务年度终了的六个月前提出;章程另有规定的,从其规定。

(2) 成员资格终止时间。提出退社的成员的资格自财务年度终了时自动终止。

(3) 退社时成员的权利。成员资格终止的,农民专业合作社应当按照章程规定的方式和期限,退还记载在该成员账户内的出资额和公积金份额。此外,对成员资格终止前的可分配盈余,也应当依法返还。

(4) 退社时成员的义务。这时成员的义务一般有两项,一是在其资格终止前与农民专业合作社已订立的合同,应当继续履行(章程另有规定或者与本社另有约定的除外);二是按照章程规定分摊资格终止前本社的亏损及债务。

二、农民专业合作社的组织管理

作为一个合法的市场主体,一个由多个成员组成的组织系统,其内部要设置相应的组织机构,以保证组织的正常运行。前面已经谈到,农民专业合作社设有成员(代表)大会、理事长和理事会、执行监事以及监事会等组织机构。这些组织机构在合作社中分别承担不同的职责。

(一) 成员(代表)大会

农民专业合作社实行成员大会制度,成员大会是最高权力机构,有权决定农民专业合作社的一切重大事项。成员大会以会议的形式行使权力,而不采取常设机构或日常办公的方式。

1. 成员(代表)大会的召开

成员(代表)大会每年至少召开一次,由理事长召集。有些情况下也可以召开临时大会,下列情况出现,需召开临时大会:

(1) 百分之三十以上的成员提议。

(2) 执行监事或者监事会提议。

(3) 章程规定的其他情形。

2. 成员大会参会人数及议事表决

农民专业合作社召开成员大会,其出席人数应当达到成员总数三分之二以上。而且其议事表决也是有规定的,对于一般事项,应当由本社成员表决权总数过半数通过;重大事项应当由本社成员表决权总数的三分之二以上通过。所谓重大事项,主要指对合作社成员利益关系重大的事项,如章程修改、重大财产处置、对外投资、对外担保等。

3. 成员大会的职权

《农民专业合作社法》第二十二条规定,成员大会行使下列职权:

(1) 修改章程。随着农民专业合作社生产经营活动的开展,原来没有遇到的一些问题可能会出现,这时也许原来章程中没有约定好,于是就要涉及章程的修改。修改章程必须在成员大会召开期间才可进行,而且需要由本社成员表决权总数的三分之二以上成员通过。

(2) 选举和罢免理事长、理事、执行监事或监事会成员。理事会(理事长)、监事会(执行监事)分别是合作社的执行机关和监督机关,其任免权应当由成员大会行使。

(3) 对重大财产处置、对外投资、对外担保以及生产经营中的其他重大事项是否开展进行表决。而且也必须由本社成员表决权总数的三分之二以上成员通过。

(4) 批准年度业务报告、盈余分配方案、亏损处理方案。年度业务报告是对合作社年度生产经营情况进行的总结,对年度业务报告的审批结果体现了对理事会(理事长)、监事会(执行监事)一年工作的评价。盈余分配和亏损处理方案关系到所有成员获得的收益和承担的责任,成员大会有权利对其进行审批。经过审批,成员大会认为方案符合需求的予以批准,反之则不予以批准。不予以批准的,可以责成理事长或者理事会重新拟订有关方案。

(5) 对合并、分立、解散、清算作出决议。合作社的合并、分立、解散关系到合作社的存续,关系到每个成员的切身利益,也属于重大事项。因此,这些决议也应当由本社成员表决权总数的三分之二以上通过。

(6) 决定聘用经营管理人员和专业技术人员的数量、资格和任期。农民专业合作社是由全体成员共同管理的组织,成员大会有权决定合作社聘用管理人员和技术人员的相关事项。

(7) 听取理事长或者理事会关于成员变动情况的报告。成员变动情况关系到合作社的规模、资产和成员获得收益与分担亏损等诸多因素,成员大会有必要及时了解成员增加或者减少的变动情况。

(8) 章程规定的其他职权。除上述七项职权外,章程对成员大会的职权还可以结合本社的实际情况作其他规定。

(二) 理事长和理事会

理事长是农民专业合作社的法定代表人,是合作社的必设职位。理事会可设可不设,要根据各个合作社的实际,由合作社自己确定是设立还是不设立。理事长、理事会分别具有相应的职权。

1. 理事长的职权

作为理事长,可以由章程规定行使以下职权:

(1) 主持成员大会,召集并主持理事会会议。
(2) 签署本社成员出资证明。
(3) 签署聘任或者解聘本社经理、财务会计人员和其他专业技术人员聘书。
(4) 组织实施成员大会和理事会决议,检查决议实施。
(5) 代表本社签订合同等。
(6) 履行成员大会授予的其他职权。

2. 理事会的职权

理事会的职权可以由章程规定,主要行使如下职权:

(1) 组织召开成员大会并报告工作,执行成员大会决议。
(2) 制定本社发展规划、年度业务经营计划、内部管理规章制度等,提交成员大会审议。
(3) 制订年度财务预决算、盈余分配和亏损弥补等方案,提交成员大会审议。
(4) 组织开展成员培训和各种协作活动。
(5) 管理本社的资产和财务,保障本社的财产安全。
(6) 接受、答复、处理执行监事或者监事会提出的有关质询和建议。
(7) 决定成员入社、退社、继承、除名、奖励、处分等事项。

（8）决定聘任或者解聘本社经理、财务会计人员和其他专业技术人员。

（9）履行成员大会授予的其他职权。

（三）执行监事和监事会

无论是执行监事还是监事会，都是可设可不设的，现实中，大多数农民专业合作社都设有执行监事，对于成员众多、事务较多的合作社，才设监事会。

执行监事和监事会是承担监督职责的主体，其职权可以由章程约定，主要行使以下职权：

（1）监督理事会对成员大会决议和本社章程的执行情况。

（2）监督检查本社的生产经营业务情况，负责本社财务审核监察工作。

（3）监督理事长或者理事会成员和经理履行职责情况。

（4）向成员大会提出年度监察报告。

（5）向理事长或者理事会提出工作质询和改进工作的建议。

（6）提议召开临时成员大会。

（7）代表本社负责记录理事与本社发生业务交易时的业务交易量（额）情况。

（8）履行成员大会授予的其他职责。

三、农民专业合作社的财务管理

农民专业合作社有自己的生产经营活动，既然如此，就会涉及资金的往来、账目设置、会计核算、公积金及公益金的提取、盈余分配等问题，这些都需要有财务管理制度。《农民专业合作社法》以及《农民专业合作社财务会计制度（试行）》中分别就这些问题作出了相应的规定。在此，只就农民专业合作社一些独特的财务管理制度作一简单介绍。

（一）独特的盈余分配制度

在一般企业中盈利（或纯收益）称为利润，而在农民专业合作社中则称为盈余。农民专业合作社的盈余在弥补上年亏损以及提取章程规定的公积金、公益金等项目后，称为可分配盈余。按照法律的规定，农民专业合作社的可分配盈余应当按成员与本社的交易量（额）比例返还，返还总额不得低于可分配盈余的百分之六十，按这一规定返还后的剩余部分，则以成员账户中记载的出资额和公积金份额，以及本社接受国家财务直接补助和他人捐赠形成的财产平均量化到成员的份额，按比例分配给本社成员。

例如，某红枣合作社年终的可分配盈余是 10 000 元，这 10 000 元的收益是由于收购成员的 3 000 千克红枣并进行销售形成盈余，并弥补了上年的亏损以及提取公积金、公益金之后形成的（注：假设没有收购非成员的红枣）。某成员李某共向合作社交售红枣 100 千克，按照上述的原则，李某最少可获得可分配盈余为 $[(10\ 000 \times 60\%)/3\ 000] \times 100 = 200$（元）。即在 10 000 元中，其中 6 000 元要按照成员与合作社的交易量（额）比例返还，交售的红枣越多则分配的盈余也就越多。当然，实际中，具体获得多少盈余应该根据章程规定的比例来计算。

（二）与成员及非成员交易的单独核算制度

《农民专业合作社法》第三十四条规定："农民专业合作社与其成员的交易、与利用其提供的服务的非成员的交易，应当分别核算。"也就是说，在与农民专业合作社进行交易的过程中，要有成员与非成员之分，进行分别核算。

（三）独特的成员账户制度

按照法律的规定，农民专业合作社要为每个成员设立独立的账户。在该账户中，记录三个方面的内容：一是成员出资情况；二是成员与合作社的交易情况；三是成员的公积金变化情况。这些单独记录的会计资料为确定成员参与合作社盈余分配、财产分配提供重要依据。

（四）公积金、公益金提取及使用制度

农民专业合作社是否提取公积金、公益金（"两金"），提取多大比例，均由合作社章程来约定，法律没有作强制性规定。

（五）财务公开与审计制度

农民专业合作社的财产属于合作社成员所有，合作社的管理人员必须对成员负责，进行科学的经营管理，管好用好合作社资产，这是对成员负责的体现。为此，法律规定了农民专业合作社的财务公开与审计制度。

知识拓展

请上网查询《农民专业合作社财务管理制度》。

一、单选题

1. 合作经济是社会经济发展到一定阶段，劳动者（　　）入股联合，实行民主管理，获得服务和利益的一种合作成员个人所有与合作成员共同所有相结合的经济形式。
   A. 自愿　　　　B. 强制　　　　C. 计划　　　　D. 行政命令
2. 管理民主，其领导由社员选举产生，重大事项由社员讨论决定，（　　）。
   A. 一人一票　　B. 一人多票　　C. 一股一票　　D. 一股多票
3. 合作社的宗旨是为社员（　　）。
   A. 赚钱　　　　B. 服务　　　　C. 营利　　　　D. 管理
4. 合作经济是（　　）的一种有效的实现形式。
   A. 国有经济　　B. 集体经济　　C. 民营经济　　D. 个体经济
5. 农业合作经济组织的盈利以成员与农业合作经济组织的（　　）分配为主。
   A. 盈利额　　　B. 交易额　　　C. 交易量　　　D. 收入

6. 农民专业合作社是指在农村（　　）基础上，同类农产品的生产经营者或者同类农业生产经营服务的提供者、利用者，自愿联合、民主管理的互助性经济组织。
   A. 家庭承包经营　　　　　　　　B. 集体统一经营
   C. 股份合作经营　　　　　　　　D. 租赁承包经营
7. 农民专业合作社依照中华人民共和国（　　）登记，取得法人资格。
   A. 宪法　　　　　　　　　　　　B. 公司法
   C. 农民专业合作社法　　　　　　D. 社会团体登记管理条例.
8. 申请办理注册登记农民专业合作社机构是（　　）。
   A. 区县民政局　　　　　　　　　B. 区县农业委员会
   C. 区县农村工作办公室　　　　　D. 区县工商行政管理局
9. 农民专业合作社可以从事生产经营活动，可以有盈利，盈利称为（　　）。
   A. 纯收益　　B. 利润　　　C. 盈余　　　　D. 纯收入
10. 农民专业合作社的可分配盈余应当按成员与本社的交易量（额）比例返还，返还总额不得低于可分配盈余的（　　）。
    A. 百分之五十　　　　　　　　　B. 百分之六十
    C. 百分之七十　　　　　　　　　D. 百分之八十

二、多选题

1. 合作经济的特点是（　　）。
   A. 入社自愿，退社自由　　　　　B. 管理民主
   C. 退社自由　　　　　　　　　　D. 财产属集体
2. 按照合作的组织形式，农业合作经济可分为（　　）。
   A. 农业专业合作　　　　　　　　B. 社区性合作
   C. 医疗合作　　　　　　　　　　D. 股份合作
3. 农民专业合作社的管理有（　　）。
   A. 成员管理　　B. 组织管理　　C. 财务管理　　　D. 制度管理。
4. 农业合作经济的功能主要有（　　）。
   A. 发挥协作优势　　　　　　　　B. 优化要素组合
   C. 减轻自然风险　　　　　　　　D. 提高管理水平
5. 农民专业合作社成员享有的经济权利主要指（　　）。
   A. 对出资支配权利　　　　　　　B. 拥有独立账户权利
   C. 获得盈余权利　　　　　　　　D. 退社自由的权利

三、判断题

1. 农业合作经济是农业合作社所表现出来的经济活动内容的总称。　　　　（　　）
2. 不以盈利为目的为农民提供服务的农民技术协会，属农业合作经济组织的范畴。
   　　　　　　　　　　　　　　　　　　　　　　　　　　　　　　　（　　）
3. 农业合作经济组织的成员对农业合作经济组织的盈亏负无限或有限责任。（　　）
4. 农业合作经济组织的工作人员可以在其成员内聘任，也可以聘请非成员担任。
   　　　　　　　　　　　　　　　　　　　　　　　　　　　　　　　（　　）
5. 社员与合作社的产权关系仅限于以自己在合作社账户内的出资额和公积金份额为

限对合作社承担责任。（ ）
6. 工商行政管理局对符合登记条件的申请者发给营业执照,即取得了法人资格。
（ ）
7. 农民专业合作社是否提取公积金、公益金("两金"),提取多大比例,均由合作社法来规定。（ ）
8. 农民专业合作社与其成员的交易、与利用其提供的服务的非成员的交易,应当分别核算。（ ）
9. 按照法律的规定,农民专业合作社要为每个成员设立独立的账户。（ ）
10. 合作社成员有权查阅财务会计报告和会计账簿。（ ）

四、名词解答
1. 农业合作经济组织
2. 农民专业合作社

五、填空题
1. 农业合作经济是农民为了共同的经济目标,在自愿互利的基础上组织起来的,实行_____、_____、_____的农业经济形式。
2. 农业合作经济的功能有_____、_____、_____、_____、_____。
3. 设立农民专业合作社,应具备下列条件:_____、_____、_____、_____、_____。
4. 设立农民专业合作社的程序是_____、_____、_____、_____、_____、_____、_____。

学习情境十四 农业科技园区管理

20世纪90年代以来,我国农业综合生产能力有了较大提高,其中以农业高新技术发展为根本任务,以农业科技型企业为运作主体,以"企业集中、技术集成和资本集约"为特点的农业科技园区的迅速崛起,对提高和增强农业综合生产能力和竞争力,发挥了重要作用。

学习目标

了解农业科技园区功能;知晓农业科技园区的管理。

项目一 农业科技园区认知

任务一 农业科技园区的含义

任务要求

能说出农业科技园区的概念与特征。

案例导入

江苏南京白马国家农业科技园区规划总面积40平方公里,2011年1月被国家科技部命名为国家级农业科技园区。目前省农科院、南农大、南林大、农业部农机化所、省农机局等高校科研基地相继落户。园区入驻农业龙头企业也已近20家,2011年实现产值12亿元。园区内已建成3万亩黑莓和蓝莓基地、万亩绿茶基地及食用菌基地,年产黑莓2万吨,蓝莓5 000吨,碧螺春、雨花茶等高档茶叶10万斤,形成黑莓、蓝莓、茶叶、有机蔬菜等种植加工销售一条龙的产业链条。

园区建设主要由创新核心区、高效生态农业示范区、高新技术企业集聚区、综合配套服务区四部分组成。主导产业主要有食品加工产业、生物科技产业、种子种苗产业和休闲观光旅游农业。完善以生物农业为主体的空间布局,打造"生物农业谷",加快推进东方集团含羞草生物科技农业、明天种业等项目,扶持一批省市级农业龙头企业。

预计到 2015 年，建立省级以上重点实验室、工程技术中心、院博士工作站等研发机构 10 个以上；研究开发农业科技成果 300 项，实现科技成果转化 80% 以上；新增涉农科技企业 50 家，年销售收入 50 亿元，带动相关产业形成产值 100 亿元；集聚涉农科技人员 1 000 名，带动大学生就业创业 1 000 名，带动农民创业就业 1 万人。

（资料来源：金陵晚报，2012-07-06）

案例思考：大力发展国家级农业科技园区的重要意义是什么？

 相关知识

一、农业科技园区的概念

农业科技园区，是指在一定区域内，以市场为导向，以调整农业生产结构和展示现代农业科技为主要目标，采用先进的适用技术，政府引导，企业、科研机构和广大农民等相关主体参与，具有培育现代农业科技人才和孵化现代农业企业等多功能的农业科技型企业密集区。

据初步调查，全国现已建立 400 多个农业科技园区。上海、北京、深圳等城市走在全国的前列。上海市率先投资兴建了 10 多个园区，北京市已经建成和正在建设中的园区有近 20 个，江苏省各市，分别建设外向型农业高新技术园。山东省已建 10 多处现代农业科技园区。浙江省省市县三级在建园区 100 多个。河北、河南、福建、辽宁、黑龙江、海南、甘肃等省，农业园区建设也有不同程度进展。

二、农业科技园区的特征

1. 农业生产力发展新的制高点

农业科技园是适应新阶段农业发展需求，以现代农业科技成果的组装、集成与示范、推广为手段，通过土地、资本、技术、人才的高度集中与高效管理，促进传统农业向现代农业转变，大幅度提高农业整体效益、可持续发展能力、农业和农产品国际竞争力的新型组织形式。它是我国由传统农业向现代农业转变的新的经济与科技相结合的组织方式。

2. 农业现代化建设新的生长点

现代农业就是利用高新技术和实用技术，把传统农业的"靠天、靠地、靠人、靠广种薄收"转变为"靠科技、靠人才、靠投入、靠管理"。农业科技园可利用工程技术手段和工厂化方式为动植物高效生产提供可控的适宜的生长环境，通过现代技术的高度集成的投入，在有限的土地上充分利用气候和生物潜能得到最高的产量、良好的品质、较高的效益，并对生态环境减少不良影响，是农业摆脱自然的束缚，由传统农业向现代农业转变进程中的一个新的生长点，代表农业经济领域发展新方向，具有科学性、创新性、鲜明性和可操作性，并推动农业由初级形式向高级形式演化。

3. 农业科技与农村经济结合的切入点

农业的持续发展和现代化建设，关键是科技。由于现有科技体制和农民分散经营两方面的制约，农业科技和农村经济的结合以及科技成果转化为现实生产力，存在很多困难和障碍。农业科技园是农业和科技结合的产物,为科学技术进入农业生产过程提供了有效的切入点。

农业科技园的科技内涵主要体现在现代农业设施的"硬件"部分和现代农业技术管理的"软件"部分两个方面。前者需要提供新型设施材料和新颖设施结构,后者需要提供适应设施条件下果蔬花卉、畜禽鱼等优质新品种、新的栽培饲养技术,并要对设施条件下的光温水土环境要素进行调控,使之向自控化、智能化和流水线生产的方向发展。所以,农业科技园为农业高新技术的应用和集成提供了崭新的空间。

任务二 农业科技园区的功能

能说出农业科技园区的功能;知晓农业科技园区的类型。

北京市小汤山现代农业科技示范园始建于1998年,2001年被国家科技部等6部委命名为北京昌平国家农业科技园区(试点),2010年通过国家农业科技园区综合评议验收。北京小汤山现代农业科技示范园依据"科技示范、辐射带动、旅游观光"的总体功能定位,将园区建设成为首都农业率先基本实现现代化的展示窗口;现代高新农业科技成果转化的孵化器;北京现代农业科技示范中心;生态型安全食品的生产基地;国际农业先进信息、技术、品种的博览园。园区依据现有企业分布和面对未来发展,全面制定了"七区一园"的园区发展规划,即以工厂化育苗为主的林木种苗区;以生产、科研、推广为主的设施农业区;以鲜切花基地和园林苗圃为主的花卉区;以鲟鱼孵化和罗非鱼生产为主的水产养殖区;以饮料、食品加工为主的加工农业区;以地热温泉娱乐健身为主的休闲度假区;年生产能力达80万只的肉用乳羔羊示范区;以植物克隆、蔬菜育种、兰花种苗组培为主的籽种农业示范园。

案例思考:北京小汤山农业科技示范园是如何体现农业科技园区的功能的?

农业科技园区建设对我国农业和农村发展起到了较大的示范与带动作用,尤其对推动农业科技新成果转化应用、探索农业产业化发展的模式和途径、提高农民和基层技术人员对新技术吸纳能力等方面成效显著。

一、农业科技园区的功能

1. 生产加工功能

农业科技园的本质是经济实体,产品的生产和加工是其最基本功能。农业高新技术产品的生产和加工是农业科技园区企业化运作和获取经济效益的根本保证。农业科技园区内生产的农产品是选用最新品种,通过最好的培育技术和加工技术而生产出来的优质精品,能够更好地适应国内外消费市场消费结构的变化;农业科技园区作为精品农业生产基地,可以培育出一系列知名品牌,强化农产品的市场竞争能力。

2. 孵化试验功能

农业科技园是一个扩大了的科技企业孵化器,包括项目孵化和企业孵化。项目孵化对象主要是研究开发的科研成果和科技人员,孵化的目标是科技成果企业化,即可生产化;企业孵化对象是已注册的中小型科技企业法人,孵化的目标是培育成功的中小型科技企业和科技型企业家,并经过再孵化,实现由中小型科技企业向大中型科技企业的迅速转变,进而开拓国际市场,实现跨国经营和国际化发展。因此,孵化试验功能是现代科技农业园区最基本、最原始的功能。

3. 积聚扩散功能

现代科技农业园区可以作为带动区域经济的生长点,成为高新技术产业的发育与成长的源头,向社会各个领域辐射。通过逐步集聚农业高新技术产业所需的资源,加速园区环境的形成与优化,各种组织向示范区的集聚增加了信息的总量,促进了农业科技信息及产业发展的交流与共享。

4. 推广示范功能

现代科技农业园区的特色功能是将农业新技术、新成果进行示范,推进农业新技术、新成果的实际运用;将农业科技体制改革的过程及成果进行示范;将农业高新技术企业的经营、管理、成功经验进行示范。

5. 休闲观光功能

农业科技园本身具有的科学性、知识性、趣味性和可参与性、可操作性,只要略加配套包装,就可成为很好的生态旅游产品,而且投资省、见效快、风险低、可塑性强,既可观光,又可参与,既可品尝,又可带产品,具有其他旅游不可比拟的独特魅力。

二、农业科技园区的类型

农业科技园区建设对我国农业和农村发展起到了较大的示范与带动作用,尤其对推动农业科技新成果转化应用、探索农业产业化发展的模式和途径、提高农民和基层技术人员对新技术吸纳能力等方面成效显著。从目前发展的实际情况来看,我国农业科技园区大致有以下几种类型:

1. 按园区运作模式分,可分为开发区形式、农业公司形式、多方联合形式及科技承包形式

(1) 开发区形式。

这种形式由国家和地方政府共同投资,在农业科研和教学单位密集区的基础上创办起来。如陕西杨陵农业高新技术示范区,以10个科教单位及其试验基地组成的科学园区为主体,开展小麦育种、旱作农业、节水灌溉、水土保持等领域研究。同时建立中试基地、生产示范基地和高新技术产业基地,并初步形成良种、生物农药、新型饲料、专用肥、节水灌溉设备、植物生长调节剂、种苗脱毒快繁等13个主导产业。

(2) 农业公司形式。

这种形式的科技园区是由投资业主直接与村组、农户合作，签订土地租赁合同，将土地使用权租赁过来，实行独资开发，个体经营。其特点是：整个园区是一个规范的农业企业，以法人为中心运作经营资本，以盈利为目的组织农户进行生产。其运作方式是园区内的龙头企业选择一主导技术，开发主导产品，形成主导产业，把园区演变成为一个生产基地，从而造就科技成果产业化。

(3) 多方联合形式。

该种形式是指政府、科研单位、教学单位、生产企业、金融组织、外商和个人等不同机构和个人在互利互惠基础上，采取合作制、股份制、股份合作制等多种形式，在园区内进行合作研究、合作开发和合作生产。其联合方式有：技术转让、技术贸易、技术入股、合作开发、承包经营、全资办企业等方式。具体操作：一是以项目为中心，进行联合开发。这类园区是以实验基地为基础，由科研、教学单位和地方合作投资兴建，共同开发农业高新技术成果，即研究部门把所取得的高新技术成果直接植入生产部门的生产过程，形成科学技术和生产过程的有机结合。二是以学校研究机构、设计单位、生产企业、金融企业为主体的联合，在园区内实行技、供、贸一体化，组建股份制或股份合作制企业。合作方式灵活多样，可以将技术、资金、土地使用权、管理等要素入股，共同把农业高新技术转化为农业高新技术产品。

(4) 科技承包形式。

这种形式是政府或集体经济组织，投资兴建园区，提供基础设施，由企业、农业技术人员、农业大户自愿承包或租赁经营，并建立自主经营、自负盈亏的经营机制。这种形式的科技园区，主要是把一些农民容易吸纳和接受的农业适用技术迅速转化为现实生产力，不具有研究、开发功能，属于推广应用型的建园形式。如黑龙江省牡丹江持续高效农业示范区即属此类型。

2. 按经营内容分，可分为设施园艺型、农业综合开发型、生态农业型、节水农业型、外向创汇型等

(1) 设施园艺型。

该类园区拥有现代化的设施，运用温室、滴灌、喷灌节水等先进技术，主要从事工厂化育苗或生产名特优新、高产、优质、高效的蔬菜、瓜果、花卉、药材，以及城市绿化苗木、草皮等。

(2) 农业综合开发型。

该类园区主要利用国家农业综合开发资金对中低产田进行改造，或对大面积（数万亩以上）的大宗农产品，如粮食（小麦、玉米、水稻、大豆）、棉花、油料、烟叶等生产基地进行综合开发。其主要内容有：兴修农田水利工程，土壤改良、配方施肥，良种良技工程，道路、农田林网改造，农畜产品加工、贮运等。

(3) 生态农业型。

该类园区主要分布在平原农区、草原牧区、农牧结合区、生态脆弱的沙漠和半沙漠地区、干旱和半干旱的丘陵山区。这类园区主要以种植业为基础，根据生态学原理，运用技术和经济措施，将传统农业的精华和现代农业科学技术有机地结合起来，充分利用农业生物群体与农业自然环境以及农业生物种群之间的相互作用，力求提高农业生产系统内部食物链上各营养级的物质和能量转化效率。

（4）节水农业型。

该类园区主要分布在北方干旱和半干旱地区及西北丘陵干旱地区。平原农区主要采用喷灌、滴灌技术，辅之以硬化渠灌、软管灌溉，以节约灌溉用水；推广免耕法、地面覆盖秸秆、地膜覆盖，以减少地面水分蒸发。丘陵和半山区推广水窖和鱼鳞坑蓄积雨水，种草、植树造林，以涵养水源，改善气候，防止水土流失，防风固沙。城郊农区处理净化工业和生活污水灌溉农田。广泛种植农作物抗旱品种，推广使用农作物抗旱剂等。

（5）外向创汇型。

这类园区采用先进的技术设备，面向国际市场需求，根据订单、合同，生产特有珍奇的花卉、瓜果、蔬菜、畜产品、水产品，以赚取外汇。

项目二 农业科技园区的管理

任务一 农业科技园区的运作机制

任务要求

知晓农业科技园区的运作机制。

案例导入

江苏南京白马国家农业科技园区规划总面积40平方公里，从2011年至今，土地流转让1 300多户农民迁进新社区，所有被征地人员纳入城镇保险；对劳动年龄段人员进行免费技能培训，就地安置2 600名当地农民就业，并可享受两年失业保险。对男满60周岁、女满55周岁的被征地人员，自2011年起每月领取养老金。对非劳动年龄段的青少年，按照城镇保险标准补交保障金。农民失地不失业、养老有保障、收入持续增长，为白马园区可持续发展夯实了基础。

案例思考：白马国家农业科技园区是通过何种方式建设起来的？

相关知识

农业科技园区建设，实行谁建设，谁投资、谁管理、谁受益，推行企业化的经营管理模式。其运行机制主要包括：投资建设机制、土地流转机制、技术引进和创新转化机制、辐射带动机制、政策保障机制等。

一、投资建设机制

园区投资建设机制的内容主要包括：投资主体、投资方式、投资项目、投资概算、筹资渠道等。投资主体,主要有政府、企业、集体、个人、外商等,其中政府投资60%～70%。投资方式,主要是政府的财政拨款、农业科技项目经费、农业开发专项资金,公司的自身积累及其银行贷款注入资金,集体经济组织多以土地使用权和农田水利设施、道路及部分资金投入,农业科研院所多以农业科研成果和成熟的技术入股或少部分的科研项目经费注入,个人主要以土地使用权和部分资金入股等。投资项目,主要考虑项目的地域性、特色性、先进性、高效性、规模性、产业的连带性,以及其示范辐射效应等。投资概算,主要使用于基础设施(水电、道路、暖气、绿化、围栅)、生产设施、办公培训设施建设,新品种、新技术引进,以及生产成本费、研究开发费、技术培训费、考察论证费、示范推广费、行政管理费等。筹资渠道主要有国家和省级财政拨款,市县财政匹配,园区自筹、贷款,企业和个人投资等,其中国家和省、市、县财政拨款属于政策性引导资金,主要用于基础设施建设,新品种、新技术引进,科研开发和技术指导等方面;园区自筹资金、银行贷款及公司企业和个人的投资,主要用于生产、办公、培训和支付生产、管理等方面的费用。

二、园区土地流转机制

目前我国农村实行的家庭承包责任制下的土地分散化经营,这与科技园区的土地规模化经营存在着一定的矛盾,园区建设要正视这一矛盾,建立有效的土地流转机制。采用的方法主要有返租倒包、租赁制、股份制等。返租倒包,是指村委会统一向园区规划内的农户支付一定数量的租金,将其承包的土地租回来,再转租给园区的农业公司等进行经营,园区获得土地使用权后经过建设,将建设好的生产设施再租给农户或其他单位承包经营。租赁制,公司可根据企业的长期发展规划,长期租用园区内的土地,进行项目建设和自主经营;也可以通过政府直接租用农户的土地,进行自主经营或出租经营。股份制,农民以土地作价入股,参与园区经营利润的分红。在园区建设和运行中,农户一方面可以通过与企业使用以土地、劳动力、资金等入股形式参与园区建设;另一方面,可以在政府有关部门协调和园区内企业指导下,通过与企业签订产品购销合同方式,进行各种优质农产品的生产,其产品由企业负责收购。因此,在园区建设和运行中,农民既可作为园区企业的股东,也可是园区企业的工人。

三、技术引进与转化机制

园区为了确保自身的科技创新能力和产品的科技含量,一般是与科研机构、高等院校进行技术合作。其技术引进与转化机制有技术依托、技术商业化、技术入股、技术共享、技术委托。技术依托,是指园区在立项和实施规划方案时,根据建设内容,与有关科研院所进行协商,选定一至几个技术单位,并与其签订合同,规定双方的责任、权利和义务。技术商业化,是指园区根据自身发展的实际需要、市场供求情况和所掌握的信息等,通过商业化行为,从农业科研院所高薪聘请专家,专门从事高新技术的研究、开发和应用。技术入股,是指有关科研院所、农业公司等将其成熟、稳定的新品种和高新技术,按照有关规定折算入股进园区,园区则负责组织生产经营,并保守技术秘密,合作双方按股份进行利润分配。技术共享,是指园区和科研院所就某一高新技术或产品进行合作,科研院所负责研制、开发;园区发展实验、应用、推广。技术委托,指园区根据自身需要,委托某科研院所进行某一新产品的研制,而事先提供一定数量的科研经费;科研单位则按照合同规定,提供相应的研究成果,且最终成果为双方共有,按比例分成。

四、辐射带动机制

农业科技园区作为一种特殊的农业企业,农业科技的示范、推广、交流,对周边农民具有很强的生产示范、提供设施、回收产品、贮运加工、技术服务等辐射带动作用。生产示范带动,指园区周围农民通过在园区的生产实践,亲眼目睹了现代农业的内容和科学技术的巨大作用,开阔了眼界,增强了科技意识,提高了"科学种田"的积极性,他们参观访问、收集信息,从中选择那些先进、实用、适用、高效的技术和品种进行种养业的开发,达到快速致富的目的。提供设施带动,指有的园区与农户进行设施租赁和合股经营,较好地解决了农户资金不足的困难和承担风险的后顾之忧,对农民有很大的吸引力。回收产品带动,指园区利用自己的销售网络和雄厚的资金,采用合同方式,要求农户按照规定的品种和相应的技术规程进行种养,然后按照一定的质量标准回收产品,从而带动农民致富。贮运加工带动,主要是建设冷库、运输车队、加工生产线等,提供收购、贮藏、运输、销售能力,稳定农畜产品的价格,增加农民收入。技术服务带动,指技术服务常常与其他带动方式配合使用,尤其是那些生产管理技术含量很高,生产周期较长,生产经营的自然风险大,易受病虫害侵袭,而遭受严重损失的种养项目,园区可选派自己的或高薪聘请的技术人员为种养农户免费或低价进行技术服务和指导。或常年定期聘请专家进行农民技术培训,开办技术讲座、现场技术服务和指导,以提高周围农民种养项目的科技含量。

五、政策保障机制

就农业科技产业园的建设的现实而言,必须建立运转高效、协调有力的政策支撑体系。要从宏观管理、科技支撑、税收优惠、要素聚集、分配激励、风险防范等方面建立与农业科技园区可持续发展相匹配的政策体系。

任务二　农业科技园区管理

任务要求

了解农业科技园区管理方式。

案例导入

天津滨海国际花卉科技园区是企业主导型农业科技园区,采取"政府引导、企业主体、市场化运作"的原则,进行组织管理和经营运作。园区在筹建和建设期间由天津东丽区政府、区各职能部门及华明街共同负责的园区建设领导小组,负责园区建设的组织领导、政策协调和项目管理等工作。园区建设和运营由滨海国际花卉科技园区发展有限公司负责,该公司由天津市大顺园林装饰有限公司控股,吸纳其他企业投资参股。

滨海国际花卉科技园区发展有限公司设立董事会、监事会和专家顾问组,实行董事会领导下的总经理负责制,对公司的经营进行决策、监督和协助。公司下设办公室、财务部、生产部、项目部、营销部、研发部等部门。

园区在运行机制上以法人为中心运行经营资本,对园区进行项目管理和企业化经营。园区由公司按照市场经济规律进行运作,组织农民进行产业化、规模化和标准化生产,将农业科技园区的生产过程的产前、产中、产后的各个环节连接成一个完整的产业链,最终实现生产专业化、经营一体化和管理企业化。

案例思考:你知道滨海国际花卉科技园区是何种管理方式吗?

相关知识

从总体上来讲,我国农业科技园区是实行园区统一管理,公司独立经营。主要管理方式有:

1. 政府企业共建——政企分开运营

地方政府按照精简、高效、服务的原则,建立园区管理委员会。作为园区的宏观管理运行机构,其主要职责是:(1)贯彻落实各级政府的有关政策和法规;(2)组织实施农业科技园区规划;(3)投资兴建园区的基础设施;(4)负责招商引资信息服务;(5)协助公司建立企业管理制度。园区内的各个公司,按照园区发展规划,筹资生产,实行自主经营、自负盈亏。园区管委会和企业是政企分开。

2. 政府兴建园区——公司制经营

地方政府投资兴建园区,实行企业化管理,政府并不直接从事园区的生产经营活动。即当地政府(有关职能部门)负责园区的规划,筹资投资,兴建园区的基础设施和生产设施;然后进行(政府)职能剥离,按照出资份额成立有限责任公司或股份有限公司;公司实行自主经营、自负盈亏,并确保园区国家资产的保值增值。政府有关部门则以代理股东或董事的身份,参与公司管理。

3. 公司兴建设施——农户承包经营

即公司按照一定的标准,如每亩每年500元或小麦400公斤等,反租农民土地,自行规划,筹资投资,兴建园区的基础设施和生产设施;然后由农户承包园区的生产设施,自主经营,自负盈亏(被租地的农户有优先承包权);公司收取承包费,并负责提供技术指导、销售信息等项服务,而自身不直接从事具体的生产经营活动。公司与农户的关系是纯粹的承包关系。

4. 公司兴建园区——自主经营管理

农业公司以长期租用农村土地的方式取得土地使用权,然后,自行规划设计,筹资投资,兴建园区,自主经营、自负盈亏。即整个园区由一个公司管理运作。其具体运作方式,如"公司筹建、统一经营、责任制管理"模式,"集团公司筹建、二级法人经营"模式等。

5. 设施民建官助——租赁经营

园区管委会统一规划设计,出租土地,园区以贷款担保形式扶持,经营者出资经营。经营者利用相关设施,自主经营,独立核算,自负盈亏。园区只负责提供良种、技术培训和技术指导等服务。

 学习测试题

一、单选题

1. 农业科技园区的最基本功能是(   )。
   A. 生产加工   B. 孵化试验   C. 推广示范   D. 休闲观光
2. 按园区运作模式分,可以把园区分为(   )。
   A. 开发区形式   B. 生态农业型   C. 水农业型   D. 外向创汇型
3. 下列不是园区土地流转形式的是(   )。
   A. 返租倒包   B. 租赁制   C. 承包制   D. 股份制
4. 下列不是园区运作模式的是(   )。
   A. 开发区形式   B. 农业公司形式
   C. 科技承包形式   D. 农业综合开发
5. 农业科技园区实行园区(   ),公司独立经营。
   A. 集中管理   B. 分散管理   C. 统一管理   D. 零星管理

二、多选题

1. 现代农业的"四靠"是指(   )。
   A. 靠科技   B. 靠人才   C. 靠投入   D. 靠管理
2. 农业科技园区的现行管理模式有(   )。
   A. 公司制经营   B. 农户承包经营
   C. 自主经营管理   D. 租赁经营
3. 园区经营机制有(   )。
   A. 双层式经营模式   B. 公司+基地+农户模式
   C. 一体化企业经营模式   D. 承包管理制
4. 农业科技园区的投资建设主体是(   )。
   A. 政府   B. 企业   C. 集体   D. 个人
5. 从总体上来讲,目前我国农业科技园区实行的园区管理形式主要有(   )。
   A. 政府企业共建   B. 政府兴建园区
   C. 公司兴建设施   D. 设施民建官助

三、判断题

1. 农业科技园区参与主体主要是企业和科研机构。（   ）
2. 农业公司形式园区以个人投资为主,以市场为导向、以科技为支撑、以效益为中心、以新的管理运行机制为特征。（   ）
3. 现代化的企业管理机制是农业科技园区运行机制的核心。（   ）
4. 在园区建设和运行中,农民只能作为园区企业的工人。（   ）

5. 生产示范带动作用是指园区周围的农民通过园区的生产实践,提高了对科学种田的认识和积极性。( )
6. 贮运加工带动是指建设冷库、运输车队、加工生产线等,提供收购、贮藏、运输、销售能力,稳定农畜产品的价格,增加农民收入。( )
7. 技术共享是指园区和科研院所就某一高新技术或产品进行合作,科研院所负责研制、开发;园区开展实验、应用、推广。( )
8. 在园区建设中各级政府必须报经省级政府批准才可以制定符合地方实际的税收、进出口关税的减免政策,人才引进培养机制等。( )
9. 大棚连片种植也是现代农业科技园区范畴。( )
10. 农业科技园区既保持农业的自然属性,也是现代休闲观光景点。( )

四、简答题

1. 农业科技园区的投资建设机制的内容有哪些方面。
2. 农业科技园区的技术引进与转化机制有哪些形式?
3. 请说说农业科技园区对周边农民的辐射带动作用体现在哪些方面。
4. 请简要回答现代农业科技园区与常规科技园区的区别。

学习情境十五

农业企业经营效益评价

农业企业的一切生产经营活动都是以创造效益为目标的。提高经营效益是农业企业经营管理最基本的目标。

学习目标

理解经营效益的含义;掌握经营效益评价的内容;熟悉经营效益评价的方法。

项目一 经营效益的内涵

任务一 经营效益的含义

任务要求

掌握经营效益的含义。

案例导入

2011年,小李村2 100多亩柑橘幼果林,革新耕制,采取"龙头企业+专业合作社+农户"模式,实行"蔬菜+西瓜+蔬菜"间套作耕作方式,一年多熟,春秋蔬菜亩产值达到6 500元,西瓜亩收入达到4 600元,亩总产值达到11 100元,除去每亩肥料、农药成本1 500元,劳动力成本3 200元,其他成本1 160元,合计成本5 860元/亩,亩纯收入超过5 240元,蔬菜—西瓜多种经营,实现优质高产高效。

2012年实行一年多熟,重点推行西瓜"三推四改"和蔬菜成熟技术,亩产值预期超过1.1万元,亩纯收入6 000元。

案例思考: 为何小李村幼果林套作蔬菜效益如此显著?

 **相关知识**

一、经营效益的概念

经营效益是指企业在其经营活动过程中所表现出来的经营能力或经营实力所形成的经济效率、经济效果和经济效益。

二、影响企业经营效益的因素

影响企业经营效益的因素,一是企业外部环境,如生产力布局和发达水平、交通运输条件、产业结构、市场行情等;二是企业内部因素,如产品结构、销售网络构架、资金周转速度、费用水平等。

三、经营效益与经济效果、经济效益、经济效率的联系

(一) 经济效果

经济效果是指物质资料生产过程中劳动占用量(劳动消耗量)同生产成果的比较。其表达式为:

经济效果 = 劳动成果/劳动消耗 或 经济效果 = 产出/投入

经济效果的大小,由投入与产出的比值来确定。在生产经营中,经济效果会出现三种情况:(1) 产出 > 投入;(2) 产出 = 投入;(3) 产出 < 投入。经济效果的临界是:产出与投入的比值必须大于1。经济效果低于这个界限,则表明投入产出的经济活动没有为社会创造新的财富,生产经济活动没有意义。

(二) 经济效益

经济效益是指提高经济效果而得到的实际效果或利益。经济效益的表达方式为:

经济效益 = 产出(劳动效果) - 投入(劳动消耗)

经济效益的大小由投入与产出的差额来确定。在经济活动中经济效益有三种情况:(1) 产出 > 投入;(2) 产出 = 投入;(3) 产出 < 投入。经济效益的临界是:产出大于投入。在经济活动中,只有当产出减去投入大于零时,才能真正获得经济效益。

(三) 经济效率

对经济效率的理解大体有两种:一种以最有效的方式来利用各种资源,即效率 = 实际/标准;另一种为单位时间里完成的工作量和产量,即效率 = 时间/工作量(产量) 或效率 = 工作量(产量)/时间。

从企业的角度看,经营效益包含经济效果、经济效益、经济效率,它们三者都是经营效益的重要组成部分。

任务二 经营效益的形态

任务要求

掌握经营效益三种形态的含义及其之间的关系。

案例导入

2011年5月6日,山东省畜牧兽医局在临沂市沂南县召开了全省畜禽发酵床养殖技术推广现场观摩交流会。张洪本副局长在讲话中,全面总结了全省畜禽发酵床养殖技术推广项目进展情况,他指出,2010年全省9个市、15个县承担了"畜禽发酵床养殖技术推广"项目,省财政投资285万元,每个县投资15~20万元,主要用于生猪、肉鸡、肉鸭等畜禽品种发酵床养殖技术推广。截止2011年4月25日,15个项目县共举办技术培训班100余场次,培训人员9 899人次,完成项目培训计划的123%和161%;项目县建设养殖示范场113个,发酵床面积达12.67万 m^2,完成项目示范建设计划的156.9%和207.1%;辐射带动使用该技术场户数1 561个,发酵床面积130.9万 m^2,完成项目辐射带动计划的46.1%和74.8%;项目县存养生猪37.7万头、肉鸡125.6万只、肉鸭324.8万只,完成项目计划的77.1%、190.3%和67.4%。绝大多数指标已超额完成项目计划要求,经济效益、社会效益和生态效益显著。

(资料来源:爱猪网)

案例思考:发酵床养殖技术推广项目是如何引起经济效益、生态效益和社会效益三种形态变化的?

相关知识

农业企业的经营效益由生产的特点所决定,其基本形态分为经济效益、生态效益、社会效益。

一、经济效益

经济效益存在于经济活动的全过程,任何一种生产经营活动,都包含着经济效益的内容。按经济效益在经济活动中形成的途径和存在的方式不同,可分为结构效益、规模效益和管理效益三种。

(1)结构效益。这是指通过优化企业的经营结构,使资源合理配置、充分利用而产生的经济效益。

(2)规模效益。这是指通过生产集约化、技术集约化、规模扩大化的途径而产生的经济效益。

(3)管理效益。这是指企业经营过程中运用科学的管理方法所取得的经济效益。

企业的结构效益、规模效益和管理效益是相对而言的,它们是不可分割的统一体。结构是企业经营系统的轮廓、框架,而规模则是框架里的因子和内容,有什么样的因子,就有什么样的结构;规模经营的发展,决定并引起经营结构的相应变化;在这个变化中科学管理是不可缺少的方法、手段和机制。

二、生态效益

生态效益,指自然界在生物种群之间的能量、物质转化效率以及维护生态环境稳定与平衡的过程中,其投入与产出的比较。

三、社会效益

农业企业的社会效益主要表现在:

(1)产品的使用价值。即指提高产品质量,开发新产品、新用途,全年均衡地供应鲜活农产品,能够更好地满足消费者的需要。

(2)社会化协作效益。即企业与协作单位之间按照经济合同提供原材料和配件,及时结算贷款、清理债务,促进国民经济协调持续发展的效益。

(3)环境效益。指企业消除或减少环境污染,积极参与公益活动,改善自然和社会环境所带来的效益。

(4)赋税效益。指企业通过纳税方式为国家提供的财政收入,在农业企业中还包括工农产品交换的"剪刀差"为工业化积累资金所做的贡献。

经济效益、生态效益、社会效益三者之间,既相互依存,又存在矛盾,必须正确地认识和处理。

项目二 经营效益评价的内容

任务一 企业的资产营运水平

任务要求

掌握资产营运水平评价指标。

案例导入

根据华星公司财务报表的有关资料,计算该公司总资产周转率有关指标。

项目	2010年	2011年	差异
营业收入	137 126	84 813	52 293
总资产期初余额	106 483	77 349	29 134
总资产期末余额	124 815	106 483	18 332
总资产平均余额	115 649	91 926	23 733

案例思考： 计算华星公司总资产周转率和周转天数。

 相关知识

资产营运水平，是反映企业资产管理水平和使用效率的一个重要内容，资产利用率的提高，在一定的程度上等于资产的节约和资产的增加。资产营运状况，一方面反映了企业的盈利能力，同时也间接地反映了企业基础管理、经营策略、市场营销等诸多因素的影响。因此，评价企业资产营运状况是十分必要的。

一、总资产周转能力

总资产周转能力是指企业在一定时期内销售收入净额与资产平均总额的比例，表示总资产的周转次数。该指标越高，说明资产的周转速度越快，利用率越高。

二、劳动产出能力

劳动产出能力，即劳动产出率，可直接反映企业的产出能力，对劳动产出率的分析通常使用劳动生产率指标。

三、资金周转能力

企业资金周转能力和供、产、销各个环节的运转密切相关，任何一个环节发生问题，都会影响经营资金周转和生产经营活动的顺利进行。它有以下四个方面的基本指标：

（1）存货周转率。存货周转率是企业一定时期内销货成本与平均存货的比率，是衡量企业销售能力和存货是否合理的指标。该指标越高，表示企业资产由于销售顺畅而具有较高的流动性，存货转换为现金的速度越快，存货占用水平低。

（2）应收账款周转率。该指标反映了企业应收帐款的流动速度，即企业本年度内应收账款转换为现金的平均次数。这一比率高，说明回收账款速度快，坏账损失少。

（3）流动资产周转率。这是反映企业全部流动资产利用效率的综合性指标。该指标越高，说明流动资产周转的速度越快，利用效果越好。

（4）不良资产比率。这是指企业年末不良资产总额与年末资产总额的比率。该指标值越高，说明企业沉淀下来的不能参加经营运转的资金越多，资金利用率越低。

任务二 企业的偿债能力

任务要求

掌握企业的偿债能力指标。

案例导入

A、B 两公司的有关财务数据如下表所示：

A、B 两公司财务数据表

项　目	A 公司	B 公司
年收入	120	100
资产	100	200
流动资产	40	100
速动资产	30	50
负债资产	95	100
流动负债	80	50

案例思考：A、B 公司偿债能力如何？

相关知识

企业的偿债能力指标包括：

（1）资产负债率。资产负债率是企业一定时期内负债总额与资产总额的比率。它表明企业资产中有多少是通过负债筹资的，该指标是评价企业负债水平的综合指标。

资产负债率是衡量企业负债水平和风险程度的重要判断标准，亦是反映债权人发放贷款的安全程度的指标，对于企业的债权人、经营者和企业股东，具有不同的意义。

（2）流动比率。流动比率是企业一定时期内流动资产与流动负债的比率，用以衡量企业在某一时点偿付即将到期债务的能力。流动比率高，说明企业短期偿债能力强，流动资产流转的越快；但过高，说明资金利用效率低下，生产经营不利。国际公认标准比率为 2。

（3）速动比率。速动比率是企业一定时期速动资产与流动负债的比率，用于衡量企业在某一时点上，运用随时可变现资产偿还到期债务的能力。该指标值越高，表明企业偿还流动负债的能力越强，一般保持在 1 的水平比较好，表明企业具有良好的债务偿还能力，又有合理的流动资产结构。

（4）长期资产适合率。长期资产适合率是企业所有者权益与长期负债之和同固定资产与长期投资之和的比率。理论上认为，长期资产适合率大于或等于 100% 较好。

（5）经营亏损挂账比率。这是指企业经营亏损挂账额与年末所有者权益总额的比率。该指标值越高,表明企业经营亏损挂账额越多,经营中存在的问题越多,留存收益受到的侵蚀越大;该指标值越小越好,零为最佳状态。

任务三　认知企业盈利能力

任务要求

掌握企业盈利能力指标。

案例导入

甲、乙两家企业,2012年的销售收入均为50万元,净利润为10万元。我们无法判断到底哪家公司的盈利能力强。但是如果告诉我们,甲公司的总资产为500万元,所有者权益为100万元;乙公司的总资产为200万元,所有者权益为50万元。我们就可以认为乙公司的盈利能力高于甲公司,因为乙公司每元所有者权益带来的净利润为0.2元,而甲公司为0.1元。

案例思考：如何判断企业盈利能力的强弱？

相关知识

企业盈利能力的分析是企业的所有者、经营者、劳动者都十分关注的问题,因为盈利能力与他们各自的利益有着密切的关系。其分析指标主要有:

（1）总资产报酬率。总资产报酬率是企业一定时期内,税后净利润与资产总额的比率。该指标越高越好,表明企业投入产出的水平越高,企业的资产运营越有效。

（2）净资产收益率。净资产收益率是指企业一定时期内的净利润同平均净资产的比率。一般认为,企业净资产收益率越高,企业自有资本获取收益的能力越强,运营效益越好,对企业投资人、债权人的保证程度越高。

（3）资产保值增值率。资产保值增值率是指企业本年末所有者权益扣除客观增减因素后同年初所有者权益的比率。该指标越高,表明企业的资本保全状况越好,所有者的权益增长越快,债权人的债务偿还越有保障,企业发展后劲越强。

（4）销售（营业）利润率。销售利润率是指企业一定时期销售（营业）利润同销售（营业）收入净额的比率。该指标值高,说明企业产品定价科学,产品附加值高,营销策略得当,主营业务市场竞争力强,发展潜力大,获利水平高。

（5）成本费用利润率。成本费用利润率是企业在一定时期内利润总额同企业成本费用总额的比率。该指标值越高,表明企业为取得收益所付出的代价越小,企业的获利能力越强。

任务四 企业的发展能力

掌握企业的发展能力指标。

2009 年—2010 年三大药业发展能力指标数据

项 目	华仁药业		广济药业		丰原药业	
	2009 年	2010 年	2009 年	2010 年	2009 年	2010 年
主营收入增长率%	39.01	17.24	-21.61	7.84	9.37	12.4
净利润增长率	30.88	25.59	-56.46	-67.49	62.06	81.09
总资产增长率	25.32	81.15	8.64	6.18	3.42	5.84
净资产增长率	41.97	52.13	7.59	-0.16	3.52	6.58

案例思考： 从三大药业的发展能力指标数据，你认为哪一家药业发展能力更强？

企业的发展能力指标主要有以下几种：

1. 总资产增长率

总资产增长率是企业本年总资产增长额同年初资产总额的比率。该指标值越高，表明企业在经营周期内的资产经营规模扩张的速度越快。但实际操作时，应注意资产规模扩张的质与时的关系，以及企业的后续发展能力，避免资产盲目扩张。

2. 资本积累率

资本积累率是指企业本年度所有者权益增长额同年初所有者权益的比率。资本积累率可以反映投资者投入企业资本的保全性和增长性，故该指标值越高，表明企业的资本积累越多，企业资本保全性越强，应付风险、持续发展的能力越强。

3. 销售（营业）增长率

销售增长率是指企业本年销售（营业）收入增长额同上年销售（营业）收入总额的比率。该指标若大于零，表示企业本年的销售收入有所增长，该指标值越高，表明增长速度越快，企业市场前景越好；若小于零，则说明企业产品不适销对路、质次价高，产品销售不出去，市场份额减少。

4. 固定资产成新率

固定资产成新率是企业当期平均固定资产净值与平均固定资产原值的比率。该指标值高，表明固定资产比较新，对企业扩大再生产的准备比较充足，发展的可能性也就比较大。

项目三 经营效益评价的方法

任务一 比较分析法

了解比较分析法。

A 公司 2010 年度、2011 年度、2012 年度损益表   （单位：万元）

	2010 年度	2011 年度	2012 年度
销售收入	600	660	780
销售成本	432	462	530.4
销售毛利	168	198	249.6
营业费用	93	112.2	140.4
营业纯利	75	85.8	109.2
利息费用	6.6	7.26	9.2
税前盈利	68.4	78.54	100
所得税	20.52	25.92	36
税后利润	47.88	52.62	64

案例思考：用比较法分析 A 公司经营成效。

比较分析法是将两个相互联系的经济指标，如实绩与计划、本期与上期、本单位与同行企业等，进行比较分析，以找出差距和存在的问题，并查明原因及其影响程度，提出解决问题的措施和方法，以促进经营实体生产经营活动的顺利进行。对比分析法常用于：

（1）本期实际完成数与计划指标比较，反映计划完成的程度。

（2）企业不同时期的同一指标进行对比，用以反映企业纵向发展水平。

（3）本企业与同类先进企业的同一指标进行对比，用以反映企业横向发展水平。

（4）生产经营要素利用程度的对比，用以反映企业的经营能力。

（5）部分与全体比，进行结构对比分析，用以反映企业的发展趋势。

运用对比法分析,要注意对比指标的比较内容、计量单位、计量方法和时间期限等方面的可比性。

任务二 因素分析法

任务要求

掌握因素分析法。

案例导入

某企业牛奶销售收入 N,受奶牛头数 a、奶牛单产 b、牛奶单价 c 三个因素的影响,其变动情况如下表所示:

某企业牛奶销售收入变动情况表

项目	替换因素	影响因素			N/元	N 差数/元	差异原则
		a	b	c			
计划		100	5 000	0.5	25 000		
第一次替换	a	80	5 000	0.5			
第二次替换	b	80	5 500	0.5			
第三次替换	c	80	5 500	0.55			
实际与计划比较							

案例思考:用因素分析法销售收入变动情况及说明原因。

相关知识

因素分析法又称连环替代法,是用来分析各种因素对指标总体变动影响程度的一种方法。在生产经营活动中,经济指标的变动,往往由两个或两个以上因素变化引起,如农作物总产量主要受播种面积和单位面积产量因素影响。运用因素分析法,通常是在假定一个因素可变,其他因素为不变的前提下,逐个地替换因素,并加以计算。其步骤是:

(1)确定影响分析对象变化的组成因素,并按各因素的依存关系排列先后顺序,一般是先数量指标后质量指标,先实物指标后价值指标。

(2)将各因素的计划数值,依次用实际数值替代,求得各因素变动所得的结果。

(3)求出替代前后的差额,计算实际因素指标对分析对象产生的影响程度。

(4)计算出各因素的影响数值之和,并具体说明影响分析对象的主次因素。

假设指标 N 的组合因素为 a、b、c,其关系式为 $N = a \times b \times c$;N_0 为计划指标,N_1 为实际完成指标。

任务三　动态分析法

任务要求

掌握动态分析法。

案例导入

2012年10月8日,党的十八大报告提出:"我国到2020年人均收入实现倍增。"
案例思考:人均收入增长的速度是如何计算的?

相关知识

动态分析法是对某一经济现象或经济过程在时间上的发展与变化情况所进行的分析。动态分析常利用增长量、发展速度、增长速度、平均发展速度、平均增长速度等指标。

1. 增长量

指报告期水平与基期水平之差,是一不定期时间内增加的绝对量。其计算公式为:

$$增长量 = 报告期实际数量 - 基期数量$$

2. 发展速度

指报告期水平与基期水平之比,可用百分数或倍数表示。其计算公式为:

$$发展速度 = \frac{报告期数量}{基期数量}$$

3. 增长速度

指增长量与基期水平之比,用以说明某一经济指标增长的相对程度。其计算公式为:

$$增长速度 = \frac{增长量}{基期水平} = 发展速度 - 1(或100\%)$$

4. 平均发展速度

指逐期发展速度的平均数。其计算公式为:

$$平均发展速度 = \sqrt{\frac{报告期数量}{基期数量}}$$

5. 平均增长速度

亦称递增速度,是平均发展速度减去1或100%。其计算公式为:

$$平均增长速度 = 平均发展速度 - 1$$

 学习测试题

一、单选题

1. 下列关于经营效益的说法正确的是( )。
   A. 影响企业经营效益的只是企业的产品结构和销售网络
   B. 经济效果就是经营效益
   C. 企业的经营效益不会受到外界因素的影响和干扰
   D. 企业的经营效益包括经济效益、生态效益和社会效益
2. 下列( )指标不能反映企业的偿债能力。
   A. 流动比率　　　　　　　　B. 不良资产比率
   C. 速动比率　　　　　　　　D. 经营亏损挂账比率
3. 下列评价企业资金周转能力的说法不正确的是( )。
   A. 不良资产的比率最优水平为零
   B. 流动资产周转越快,说明企业的盈利能力越弱
   C. 不良资产的比率越低,企业的资金利用率越高
   D. 存货周转率越高,表明其变现的速度越快
4. 下列指标中反映企业发展能力的有( )。
   A. 资产负债率　　　　　　　B. 应收账款周转率
   C. 资本积累率　　　　　　　D. 成本费用利润率
5. 传统杜邦分析体系的核心指标是( )。
   A. 权益报酬率　　　　　　　B. 总资产报酬率
   C. 权益乘数　　　　　　　　D. 总资产周转率

二、多选题

1. 按经济效益在经济活动中形成的途径和存在的方式不同,可分为( )三种。
   A. 结构效益　　　　　　　　B. 规模效益
   C. 管理效益　　　　　　　　D. 赋税效益
2. 下列指标中反映企业盈利能力的有( )。
   A. 总资产增长率　　　　　　B. 销售增长率
   C. 总资产报酬率　　　　　　D. 销售利润率
3. 下列说法正确的是( )。
   A. 资本积累率反映企业当年的所有者权益总的增长率
   B. 总资产增长率不能反映企业的资产规模扩张程度
   C. 固定资产成新率越高,企业的扩大再生产能力越强
   D. 销售增长率是反映企业的盈利水平的重要指标
4. 经济效益评价的方法包括( )。
   A. 比较分析法　　　　　　　B. 比率分析法
   C. 因素分析法　　　　　　　D. 趋势分析法

5. 综合指数的作用在于（　　）。
   A. 广泛性　　　　　　　　B. 全面性
   C. 适合性　　　　　　　　D. 公平性

三、名词解释
1. 经营效益
2. 生态效益

四、简答题
简述影响企业经营效益的因素。

各学习情境学习测试参考答案

学习情境一

一、单选题

1. A 2. B 3. B 4. D 5. B 6. D 7. C 8. C 9. C 10. A。

二、多选题

1. ABC 2. ABD 3. ABC 4. ABD 5. ABC；

三、判断题

1. × 2. √ 3. √ 4. √ 5. √ 6. × 7. × 8. × 9. √ 10. √。

学习情境二

一、单选题

1. C 2. B 3. A 4. C 5. A 6. A 7. C 8. A 9. A 10. A

二、多选题

1. A、B、C 2. A、B、D 3. A、C、D

三、判断题

1. √ 2. × 3. √ 4. √ 5. ×

学习情境三

一、单选题

1. A 2. C 3. A 4. B 5. A

二、多选题

1. ACD 2. BCD 3. ABC 4. ABC 5. ABC

三、判断题

1. √ 2. × 3. √ 4. × 5. √ 6. √ 7. √ 8. √ 9. √ 10. √

学习情境四

一、单选题

1. D 2. C 3. B 4. A 5. C 6. A 7. A 8. B 9. D 10. C

二、多选题

1. ABCD 2. ABCD 3. ABC 4. ABCD 5. ABD

三、判断题

1. × 2. × 3. √ 4. √ 5. × 6. √ 7. √ 8. × 9. × 10. √

学习情境五

一、单选题：

1. A 2. D 3. D 4. A 5. D

二、多选题

1. ABCD 2. AB 3. ABCD 4. ABCD 5. ABC

三、判断题

1. √ 2. × 3. √ 4. √ 5. √

五、计算题

1.

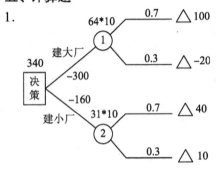

由此可知应选建大厂方案。

2. 解答：由表可知，"极旱年"、"旱年"、"平年"、"湿润年"、"极湿年"五种自然状态发生的概率分别为 0.1、0.2、0.4、0.2、0.1，显然，"平年"状态的概率最大。按照乐观决策法，可以将"平年"状态的发生看成是必然事件。而在"平年"状态下，各行动方案的收益分别是：水稻为 18 千元/hm²，小麦为 17 千元/hm²，大豆为 23 千元/hm²，燕麦为 17 千元/hm²，显然，大豆的收益最大。所以，该农场应该选择种植大豆为最佳决策方案。

学习情境六

一、单选题

1. D 2. D 3. D 4. C 5. B 6. D 7. A 7. B 9. A 10. C

二、多选题

1. ABCD 2. ABCD 3. BC 4. ABCD

三、判断题

1. √ 2. √ 3. × 4. √ 5. × 6. √ 7. × 8. × 9. × 10 √

学习情境七

一、单选题

1. D 2. C 3. C 4. C 5. A 6. C 7. B 8. D 9. C 10. D

二、多选题

1. ABD 2. ABCD 3. AC 4. ABD

三、判断题

1. √ 2. √ 3. × 4. × 5. ×

学习情境八

一、单选题

1. B 2. B 3. A 4. C 5. B 6. B 7. C 8. A 9. A 10. A

二、多选题

1. ABC 2. ABCD 3. CD 4. ABCD 5. ACD

三、判断题

1. × 2. × 3. × 4. × 5. × 6. √ 7. × 8. × 9. × 10. √

学习情境九

一、单选题

1. D 2. B 3. C 4. B 5. B 6. C 7. D 8. D 9. D 10. B 11. B 12. A 13. D 14. D 15. A 16. A 17. A 18. B 19. C 20. D 21. A 22. D 23. B 24. B 25. D 26. D 27. A 28. B 29. D 30. C 31. B 32. C 33. B 34. D 35. A 36. A 37. A 38. A 39. A 40. D

二、多选题

1. ABCD 2. ABD 3. AC 4. ABC 5. AC 6. ABC 7. AC 8. ABCD 9. ABD 10. BC

三、判断题

1. √ 2. √ 3. √ 4. √ 5. √ 6. × 7. × 8. × 9. × 10. √ 11. √ 12. √ 13. × 14. √ 15. × 16. × 17. √ 18. √ 19. √ 20. √

六、计算题

某固定资产历年折旧情况表　　　　　　　　　　　单位：元

	折旧率	年折旧额	折余价值
第一年	40%	20 000 × 40% = 8 000	12 000
第二年	40%	12 000 × 40% = 4 800	7 200
第三年	40%	7 200 × 40% = 2 800	4 320
第四年	40%	4 320 × 40% = 1 780	2 592
第五年	40%	2 592 × 40% = 1 036.8	1 555.2

学习情境十

一、单选题

1. A 2. A 3. A 4. C 5. A 6. A 7. B 8. B 9. B 10. A 11. C 12. A 13. A 14. C 15. A 16. C 17. B 18. B 19. D 20. A 21. C 22. B 23. C 24. C 25. B 26. B 27. A 28. A 29. A 30. A

二、多选题
1．ABCD 2．AC 3．ABD 4．ABD 5．ABCD

三、判断题
1．√ 2．× 3．× 4．√ 5．× 6．√ 7．× 8．× 9．√ 10．× 11．√
12．√ 13．√ 14．× 15．√ 16．× 17．× 18．√ 19．× 20．√

学习情境十一

一、单选题
1．A 2．C 3．A 4．C 5．B 6．C 7．A 8．C 9．A 10．C

二、多选题
1．BCD 2．ABC 3．ACD 4．ABD 5．BCD

三、判断题
1．√ 2．× 3．× 4．√ 5．× 6．√ 7．√ 8．√ 9．√ 10．×

学习情境十二

一、单选题
1．C 2．A 3．D 4．C 5．A

二、多选题
1．ABD 2．BCD 3．ABCD 4．ABC 5．ABCD

三、判断题
1．√ 2．√ 3．× 4．√ 6．√ 7．√ 8．× 9．√ 10．×

学习情境十三

一、单选题
1．A 2．A 3．B 4．B 5．B 6．A 7．C 8．D 9．C 10．B

二、多选题
1．ABC 2．ABD 3．ABC 4．ABCD 5．ABC

三、判断题
1．× 2．× 3．√ 4．√ 5．√ 6．√ 7．× 8．× 9．√ 10．√

学习情境十四

一、单选题
1．A 2．A 3．C 4．B 5．C

二、多选题
1．ABCD 2．ABCD 3．ABCD 4．ABCD 5．ABCD

三、判断题
1．× 2．√ 3．√ 4．× 5．√ 6．√ 7．√ 8．√ 9．× 10．√

学习情境十五

一、单选题
1. D   2. B   3. B   4. C   5. A

二、多选题
1. ABC   2. CD   3. AC   4. ABCD   5. ABD

主要参考文献

1. 蔡根女. 农业企业经营管理学. 北京:高等教育出版社,2009.
2. 王钊. 农业企业经营管理学. 北京:中国农业出版社,2011.
3. 孙百鸣. 农业经营与管理. 北京:中国农业出版社,2010.
4. 彭才根. 企业经营管理认知. 苏州:苏州大学出版社,2012.
5. 吉文林. 现代农业创业指导. 北京:中国农业出版社,2008.
6. 李建峰. 管理学基础. 北京:中国财政经济出版社,2009.
7. 卢海涛. 企业管理学. 北京:清华大学出版社,2011.